《西夏王妃供养图》 金，佚名，壁画，甘肃敦煌莫高窟409窟

《赤壁图》 金，武元直，台北故宫博物院藏

《狩猎图》 辽，绢本

《文姬归汉图卷》 金,张瑀,绢本设色,吉林省博物馆藏

《花鸟图》
辽,萧融

梅毅说宋

忧边患

辽夏金的内侵与兴亡

梅毅◎著

天地出版社｜TIANDI PRESS

图书在版编目（CIP）数据

忧边患：辽夏金的内侵与兴亡 / 梅毅著 . — 成都：天地出版社，2024.7
ISBN 978-7-5455-8253-6

Ⅰ.①忧… Ⅱ.①梅… Ⅲ.①中国历史—辽宋金元时代—通俗读物 Ⅳ.①K240.9

中国国家版本馆CIP数据核字（2024）第053994号

YOU BIANHUAN：LIAO XIA JIN DE NEIQIN YU XINGWANG
忧边患：辽夏金的内侵与兴亡

出 品 人	陈小雨　杨　政
著　　者	梅　毅
责任编辑	武　波
责任校对	马志侠
封面设计	水玉银文化
责任印制	王学锋

出版发行	天地出版社
	（成都市锦江区三色路238号　邮政编码：610023）
	（北京市方庄芳群园3区3号　邮政编码：100078）
网　　址	http://www.tiandiph.com
电子邮箱	tianditg@163.com
经　　销	新华文轩出版传媒股份有限公司

印　　刷	北京文昌阁彩色印刷有限责任公司
版　　次	2024年7月第1版
印　　次	2024年7月第1次印刷
开　　本	880mm×1230mm　1/32
印　　张	11.5　插页　8
字　　数	228千字
定　　价	54.00元
书　　号	ISBN 978-7-5455-8253-6

版权所有◆违者必究

咨询电话：（028）86361282（总编室）
购书热线：（010）67693207（营销中心）

如有印装错误，请与本社联系调换

自序

王朝兴衰的历史轨迹

说起宋朝，大概我们首先会想起北宋"靖康之变"的奇辱和南宋"厓山之役"的惨败。相较汉唐、明清，两宋的领土小得可怜，北宋最盛时也只有280万平方公里的土地。赵匡胤开国以来"重文抑武"的国策，使得宋朝长期陷于"防御"的狼狈境地，甚至出现同样的历史悲剧上演两次这种超奇怪的现象。

其实，在我们低声叹息之时，大多数人忽略了这样一个事实：自晚唐以来，中原王朝的崩溃所导致的大分裂，致使中国北方一直战乱频频。沙陀人石敬瑭更是把燕云十六州献给契丹，为其后的北宋王朝埋下滔天大祸的根苗。而后，契丹、党项、女真、蒙古诸族相继登上历史舞台，刀光闪闪，血肉翻飞。

为此，我们需要重新深入历史细节之中，去回顾一下那个与野蛮为邻的大宋时代的方方面面，把记忆的碎片黏合起来。

政治方面，宋太祖以皇权为中心加强中央集权统治，巧妙地分散宰相之权。宋朝建立了完善的科举、官员铨选以及监察制度，成为中国封建社会政治体制较为开明的时代。纵观南北两宋三百多年，其他王朝屡见不鲜的女祸、宦祸、外戚之祸、藩镇之祸、权臣篡逆之祸、流民覆国之祸，在宋代较少出现。

经济方面，两宋是那个时代十分先进的商业社会，其多种经济模式均在世界上开一代风气之先。特别是城市的发展，"屋宇雄壮"，"骇人闻见"。经济活动"每一交易，动辄千万"。瓦舍、勾栏，熙熙攘攘，娱乐、休闲通宵达旦，市民生活水平在当时世界绝对是首屈一指。而且，中国首创的纸币交子、会子，都在宋代出现并发展定型，这种革命性的货币形式比欧洲要早六个多世纪。同时，一反前代重农轻商的传统观念，宋代商人不仅经济地位得到提高，甚至可以入仕为官，这极大地刺激了工商业的发展，士大夫还进化出"商人众则入税多"的崭新价值观。

文学方面，宋词一洗晚唐浮艳之风，或豪放，或婉约，大放异彩，其中以欧阳修、苏轼、李清照、辛弃疾、陈亮等为代表；宋诗也不可小觑，其长于用典的浓郁书卷气，使得中华文化的精髓每每跃然纸上，尤以陆游、范成大、杨万里等昂然执其牛耳，其诗悲沉激荡，脍炙人口。

艺术方面，由于宋朝诸帝皆留意文翰，贵族士大夫亦步亦趋，绘画、书法方面人才济济。抛开细腻华贵的"院体画家"不讲，苏轼、米芾、米友仁、李公麟等人所崇尚的"士大夫画"，使豪爽、性灵的"尚意"审美意境贯穿以后数个朝代，长盛不衰。在这种艺术风气影响下，宋代在制瓷、建筑、雕塑、舞蹈等多个领域，皆达至登峰造极的地步。

科技方面，国人一向引以为豪的四大发明，其中有三项在宋代大放异彩：活字印刷术、指南针和火药。英国哲学家培根在《新工具》一书中这样写道："印刷术、火药、指南针曾改变了整个世界，变化如此之大，以至没有一个帝国，没有一个教派，没有一个赫赫有名的人物，能比这三种发明在人类事业中产生更大的力量和影响。"

至于英雄豪杰，两宋王朝更是层出不穷，撼人心魄——杨业、寇准、狄青、韩琦、范仲淹、欧阳修、司马光、韩世忠、刘锜、岳飞、虞允文、辛弃疾、孟珙、余玠、李庭芝、姜才、张世杰、陆秀夫、文天祥等，这些忠臣义士，耿耿精忠，求仁得仁，求义得义，不以成败利害动其心，不以生死贫富移其志，才节两全，代表了我们民族至高至伟的精神境界。他们或衔命出疆，或授职守土，或捐躯殉国，功虽有不成，声名彪炳千秋！

有着如此辉煌成就的宋王朝却出现了惊人相似的两次亡国，不禁让人感慨。王朝灭亡的原因多种多样，有必然性，也有偶然性，甚至某个大人物的死亡都会改变整个历史进程。比如，钓鱼城上被宋朝守军飞掷而下击中蒙哥大汗的石块，它就改变了世界历史的轨道！除却天时、地利，人是历史行为的最关键因素。正是宋人意识方面的懈怠，文恬武嬉，不思进取，才最终导致两宋的灭亡。

读罢宋史，我们可以从曾经的历史经验中深刻认识到："天下虽安，忘战必危！"更加让我们后人感到吊诡的是，那些灭亡北宋的、曾经金戈铁马的女真人，一旦习惯了风花雪月，沉浸在歌舞之中，蒙古铁骑的嗷嗷叫声也由远而近，逼袭而来，曾经悍勇无比的金朝，也在血火之中化为碎片。由此可见，在血与火的时代，在危机四伏的世界，最怕的就是整个国家恬然而息。一旦忘兵忘战，整个国家肯定会溺于安乐享受，而后的一切突然之祸，正是种于承平时代"缘饰文雅"之时。

昔日的繁华，早已成为深埋于地下的废墟；从前的风华，也化为过眼烟云。即便如此，我们却无法否认那样一个灿烂时代的不朽与光荣。往事越千年，我们的鼻孔中仍能嗅到那三个多世纪汴梁与临安传来的梅花香气，还能依稀听闻诗人词家那一叹三叠的华丽咏叹。宋朝，并非在历史深渊中死亡的朝代，即使在崩溃的瞬间，它也如流星陨落一般，照亮了历史野蛮的黑暗，驱散了曾经让我们先辈战栗的内心恐惧，其光辉足以启发后人的心智！

南北两宋，辽金西夏，那些淹没在茫茫时光中的血肉人生，他们的故事令人目眩神迷，充满了传奇，让我们一起来复活他们吧。

是为序。

梅毅

2024年2月24日（甲辰龙年正月十五日）

目录

第一章 西夏 001

    1. 鄂尔多斯党项羌 003

    2. 喂不饱的"群狼" 010

    3. 西北烽烟连年起 017

    4. 宋夏相斗元昊奇 024

    5. 宋军数败丧志气 031

    6. 宋廷无奈来讲和 039

    7. 乐极生悲被儿杀 047

    8. 太后持国多攻战 053

    9. 庸人也能撞大运 060

    10. 西夏国进入多事秋 068

    11. 得敖分国事蹊跷 075

    12. 神神道道夏神宗 082

    13. 万劫不复国祚灭 089

第二章 辽 097

    1. 耶律阿保机：巍巍契丹创大辽 099

2. "断腕太后"女中杰 106

3. 母爱偏心留后患 112

4. 世宗继位兴汉化 119

5. 嗜杀成性辽穆宗 124

6. 景宗圣宗传国祚 131

7. 聪睿明主辽圣宗 137

8. 从辽兴宗到辽道宗 144

9. 亦有辽人能赋诗 151

10. 皇后偷情后果重 158

11. 太子被诬终丧命 163

12. 天祚帝丧亡国祚 170

13. 山穷水尽西行记 176

第三章 金 183

1. 女真满万不可敌 185

2. 走投无路的天祚帝 191

3. 从金太宗到金熙宗 199

4. 终日醉酒频杀人 207

5. 合谋密议弑醉帝 214

6. 大柄在手任诛戮 221

7. 文才武略兴规模 227

8. 处心积虑一南北 235

9. 浩浩荡荡攻南宋 243

10. 提军百万渡淮水 250

11. 智勇双全虞允文 257

12. 身死江南留遗恨 264

13. 时不再来诚可惜 272

14. 善于守成金世宗 277

15. 诗文圣手金章宗 284

16. 懦弱之君卫绍王 290

17. 一误再误金宣宗 298

18. 北边损失南边补 305

19. "封建九公"在河北 312

20. 国之将亡继帝位 319

21. 金国也有忠良将 325

22. 暂时逃过一大劫 332

23. 危急时刻内乱起 339

24. 城破之际让帝位 346

25. 蔡州城破金帝亡 353

第一章

西夏

1. 鄂尔多斯党项羌

中国历史，总以"正统"为原则。公元13世纪，蒙古统治者入主中原后，由于他们自己本身就是"夷狄"，所以，元朝的史家们奉命同时修《宋史》《辽史》《金史》，给人一种三朝皆是"正统"的感觉。

后来，到了清朝，自康熙起，清朝皇帝的汉化已经到了骨子里。他们对"夷狄""胡"等字眼十分敏感，然而对于宋朝的历史还是很"客观"。特别是乾隆，大兴文字狱之余，也认为宋朝在当时才是正统。这一点难能可贵，因为清朝本身是以金国的后裔自居的。

无论如何，当时及后世的历史学家对于与辽、宋、金同时代的一个西北政权西夏，似乎都有意无意地忽略或弱化其存在。事实上，蒙古人修史，也没把西夏当成一个"国家"来修（成吉思汗正是在出征西夏时病死，这可能是其中一个原因）。

细究史实可以发现，西夏盛时，其领土包括今天的宁夏全部、甘肃大部、陕西北部、青海东部以及内蒙古的一些地区。西夏人口成分也十分复杂，有党项（党项羌）、汉、吐蕃、回鹘、鞑靼、吐谷浑、契丹等族。如果从唐末拓跋思恭拥有夏州

（今陕西靖边东北白城子）之地算起，至最后被蒙古所灭，西夏从割据地方到灭国长达三百四十七年。与之相比，宋朝为三百二十年，辽国为二百一十年，金国才一百二十年。

西夏，以当时的"政治地理"来讲，确是一方胜国，它北有狼山、阴山，西到玉门关，东南有六盘山，西南有祁连山；滔滔黄河，直贯国中；都城兴庆（今宁夏银川）更是依山带河，形胜地固。

"西夏"，乃宋朝对它的称呼。元昊建国称他的"国家"为"大夏"，承袭自五胡十六国时期的匈奴大王赫连勃勃。当时赫连勃勃在今天的宁夏及周边地区建立过一个"大夏"政权。西夏主体民族是党项羌，但元昊皇族出自拓跋鲜卑，与北魏同源。拂拭历史的尘埃，可以发现，赫连勃勃大王的"大夏"，当年正是为北魏太武帝拓跋焘所灭。时隔六百余年，拓跋氏后裔又在相同地点复活了与昔日敌国国名相同的"大夏"。

党项，据考是羌族的一个支系，《隋书》上载："党项羌者，三苗之后也。其种有岩昌、白狼，皆自称猕猴种。"估计族民都体健爱跑喜欢爬树什么的。西晋时期，羌族被整治得厉害，"或臣中国（中原王朝），或窜山野"（《旧唐书》卷一九八），跑得远一点的就归附了吐谷浑。唐朝太宗时期，由于吐谷浑为吐蕃所灭，缺乏后援的党项羌请求内附，被大唐徙于松州（今四川松潘）安置。渐渐地，这些党项羌人形成数个较大的部落族种，有拓跋氏、野利氏、米擒氏、费听氏、往利

西夏王供养像

氏、颇超氏、细封氏、房当氏等，其中的"盟主"，就首推拓跋氏。

唐朝开元年间，居于今天青海和甘肃南部的一些党项羌非常害怕来攻的吐蕃军队，向唐玄宗求救，被集中迁至庆州（今甘肃庆阳）。安史乱起，各地部族蠢蠢欲动。大英雄郭子仪怕这些部族聚合在一起搅大事，就建议唐代宗把当时在庆州的拓跋朝光部党项人迁至银州（今陕西榆林横山区东）以北和夏州以东地区,大致相当于今天鄂尔多斯的东南。这一地区,正是南北朝时匈奴人赫连勃勃的"大夏"国旧地,当时称"平夏"。所以这一部拓跋所统率的党项羌人就称"平夏部"。日后西夏皇族,正是源出这一部党项。

当时,唐朝还迁另一个部落(首领叫拓跋乞梅)于庆州,这一部党项羌人就称"东山部"(因为他们所居的庆州在六盘山以东)。唐僖宗时,平夏部的酋长拓跋思恭被朝廷封为夏州节度使。由于赶上唐末大乱,拓跋思恭追随沙陀人李克用,曾一度帮助唐王朝"收复"长安,因功被封为夏国公,并赐皇族姓"李",夏州地区的党项武装,被称为"定难军",总括夏、绥(今陕西绥德)、宥(今内蒙古鄂托克旗南)、银四州。由此,以夏州为中心,鄂尔多斯以南的广大地区,皆成为拓跋部的领地。

拓跋氏一直争取"保境固守,伺机发展"的策略,完全是墙头草,谁硬就倒向谁,谁称帝就向谁称臣,只要承认他们在夏州一带广大地区的统治地位即可。五代之始,陕西北部被平夏部拓跋氏纳入势力范围,又添盐州(今陕西定边)和延州(今陕西延安东北)之地。五代的后梁时期,平夏部首领李思谏(即拓跋思谏,此时已经以"皇唐"的国姓自称)向朱温称臣。后唐灭后梁,当时的平夏部首领李仁福马上"归顺",得封朔方王,仍旧在原来的地界为霸一方。后来,李仁福病死,其子李彝超继任。后唐趁人之丧,想借机拔掉这个"钉子",派大军突袭夏州,结果反被早已有准备的平夏部党项人打得大

第一章 西夏

败,悻悻而归。按理,后唐是沙陀种,也被唐王朝赐姓李,一笔写不出两个"李",和平夏部曾经还是老战友。但当时各种势力利欲熏心,唯利是图,彼此没有任何信义可言。

后晋、后汉、后周几个政权在中原地区走马灯一样换,平夏部党项羌人任谁称皇帝,皆"俯首"称臣,换来的是自己在这一地区的无上地位和大笔大笔的金银财宝等"赏赐"。

狼子野心,勃勃欲发。待到赵匡胤建立宋朝,夏州地区已经在平夏拓跋(部)手中经营了二百多年,这里广袤的牧场,不仅养育了无数牛羊,更重要的是出产良种战马。特别是地斤泽地区,处于鄂尔多斯腹地,水草丰美,牛羊马无数,成为党项羌族的肉库和天然马厩。同时,由于与汉族杂居,党项羌的农耕业也不逊色,与宋交界的七里平等地,满眼皆是西夏的储粮仓。

另外值得一提的是,鄂尔多斯南部还盛产当时可作货币使用的上好青盐,且产量巨大,一年能有一万五千斛左右。有兵有粮有马有盐,天时地利人和,平夏部自然是一方主人。

宋太祖初登基,平夏部首领李彝殷立即遣使上贡,并把自己的名字改为李彝兴(赵匡胤之父叫赵弘殷),以"避讳"之举表忠心。宋太祖见这位西北豪酋如此"懂事",大喜,仍旧承认李氏(拓跋氏)家族对当地的统治权,并诏命党项羌出兵骚扰北汉,以配合宋军作战。

宋建隆三年(公元962年),李彝兴献良马三百匹,此正是宋军所急需。宋太祖高兴之下,亲自监制了一条玉带给李彝兴。李彝兴是个腰大十围的巨胖,这条腰带一定耗费了宋廷不少块上等和田美玉。宋乾德五年(公元967年),李彝兴病死,宋太祖"震悼",赠太师,追封其为夏王,并授其子李光睿为定难军节度使。

由于得知宋太祖不断削夺方镇大将的权力,又听说仁德的皇帝"杯酒释兵权",李光睿又惧怕又心存侥幸,遣使入朝献宝献马之余,上表表示自己要入朝觐见宋太祖。当时,北汉未下,宋太祖还需要李光睿这方豪酋替他出力,便"优诏不许",让他出兵助宋军攻北汉。李光睿还没出兵,北汉主刘继元自找倒霉,派军进攻银州,被党项羌击走。生气之下,李光睿亲率军队出击,配合宋军作战,夺取北汉两座雄关,斩首近千,缴获不少物资。

宋太宗继位,李光睿与其父一样,为避赵光义的名讳,马上改名李克睿,诚惶诚恐。太宗高兴,加封他为检校太尉。宋太平兴国三年(公元978年),李光睿病死,其子李继筠承袭定难军节度使之职。李继筠命不好,当了两年多节度使就病死,其弟李继捧袭位。一直以来,李氏一族野心并不大,无非是甘心情愿当一方诸侯,小日子过得挺滋润。宋太祖虽然削夺方镇的兵权,对于西北地区的少数民族,仍"许之世袭",各地的大小豪酋们又有厚赏又有世袭官职,恭顺得不行。而且,宋朝西北等边疆地区不同于中原、江南、岭南地区那样形势复杂,征讨一无借口,二无必要,因此,施恩取信于人,是当时

第一章　西夏

宋朝最为稳妥的计策。

但是，李继捧继位后，形势赫然出现了变化。李继捧当上节度使才一年多，竟然于宋太平兴国七年（公元982年）六月率一大家子入朝。

看见西北边地这位小诸侯能束身归朝，宋太宗大感意外。李继捧的祖母独孤氏向太宗皇帝呈献玉盘等宝物。大喜之下，宋太宗赐赏李氏一家金银无算。坐下细聊，方知李继捧袭位后，其叔父辈以及兄弟辈不少人虎视眈眈，认为他没有资格承继其兄李继筠的节度使之位。大概读过一些书，李继捧知道唐末的藩镇首领往往为保自己一家活命，偷偷跑到京城向皇帝效忠，得赐大官好宅金银，于是他也表示自己"愿留京师"。

李继捧一家入京，确实是好事。宋太宗急于求成，就想让人把李氏亲族一锅端到京城，彻底根除西北这一大盘踞势力。愿望是好的，但却是极不现实的。搬迁一棵两百余年老树，还需仔细清理交错盘绕的树根。从根上挖取一个有二百余年地方统治史的大家族，难免百密一疏。而且，这一举措最大的错漏，在于使当地的李氏族人和地方大小豪酋产生警惕：连李家都被迁入京城了，我们何时要结束世外桃源土皇上的美好生活呢？

其实，当宋太宗问李继捧怎样统理夏州诸部时，这位老兄老实回答："羌人骜悍，但羁縻而已，非能制也！"连李继捧都不敢说自己有直接管治地区诸部党项羌人的能力，宋太宗想直接在当地施以郡县式管理，就近乎天真了。直到清朝雍正时期，对南方少数民族的"改土归流"工作还阻力重重，宋太宗竟那么早就想用这种方法，真是太超越时代了。

李继捧既然"上献"银、夏、绥、宥四州土地，宋太宗就授宋臣曹光实为四州都巡检使，准备进行接收。宋朝负责搬迁李氏家族入京的使臣到了银州，出了变故。李继捧的一个族弟名叫李继迁，当时的官职是"管内都知蕃落使"。此人狼子野心，志向不凡，深知一家人被迁入京城，无异于蛟龙失水，再无折腾的可能。于是，他诈称出城为其乳母送葬，趁机率数十人遁入茫茫鄂尔多斯大草原中的地斤泽。当时，这位李继迁年方二十岁，血气方刚，有勇有智，一口气狂逃三百余里。

刚刚出逃，这帮人虽然纠结了一些人马，还不大成气候，不久，就被夏州知州尹宪与都巡检使曹光实乘夜攻袭，斩首五百余级，烧毁四百余帐落，李继迁只与其弟逃脱，他的母亲和妻子均被生俘。

2. 喂不饱的"群狼"

李继迁逃离宋朝的管制，被宋朝军队几次追击，几乎丧命。宋朝方面获胜后，很是松懈，觉得逃跑的这一小股力量没什么能耐，折腾不起来。但实际情况是，李继迁年纪虽轻，却很有政治头脑，他连娶数位当地豪强的女儿做妻妾，一下子与那些首领成为亲戚,在很短的时间内勾搭连环,势力渐盛。

李继迁很会做说服劝导工作,他大宴诸豪酋,先是大讲特讲李氏一家的赫赫战功和二百多年"光荣"历史,然后,言语沉痛:"我们李氏家族世世代代拥有西土,殊不料如今一旦绝之。如果你们能不忘李氏旧恩,敢和我一起兴复光大我们李氏家业吗?"党项诸酋本就没有过多顾虑,又与李继迁成为"亲戚",自然异口同声答应。

宋雍熙二年(公元985年),李继迁与其弟李继冲向宋将曹光实诈降。曹光实认为这俩穷寇是绝望之下来归顺,丝毫不疑,大大咧咧地仅带数十人前往葭芦川(今陕西佳县西北)与李氏兄弟会盟。还没下马,李氏兄弟与党项羌人就弯弓搭箭,把曹光实与数十宋兵均射死在当地。堂堂宋朝一个都巡检使,就这么糊里糊涂被人弄死。

李继迁杀掉曹光实后,袭据银州,攻取会州(今甘肃靖远),焚掠城郭而去。豺狼之性,暴露无遗。不久,宋将王侁带军出银州北,大破李继迁,斩首五千余级,李继迁逃窜。

眼见和宋朝闹翻,李继迁脑瓜好使,向辽国"请降",被契丹人封为西夏国王。辽国把义成公主嫁给李继迁为妻。至此,西夏在立国的道路上迈进一大步。

宋端拱元年(公元988年),宋太宗采纳赵普建议,把本来外任为崇信军节度使的李继捧召还京师,赐姓赵,改名保忠,授其为夏州刺史,充定难军节度使,目的是想以毒攻毒,派李继捧（赵保忠）回老窝，代表中央去讨伐他那个叛走的族弟李继迁。

李继捧回到老家，暗中与族弟勾结。过了数月，他上表奏称李继迁要归降，宋太宗便下诏委任李继迁为银州观察使，赐名赵保吉，但李继迁根本无降意。两兄弟小打小闹，怎么也得做样子给宋朝看看。

安庆泽一战，李继捧与李继迁演戏，但"道具"皆是真家伙，一不留神，李继迁屁股上中了一支大箭，仓皇遁去。不久，李继迁率大批党项羌人，猛攻夏州。估计那一箭把李继迁射急眼了，这次他可是玩真格的。李继捧心慌，忙遣使求援，宋朝派大军来救。

战事胶着，宋太宗知道李继捧不顶事，便派自己的大舅子李继隆率大军征讨。这位李继隆看名字好像是李继捧、李继迁的兄弟辈，其实，他与西夏的李氏没有任何关系。李继隆之父李处耘是宋太祖朝功臣，是攻破荆南高氏割据政权的首功之人。李继隆的妹妹是宋太宗正妻明德皇后。他既是功臣之子，又是皇帝至亲，但他并非纨绔子弟，在太祖、太宗两朝皆立过大功，可称是百战良将。此次，他被宋太宗委任为河西行营都部署，专门进讨李继迁。

此前，由于宋朝实施禁盐，西夏诸族有盐不能卖钱，大都急红眼，四十二族人皆跟随李继迁在环州（今甘肃环县）一带大肆寇掠，多次打败宋朝边将。后来，李继迁想把绥州居民迁往平夏城（今宁夏固原），但因为宋朝已经解除盐禁，各族有了经济好处，不想再与李继迁一起做"贼"，于是其部将高文率众掉头反击李继迁。李继迁受挫后，仍在当地打转，围堡寨，掠居民，焚积聚，率众猛攻灵州（今宁夏灵武）。

在夏州心怀鬼胎的李继捧听闻李继隆率宋军将至，慌忙带贴身的数百党项羌随从出城，于城外扎下营垒，并把自己的母亲妻儿均带出城，诡称要与李继迁讲和解怨，并声称李继迁已经答应投降，要求朝廷撤回援兵。他真正的意图，是害怕李继隆所率大部宋军入夏州后，会马上削夺他的军权，甚至会察觉他与李继迁暗中往来而逮捕他。

宋太宗不受骗，立命人送信督促李继隆进军。一天半夜，李继捧的族弟李继迁突袭这位一直与自己暗中勾连的族兄，杀掉数人，并俘获了李继捧的母亲妻儿。惶惧之下，李继捧从被窝里爬出，跳上一匹马，单骑逃回夏州城。一入城，守城宋将就把他关进小黑屋，稍后进城的李继隆大骂这个西北白眼狼，并把他关进囚车押往汴京。

宋太宗念他当初主动入京归附，赦罪不杀，封"宥罪侯"，赐第京师，其实是把他软禁起来。后来，宋廷外派他到岳州（今湖南岳阳）、复州（今湖北仙桃）等南方州郡当官。虽怏怏不乐，李继捧也无可奈何。宋景德元年（公元1004年），李继捧病死，临终还上表称自己儿子李永哥不孝顺，要朝廷把儿子发配。

李继迁这边与李继隆所率宋军相持之际，大玩两面派伎俩，遣其弟李延信入京献马，宋太宗抚赉甚厚，回赐金银茶药等物。同年，宰相吕蒙正建议："夏州深在沙漠，奸雄常常据此生事，自赫连勃勃筑城以来，常为关右之患，倘废此城，乃万世之利也！"于是，宋太宗下诏，隳毁夏州城。因此，昔日赫赫有名的统万城，如今只剩下残垣断壁，但其坚厚结实程度，仍令后人遐想无限。

宋至道元年（公元995年），李继迁派手下的汉人张浦带着一大群马、驼等牲畜，以贡献为名，入汴京觇窥宋朝虚实。宋太宗使出耀武扬威的老把戏，弄出一大帮军队杂技团，大玩"翘关、超乘、引强、夺槊"的硬气功、特务训练等把戏，万里挑一的宋军大力士力挽两石大弓，意气扬扬。观毕表演，宋太宗问张浦："羌人（党项羌）敢与这样的队伍打仗吗？"

张浦人精一个，自然溜须拍马："羌部弓弱箭短，看见皇朝这些高大孔武的汉子早就吓跑了，又怎敢与他们打仗啊。"宋太宗的虚荣心得到了极大的满足。于是，他派使节持诏拜李继迁为鄜州（今陕西富县）节度使，并勒令他归还从宋朝边境各州县抢走的财物。李继迁知道宋朝奈何不了他这个辽国的"大夏王"，又嫌宋朝封官太小，对宋廷的"恩诏"，笑而不受。

宋太宗没办法，就封张浦做一个郑州团练的官，把这个西夏人的"智囊"软禁在汴京。不久，李继迁上表说宋朝守将郑文宝诱降党项酋长，而宋廷为免生事，竟把郑文宝召回贬官。

此后，李继迁仍不消停，自率大军进攻宋朝的清远军（驻地在环州），被守将张延击败。

宋至道二年（公元996年），宋太宗为了加强灵州的实力，派洛苑使白守荣押送四十万石粮草前往。临行，宋太宗特别嘱诫白守荣要把运粮车分成三大队，丁夫发给弓箭自卫，护送兵士以方阵前进，"遇敌则战，可以无失"。同时，宋太宗下令会州观察使田绍斌率兵应援。不料，白守荣嫌三队费事，索性编为一个大的车队，役夫军士交混，完全没有应急的准备。运粮大队行至浦洛河（今宁夏苦水河），李继迁早已埋伏精骑于林中，忽然出击，麻痹大意的宋军士兵役夫根本没有思想准备，登时大溃，四散奔逃，把四十万石粮草扔在当地。假使会州的宋军将领田绍斌依计划护援，突然杀出，兴许能转败为胜，但这位田将军为求自保，根本没有出军。至此，四十万石粮草顿成李继迁手中之物。很快，他集大军包围了灵武城。

宋太宗大怒，立刻派大将李继隆为环州、庆州等州都部署，统率诸将，五路出军，目标是平夏城。李继隆自作主张，没有按计划出环州，认为从那里出兵太绕路，提军从青冈峡绕灵武直趋平夏。李继隆本意很好，想以"围魏救赵"之计，急行军奔抵平夏的李继迁老巢，一方面灵武之围自解，一方面可以在平夏捣毁李继迁的根据地。

本来，宋将相约五路军于乌白池（今宁夏灵武东南）一带集结，但盛夏行军，地旱人渴，李继隆半路只遇见宋将丁罕一部，合军一处，走了十天，也没看见一个党项兵的影子。至此，军队食水、给养基本用光，只得狼狈还军。另两路宋军，延州的范延召与夏州的王超二人误期，最终合军于乌白池，但忽遇以逸待劳的党项兵。王超老将，"持重不进"，其实是心里发虚，幸亏他十七岁的儿子王德用激昂求战，请为先锋。激战三日，终于打跑了与宋军交阵的党项人。范延召一部宋军，与西夏兵大小数十战，互有胜负，但最终因粮草不济，缺乏饮水，仅仅自保而已，根本谈不上破敌。

此次五路攻夏，以失败告终。

转年，宋太宗崩，宋真宗继位。为息事宁人，宋朝遣返从前扣留的西夏使臣张浦，并割让夏、绥、银、宥、静五州予李继迁，实际上承认了西夏的独立地位。

得便宜卖乖，李继迁派其弟李瑗入朝"谢恩"（实际上是索要赏物）。未几，李继迁复出兵抄边，抢掠无度，猖狂至极。

宋真宗咸平五年（公元1002年），李继迁率领诸藩部落，终于攻陷宋朝重镇灵州，并改名为西平府。灵州正处于黄河与浦洛河交汇处，据形胜之地，"北控河朔，南引庆、凉，据诸路上游，扼西陲要害"。

灵州失陷前，宋朝大臣杨亿、张齐贤、李沆等人认定灵州必不能守，劝宋真宗下令灵州守将提前与当地军民携力，搬空此城，退保环州。真宗皇帝新继位，气锐性刚，仍旧下令守将王超等率六万大军驰援灵州。结果，清远军都监殷义叛降于李继迁，王超大军还没赶到灵州，城池已经陷落。灵州之败，不仅是一城一州之失，而且是宋夏关系的转折点。从此，西夏一下子有了立国的本钱，昔日时叛时降的宋朝边境诸少数民族部落也铁了心跟随李继迁，抱定了党项这条粗腿。最最重要的是，从此西域通路断绝，党项人不仅隔绝回鹘等国给宋朝的入贡，还禁止各部落向宋朝卖马。古代战争中，战马是决定战争胜负的关键性因素之一。

灵州陷落，关中地区一下子失去屏障，受到极大威胁。

3. 西北烽烟连年起

率领党项军队攻克灵州后，李继迁一下子感觉不可自抑，建国称帝，似乎指日可图。于是，不顾宋朝割五州之地的友好表示，他自率大军进攻麟州（今陕西神木）。遇挫后，他并不气馁，回军而西，渡黄河，跨贺兰山，进攻凉州，大有把河西走廊一统域内的野心。

凉州治所西凉府（今甘肃武威）当时由宋朝派去的知府丁惟清管理，但周边广大地区皆是吐蕃六谷部酋长潘罗支的地盘。潘罗支本人是亲宋派，加之凉州当地吐蕃人汉化较深，汉蕃关系很不错。李继迁声东击西，先扬言要进攻环州，实际上主力党项军马不停蹄地向凉州飞驰。

宋咸平六年（公元 1003 年）年底，凉州知府丁惟清早晨刚刚醒来，就有兵卒仓皇跑进府，报告城中已冲入党项兵。没等丁惟清缓过神，党项骑兵已经冲入知府衙门，一刀将其砍死。至此，宋朝又一西北重镇凉州也被李继迁攻取。凉州城虽被党项人攻下，周遭的吐蕃部落并未完全降服。李继迁正部署军队准备进击，忽然接到吐蕃首领潘罗支的降书。他约李继迁出城，在一块山谷之地举行仪式，正式向李继迁归附。

此时，李继迁手下的汉族谋士张浦等人认为潘罗支是诈降，劝说李继迁施反诈降计，突然集兵冲入约降地点杀尽吐蕃人。李继迁被胜利冲昏了头，认定潘罗支是力屈而降，认为杀掉他们会伤害那些准备投降的吐蕃诸部之心。李继迁率大军出凉州城，浩浩荡荡，毫不防备地向约降山谷挺进。远远地，就望见潘罗支等人站在谷中"恭候"，他刚刚想扭头和左右人等夸耀自己的战功，埋伏在周围的吐蕃人劲弩和弓箭一时齐发，有几支大箭"嗖嗖"而来，把李继迁身体几处洞穿。党项军大败，奔还灵州。半路，李继迁伤重而死，时年四十二岁。满打满算，李继迁在西北折腾了二十二年，终于为子孙挣得了日后发家立国的本钱。

李继迁死，其子李德明得立，时年二十三岁。李德明小名叫阿移，其母为野利氏。李德明初立，心中无底，属下又有一些部落头人投奔宋朝，见势不妙，李德明派人奉表"归顺"。由于当时宋朝与辽国的战事吃紧，宋朝就积极同西夏讲和。

李继迁临死前，特别嘱托儿子一定要与宋朝讲和，"一表不听则再请,虽累百表,不得请,勿止也"。李继迁很有政治头脑,虽然恃功冒险受重伤,但他对当时的"国际形势"还是心中有数的。

宋景德三年(公元1006年),宋朝封李德明为西平王,行夏州刺史,并授检校太师兼侍中的荣衔,赐金银绢茶一大批。同时,诏令李德明遣子弟入传,即送直系亲属入汴京当人质。此令遭到李德明"婉拒",但他仍派人上献御马二十五匹以及一批良马、橐驼之类的土产。李德明同时也向辽国示好,被辽国封为"大夏国王"。他两边买好,得受双份厚赐。脚踏宋、辽两只船,西夏更加进退自如。

当时,宋将曹玮上表宋真宗,认为应该趁李继迁刚死、其子李德明新立之时,出奇制胜,倾大兵而进袭,一举捣毁西夏老巢。但是,宋朝君臣当时注意力皆在抵御辽国的军事进攻上,不想两个战场同时打仗,没有听从曹玮的建议。此后,由于宋辽签订了澶渊之盟,李德明更不想自触霉头,对宋朝和辽国"称臣"的同时,只想对这两个冤大头国家打"经济"算盘。除每年从两朝得到大量赏赐外,李德明派出的"贡使"还大肆走私,售卖马匹等物。对此严重扰乱本朝经济的举动,宋、辽两国还睁一只眼闭一只眼,都"顾全大局"。

李德明在榷场与宋朝进行正常交易的同时,鼓励西夏人在边境地区大卖青盐、粮食等违禁品,获厚利。不仅如此,西夏军队还时常拦截来自西域的商人和使团,明抢贡物和金珠,唯利是图。

无论如何,李德明在位二十多年间,宋夏没有发生大的战事,仅仅在宋大中祥符三年(公元 1010 年)因夏州发生饥荒,李德明上表宋朝,索求百万斛粮食,大有兴兵勒索的意思。

对此,宋朝君臣很不好拿捏,下诏"切责"或者服软"输粟",一时举棋不定。幸亏宰相王旦出主意,下诏明示李德明:"已敕令有司在京师聚粟百万,可遣众来取。"宋廷此诏,不卑不亢,李德明见诏"大惭",嘴里念叨"朝廷有人",遂不敢再妄加讹诈和勒索。

李德明在位时,虽然与宋、辽"交好",没有大的战事,但他也没闲着,倾力向河西走廊发展,南击吐蕃,西攻回鹘,大大拓展了党项羌族的生存空间。凉州的吐蕃首领潘罗支用诈降计大败李继迁后不久,他本人竟也同样被党项两个部落的首领以"诈降计"干掉。潘罗支虽死,他的弟弟厮铎督仍然率领吐蕃族人与西夏为敌。宋景德四年(公元 1007 年)以及大中祥符四年(公元 1011 年),李德明两次派兵进攻凉州,均未得手。大中祥符九年(公元 1016 年),本为吐蕃友军的回鹘人突然杀入凉州,打跑了吐蕃人。宋仁宗明道元年(公元 1032 年),李德明命儿子元昊率军征讨,终于打败回鹘,把凉州纳入西夏版图。在此之前,元昊于宋仁宗天圣六年(公元 1028 年)还夺取了回鹘所据的重镇甘州(今甘肃张掖)和瓜州(今甘肃瓜州)。

第一章 西夏

有了收降的回鹘精兵和缴获的吐蕃骏马，李德明如虎添翼，西夏国势蒸蒸日上。自大中祥符三年（公元1010年）起，李德明已在傲马山一带大修宫室。宋仁宗天禧三年（公元1019年），经过认真考察，李德明选定怀远镇（今宁夏银川）为都城，改其名为兴州，督建起巍峨壮丽的宫殿群。

他对外仍向宋、辽称臣，对内则完全是帝王气派。每有宋使到来，李德明也做做样子，让人撤去宫殿题榜，背朝外放在台阶上。等到金银赏赐到手，宋朝使节刚刚出宫，李德明马上换上皇帝才能穿的赭黄龙袍，关上宫门仍做天子。

宋仁宗明道元年（公元1032年），李德明病死，时年五十一岁。其子元昊继位。这位铁血大魔头，为北宋与西夏带来无数人命与财产的巨大损耗！

元昊（又名曩霄），小名嵬理（西夏语为"惜富贵"，似汉语小名"来福"之意），其母为卫慕氏。

由于当年率党项骑兵袭取回鹘甘州城成功，元昊凯旋后即被其父李德明立为太子。此人本性雄毅，多大略，可以讲此人生下来就是个人上人的料子。外表上，元昊圆脸高鼻，个子不高，他自年轻时就爱奇装异服，穿长袖绯衣，戴黑冠，让人望之森然。从智力方面讲，元昊是个通才，通晓佛教义理，精通各族文字，明晰法律，智勇双全，是个罕有的冷静、冷酷且具有逻辑型思维的政治人才。

当皇太子时，元昊多次劝其父李德明不要向宋朝称臣。李德明表示:"我们长久以来一直处于战争状态,国耗民疲。而且,我们党项人三十年能衣锦服绮,都是宋朝的恩赐,不可轻易辜负。"元昊大言:"衣皮毛,事畜牧,乃我们番人的习俗。英雄在世,当图王霸大业,何必介意锦绮细事!"

狼子野心,可见一斑。

继位后,元昊励精图治,申明号令,以兵法勒诸部,对党项诸部进行了更为严厉的控制。他恩威并施,常与部众会猎议事,很有亲民作风。同时,元昊对西夏内部的官制下大力气进行改革,设立了中书、枢密、三司、御史台、翊卫司等一系列完备的府衙,分由汉人、党项人统管,并分设番学和汉学,培养后备人才。当然,中央官制方面,元昊也大多搬袭宋朝的官制,但俸禄方面比宋朝差得好远。

元昊继位后除改名为"曩霄"以外,又自称"嵬名兀卒",即党项语的可汗号("兀卒"在党项语中有"青天子"之意)。"嵬名"之意,后世和当时就解说纷纭,据欧阳修所记,应是拓跋鲜卑"元"姓的党项音译。元昊不姓李,不姓赵,一抛唐、宋两大中原王朝的赐姓,改为拓跋鲜卑的"皇族"姓(北魏孝文帝改制时,把"拓跋"皇姓改为"元"姓),显然是为称帝做精心准备。

公元1032年,是宋仁宗"明道元年",元昊认为"明道"的年号犯其父亲李德明之讳,自己就在西夏国中改元为"显道"。依礼,当时元昊的西夏是宋朝藩属,当然不能有自己的年号。可笑的是,"开运"年号是五代后晋的倒霉年号,施行后才有汉儒指出此年号不吉,元昊又改年号为"广运"。自此之后,西夏便自行一套年号体系。

在官制等方面推行汉化的同时,为了增强党项的民族意识,明确身份识别,元昊强行发布"秃发令",并以身作则,自己先把脑袋顶上一圈头发剃光(有点像日本战国时代的武士)。他规定三日为限,不从者杀之。当然,党项人秃发并非一件难事,不似清初汉人剃发那么有心理障碍。秃发之举,完全是元昊验证自己统治力和明晰民族识别的一种手段。同时,元昊对党项官民服饰进行了严格规定,文官"幞头、靴笏、紫衣、绯衣"。武官则冠金帖起云镂冠、银帖间金镂冠、黑漆冠,衣紫旋襕,一般百姓只能穿青绿服色。至于元昊自己的打扮,也很独特:衣白窄衫,毡冠红里,冠顶后垂红结绶。

接着,元昊自制西夏文字。西夏文结构十分复杂,相较汉字,大有叠床架屋、画蛇添足之势。有学者认为西夏文字并非元昊"创制",而是由野利仁荣主持,他有一套"班子"研究创制西夏文字。西夏皇族后来为蒙古人殄灭无余,但后世出土以及敦煌文献中存留的实物十分丰富,特别是《番汉合时掌中珠》,完全类似现代的双解字典,西夏文、汉文双解,成为后世阅解西夏文字最珍贵的"工具书"。

做毕这些礼仪、制度、文字等方面的工作,元昊还需要显示一下自己的武功。于是,他派大将苏奴儿率二万五千名党项

西夏文"敕燃马牌"青铜敕牌
此为西夏使者传递紧急文书、命令时的身份凭证。

劲卒进攻吐蕃的唃厮啰政权。

4. 宋夏相斗元昊奇

唃厮啰是昔日强盛的吐蕃王国赞普的后裔,他本来生于高昌(今新疆吐鲁番),少年时代被一个羌人当作"奇货"带到河州(今甘肃临夏)。知道其身份后,当地人名其为"唃厮啰",吐蕃语是"佛儿"的意思。当地吐蕃诸族重血统,唃厮啰因此被拥为"赞普"。后来,渐渐成人的唃厮啰与拥立他的吐蕃酋长发生内讧,自行出走,后在青唐(今青海西宁)建立起政权，附近诸族纷纷归附，有众数十万人。

唃厮罗一直接受宋朝册封，采取抗夏附宋的策略，常年与西夏兵戎相争。此次进攻，西夏的苏奴儿一军遭到吐蕃军强烈反击，败死略尽，连苏奴儿本人也被俘。

气急败坏之下，元昊亲自出马，率数万大军猛攻猫牛城（牦牛城，今西宁西北）。打了一个多月，党项兵也攻不下坚城。元昊用计，诈称要和吐蕃人约和，待其守城主将开城门准备宴饮盟誓时，元昊突然进攻，杀进城中，把城内居民和守兵杀得一干二净。紧接着，元昊自率西夏大军，在吐蕃境内昼夜不息，转战四方，四处攻城。虽然吐蕃的青唐都城未被攻下，但元昊取得瓜州、沙州（今甘肃敦煌）和肃州（今甘肃酒泉）三个战略要地。南还时，元昊怕吐蕃兵蹑追，又举兵猛攻兰州诸羌部，并于各州筑坚城，以免他日攻宋时吐蕃兵会从他背后进击。

元昊很有雄略，他在黄河以北布兵七万人，以备辽国；在盐州路布兵五万人，以备环、庆等地的宋兵；在宥州路布兵五万人，以备鄜、延等地的宋军；在甘州路布兵五万人，以备吐蕃和回鹘。同时，他简选善射便马的壮士五千人，号为"六班直"，以充御林军。

至此，元昊拥有了夏、银、绥、宥、静、灵、盐、会、胜、甘、凉、瓜、沙、肃等地，他自居兴州，依山阻河，于宋宝元元年（公元1038年）正式称帝，时年三十五岁。当然，称帝之事，怎么也要向宋朝有个交代，元昊便派使臣去汴京，宣告自己称帝一事。虽然元昊上奏的语气不乏谦恭，但对于宋朝来讲，藩国一下子变成"友邦"，藩王变成皇帝，是万万不能接受的大逆不道之事。

元昊称帝前，已经清洗了西夏内部对他地位有威胁的部族首领，不仅把反对他的卫慕族首领山喜整族人扔进黄河淹死，而且连自己的亲生母亲也不放过（元昊的母亲是卫慕族人），以毒酒将其毒死。游牧民族母系势力确实很有威胁，但连母后也不能容，元昊确实是非常残忍之人。不仅如此，元昊把自己的妃子卫慕氏（也是他表姐）连同卫慕妃为自己生的儿子也一并杀死，以斩草除根。狠到连自己的骨肉也不放过，元昊真是残忍至极。

称帝前，由于分掌西夏左右厢兵的大将山遇惟亮劝说元昊不要与宋朝翻脸，元昊就准备诛除山遇一族。这位老臣得知消息后，携家属二十多人准备逃往宋朝边将李士彬处（李士彬本人也是党项族）。中途，宋朝的延州知州郭劝抓住山遇惟亮一家人，怕收留山遇惹起边事，竟然派人把山遇一家人押还给元昊。元昊大怒，把山遇惟亮及其儿子缚于树上，然后与众军将一起，弯弓搭箭，把这位老臣及其儿子射成刺猬，然后戮尸泄愤。

元昊称帝，宋廷上下非常愤怒，马上下诏削夺元昊官爵。但是，众大臣还没有意识到西夏威胁的严重性，认为"元昊小丑，出师征讨，旋即诛灭"。朝臣中，唯有谏官吴育一人忧心忡忡："元昊已经称帝，不可能自己再改回原先的称号，而且他一定做了充足的战争准备。当今之计,应暂且答应他的要求,让他没有口实兴兵,同时严命边将抓紧备战,争取时间,待其发兵来攻,兵祸还可能不会太深。"当时,张士逊任宰相,认为吴育迂腐可笑,不听其言。

宋朝不仅削夺元昊爵号,还立刻断绝双方的互市,在边境张贴告示,称有斩元昊之首者马上授予定难军节度使一职。元昊闻讯一笑,宋朝的反应早在其意料之内。他派遣使臣,把宋朝先前赐予的旌节和诰敕皆封匦送回,书表语气傲慢无礼,再不拿宋朝当回事。

此后数年,对宋朝,经延州之战、好水川之战以及定川寨之战三大战役,元昊率党项兵歼灭宋军精兵数万人;对辽国,经河曲大战,元昊又在宋庆历四年(公元1044年)大败携十万精兵御驾亲征的辽兴宗。就这样,元昊完全奠定了宋、辽、夏天下三分的局面,西夏的独立成为铁板钉钉一样的现实。

当河西广大地区为西夏占有后,元昊对西夏军队也花费不少精力进行整治和重新编制。他以黄河为标界,在西夏国内把军队划为左、右两部厢军,设十二监军司,分别命以军名,规定驻扎地(宋朝也有类似厢军设置),由此,健全了西夏军队的指挥体系。元昊固定了几个兵种:铁鹞子、擒生军、卫戍军、泼喜军。

铁鹞子又称"铁林军",是西夏最精锐的骑兵部队,此种部队配以最好的战马,最精的盔甲,总人数三千人,分为十队;擒生军,是西夏为了在战争中俘掠对方百姓专门成立的部队,为西夏"原创",人数极多,有十万之众;卫戍军是西夏禁卫军,共五千人,皆由西夏贵族子弟充任;泼喜军是"炮兵",主要在攻城时用抛石机协助进攻,人数最少,才二百人。

此外,最富于心机、最缺德的元昊军制,是他特意挑选被俘汉人组成的"撞令郎"军。日后,蒙古人、日本人都设置过此类兵种。打仗时,以这些"伪军"为先头部队,让他们冲在本族主力军队前面充当炮灰,以最大限度减少本族兵士的伤亡。

总而言之,元昊立国之初,西夏总军力已达五十万人,这还不包括打大仗时从各部落征民为兵的人数。可以讲,元昊当国时,西夏全民皆兵。

元昊不仅拥有坚实的军事后盾,最重要的是,他还拥有一个主要由汉人组成的智囊团。西夏立国之初,"主谋议"的六个人,除嵬名守全是党项人,其他五个人张陟、张绛、杨廓、徐敏宗、张文显,均是汉人。而且,教诱元昊以"大略"攻宋的主心骨也是两个汉人:张元、吴昊。

这两个人,《宋史纪事本末》卷三十中只模糊言及其家姓:"华州有二生张、吴者,俱困场屋,薄游不得志,闻元昊有意窥中国,遂叛往,以策干之,元昊大悦,日尊宠用事,凡夏人立国规模,入寇方略,多二人教之。"

这两个久试不第的读书人,自恃胸中文韬武略,本来想投靠宋朝边境献计献策立功名,但一直不受重视。气愤之余,二人就联袂叛逃，亡入西夏。他们入西夏也颇有戏剧性，二人到达兴庆后，天天在一家豪华酒馆痛饮欢歌，又在雪白的墙壁上用笔墨大书"张元、吴昊来此饮酒"，被西夏便衣发现，连夜抓起，直接押往元昊处。

元昊知道此二人不是凡人，便亲自审问，怒问二人怎敢犯其名讳。张、吴二生鲜衣华袭，皆一表人才，虽然人被捆成个粽子，两张嘴仍旧伶牙俐齿："你连自己姓什么都不在乎，何必在乎名呢！"一句话，杀人大魔头元昊大惊失色，正戳中其痛处——唐朝五代直到宋初，元昊一族姓"李"，而后，元昊一族姓"赵"，皆是中原王朝的"赐"姓，真是一大疮疤。

于是，他亲去二人绳索，好言相谢。三人顿时言语甚欢，张、吴二人成为他攻宋的最重要谋士。张元、吴昊二人虽是书生，却熟知中国历史和军事战略，他们力谏元昊进取关右之地，占领关中，向中原腹地挺进，同时与辽国联合，让契丹人在河北进袭宋朝，最终使宋朝两面临敌，"一身二疾，势难支矣"。这乃是一剑封喉的毒招，一旦成功，宋朝就会有亡国之忧。

"莫道书生空议论，头颅掷处血斑斑。"张、吴二人，也是中国封建知识分子中的一种异类。

当时，宋朝在西北的主要负责人，一是泾州知州夏竦，二为延州知州范雍。此二人不仅仅是统领文职，同时皆"加兼经略使、步骑军都总管"，等于是西北方面人、财、物、军一把抓的两大巨头。夏竦在《宋史》中当然不算什么好人，但此人极富才干，颇有远谋。对于当时西夏的形势，他有非常中肯的分析。夏竦针对西北边境形势，进呈了十条建议：一、教习强弩以为奇兵；二、羁縻属羌以为藩篱；三、诏唃厮啰父子并力破贼；四、度地形险易远近、寨栅多少、军士勇怯，而增减屯兵；五、诏诸路互相应援；六、募土人为兵，州各一二千人，以代东兵；七、增置弓手、壮丁、猎户以备城守；八、并边小寨，毋积刍粮，贼攻急，则弃小寨入保大寨，以完兵力；九、关中民坐累若过误者，许人入粟赎罪，铜一斤为粟五斗，以赡边计；十、损并边冗兵、冗官及减骑军，以舒馈运。

夏竦是个干才，这十条建议都言之凿凿，有理有利，多被朝廷采用。但是，当时的朝中大臣和边境将领多数人主张军事打击，反以夏竦所议为怯。宋仁宗宝元二年（公元1039年）年底，元昊命西夏军队进行试探性进攻，首先攻击宋朝的保安军（今陕西志丹）。不巧的是，保安军当时的巡检指挥使狄青善战，把西夏军打得溃败而走，西夏军没有捞得任何便宜。当然，元昊也是声东击西，主要是想攻金明寨（今陕西延安安塞区南），进攻保安军属于"佯攻"。

狄青，字汉臣，汾州（今山西汾阳）人，由于善骑射，多武艺，他得以在皇家御林军服役。元昊称帝后，狄青以"延州指使"的官职被发往边疆效力。四年之间，狄青大小二十五战，身中八创，破金汤城（今陕西志丹西北）屠灭叛服无常的岁香、毛奴、尚罗等部落，很似日后左宗棠。此人无妇人之仁，有大将之度，恩威并施，敌莫敢犯。狄青打仗，身先士卒，常披散头发，面带一狰狞铜面具，出入贼中，所向披靡。后来，狄青由经略判官尹洙推荐给负责西北边事的韩琦、范仲淹。二人一见奇之，接连提拔他。范仲淹亲自把自己所研读的《春秋左氏传》赠予狄青，劝勉道："为将不知古今忠义之事，只不过是匹夫之勇。"日后，皇祐年间，狄青率军击破侬智高起义，回朝得封枢密使。

宋康定元年（公元1040年）开春，元昊自率大军，以宋朝延州为目的地，揭开了大规模战争的序幕。时任振武军节度使、延州知州的范雍正在延州。这位范老夫子人品不差，颇有政声，但兵事方面欠缺远略深谋。范老夫子得知元昊西夏大军要拿自己的延州开刀，大惧，忙上表奏称："延州最当贼冲，地阔而砦栅疏（周边防御工事少），近者百里，远者二百里，士兵寡弱，又无宿将为用，而贼出入于此，请益师。"

范雍要求增兵的表奏并未引起朝廷重视，不报。

5. 宋军数败丧志气

元昊全力攻伐的首要对象是宋朝范雍一部。西夏军进攻范雍，并非因为这位范老夫子怯懦，而是元昊经过深思熟虑做出的精心布置。宋夏两国以横山为界，东起麟州，西到原州（今甘肃镇原）、渭州（今甘肃平凉），绵延一千多公里。元昊称帝后，宋朝在这条边界线上不断派军驻防，元昊经过数次进兵骚扰及试探性进攻，选定延州为攻击目的地。他看中的正是鄜州、延州一带通路畅阔，便于进攻。

元昊展开军事行动后，首先派使者送信于范雍，表示自己要与宋朝议和，范雍听信，再不设防。同时，元昊猛攻延州外围的李士彬所率各部军事据点。李士彬当时是宋朝的金明都巡检使，他本人就是党项族酋长，掌有十八寨近十万众的彪悍羌兵，驻扎于延州北面的金明寨。对于这个党项老敌手，元昊暗杀计、反间计、奇袭计等全用个遍，一无所成。最后，反倒是"骄兵计"成。西夏军每逢和李士彬交战，没打几下就"溃退"，还高声叫唤："铁壁相公（李士彬的"外号"）来了，我们赶快逃命吧。"如此一来，李士彬颇为自负。

元昊派遣一批又一批党项部落向李士彬"投降"。面对汹涌而来的党项人，李士彬自己不好处理，就上报"上级"延州范雍，要求把这些党项降人迁居到远离西北边境的南方安置。范雍一介文士，没有军事计谋，反想"以夷制夷"，厚赏这些西夏降人，并让李士彬把他们编入金明寨周围的各个军事据点。李士彬不好违背上级命令，只得照办，这就等于在宋朝各个寨堡安置了为数众多的"定时炸弹"。安排停当后，一声炮响，元昊诸军突然发动攻击，事先诈降的党项人纷纷而起，金明寨等十余个延州以外的宋朝军事据点皆被西夏人占领，李士彬父子也被擒杀。乘胜进攻，元昊大军直至延州城下。

范雍肝胆俱裂，一面命人紧闭四周城门拒守，一面派人带信急召当时屯守庆州的鄜延路副总管刘平和石元孙。刘、石二人闻信仓促提兵，直趋土门（今陕西延安安塞区）。这部宋军未得休息，途经保安、万安镇向延州方向驰进。鄜延都监黄德和、巡检万俟政以及巡检郭遵都接到范雍的告急书，也同时往延州方向集结。

元昊早已得知宋军动向，便在三川口（今陕西延安西北）设下埋伏，静待诸路入套的宋军。

刘平与诸将会合后，集步骑一万多人，结阵东行。走了五里，遇见严阵以待的西夏兵。当时，天下大雪，平地积雪数寸。两军均摆偃月阵，一时相持。很快，西夏军渡水而前，改为横阵，宋将郭遵率骑兵荡阵，不能攻入。刘平指挥宋军全力压上，杀敌百人，西夏军退却。忽然，西夏军蔽盾为阵。宋军发动进攻，击却西夏军，夺其盾牌，西夏军被杀及溺水死者几千人。混战之中，刘平身中流矢，血流遍体。乍为小胜，又至日暮时分，宋军兵校纷纷手持人头，牵着所缴获的马匹拥至刘平面前请赏。

刘平忙说："现在敌人未退，你们各部自己人记下功劳，战后一定各加重赏。"

话音未落，西夏兵忽然又来一拨，轻兵薄战，宋军稍稍引却。其实，时前时却，是交战双方常见的事情。关键时刻，远居后阵的宋将黄德和心怯，见前军小却，他马上召集麾下往后狂逃。宋军溃败，完全出于一时间的从众心理，本来一直在搏战中占上风的宋军忽然就掉头一齐往后跑。刘平见状，马上派自己的儿子刘宜孙乘马追赶黄德和，拉住他的马缰苦劝："万望将军勒兵回击，并力击贼，不要再跑。"黄德和不听，纵马驰奔而去。

刘平无奈，急遣军校持剑，阻挡逃跑士兵，得千余人。他们转斗三日，西夏军退还延水东。可见，宋兵此时的战斗力仍很强。特别是宋将郭遵，独出奋击，手持大槊横冲直撞，如入无人之境。西夏军知道此将不可挡，派数人在一狭窄处持数条长绳欲拦截郭遵，均为这位猛将挥刀斩断。最后，西夏特派一股部队，边斗边佯败，诱郭遵深入，然后万箭齐发，才把这位猛将射死。刘平率众退至西南山，立七栅以为防御工事自固。

半夜，西夏集大兵围攻，四出合击，把宋军一分为二。苦战不支，宋军绝大部分战死，刘平、石元孙皆为西夏军生俘。

三川口之战，西夏虽大胜，但因天降大雪，加之延州城坚，并未能一举攻克延州。不久，得知其余几路西夏军遇败，补给不济，元昊只得下令退兵。此战，还算范雍老夫子命好，延州守兵才几百人，竟然能得以保全。当然，三川口大败，他难辞其咎，被降职处分。

范雍为人宽恕，好谋而少成。此类人只宜在朝中当清闲之官，真让他干实事其实很难有所作为。但范雍善于荐士，是位好伯乐。宋朝大将狄青为小校时，一次犯法当斩，正犯在范雍手下。范雍惜才，当时饶以不死，成就了狄大将军日后的千秋万古英名。

三川口大败后，宋廷在中央也追究责任，罢张士逊的相位，以吕夷简接任。同时，宋廷任命韩琦为陕西安抚使，协助总管西北防御的陕西经略安抚使夏竦，委任范仲淹为陕西都转运使。

由于先前与宰相吕夷简不和，范仲淹被斥为"引用朋党"，被贬到饶州（今江西鄱阳）、越州（今浙江绍兴）等地为官，正是韩琦力荐，他才得以被重新起用担当大任。不久后，宋廷下诏任韩琦和范仲淹同为陕西经略安抚副使，韩琦主管泾原路，范仲淹主管鄜延路。范仲淹到任，首先改变御敌策略。先前，敌军来攻，宋军军官总是最小的武将先出御。对此，范仲淹深恶痛绝，认为"将不择人，以官为序，取败之道也"。他大阅州兵，简选一万八千名精锐，派六将分领，日夜训练，量贼众寡，使他们轮流出战。如此，既通过战斗练将，又通过实战练兵。

西夏人知道新来的范仲淹不好对付，相互告诫道："今小范老子（范仲淹）腹中自有数万甲兵，不比大范老子（范雍）可欺也！"

范仲淹派人四处修建防御堡垒，并建鄜城为康定军，加强抵御西夏的军力。"塞下秋来风景异"一词（《渔家傲·秋思》），即是范仲淹守边时所作。

宋康定元年（公元 1040 年）十月，元昊连下乾沟、乾河、赵福三大军事据点，咄咄逼人。韩琦马上命令时任环庆副总管的任福率兵七千，夜行军七十里，突袭白豹城（今陕西吴起西南），击败驻守的西夏士兵，焚其积聚而还，给西夏人以震慑。鄜州判官种世衡审时度势，急率军赶赴距延州东北二百里的宽州（今陕西清涧），筑垒营墙，起清涧城。

宋庆历元年（公元1041年），鉴于元昊攻势转剧，宋仁宗遣使向主持西北军政要务的夏竦问计，夏竦派副使韩琦和判官尹洙诣阙入对，呈上攻守两个方案，任凭宋仁宗选取其一。

宋仁宗当时年值青壮（三十二岁），认定要对西夏展开攻势。他不顾朝中大臣的反对，下诏鄜延、泾原（两路）会兵，准备正月进讨。为此，范仲淹上奏，认为正月塞外大寒，应该慎重行事。宋仁宗点头，下诏让西北诸师"应机乘便"，择时向西夏进攻。进攻还是防守，韩琦与范仲淹各执己见，且各有各的道理。范仲淹认为，"战者危事，当自谨守以观其变，未可轻兵深入"，主张防守。韩琦认为，如果一味固守，将士必无进取锐志。而且，元昊倾国入寇，不过四五万军士。其老弱妇孺，举族而行。如果大军并出，鼓行而前，乘敌骄惰，击破他们不难。于是，韩琦派尹洙亲至延州见范仲淹，但范仲淹坚持己见，认为防守乃最上之策。

宋朝边地主帅，范雍、夏竦、韩琦、范仲淹，皆是儒臣出身，所以，他们虽然说号称有勇有谋，但确实不能没身行阵，身先士卒。宋朝立国以来的国策就是在最大程度上限制武将权力，但此举矫枉过正，使狄青等有勇有谋的能将总是处于接受命令的"鹰犬"地位，缺乏大战中能身临前线、知兵知将的军事统帅。

当然，韩琦、范仲淹绝非怯懦文士，二人胆识皆备，但时兮命兮，造化弄人。庆历元年（公元1041年）三月，正当韩琦巡视军务走到高平（今山西高平），元昊派军进攻渭州的消息忽然传来，兵逼怀远城。韩琦闻报，马上驰至镇戎军（今宁夏固原），尽出其兵，招募勇士一万八千余人，交环庆副总管任福统领，以耿傅为参军，泾原都监桑怿为先锋。

韩琦在任福出发前交代得一清二楚：自怀远城经得胜寨（今宁夏西吉东南）直趋羊牧隆城（今宁夏西吉西北），出敌之后对西夏军发动攻击。各堡垒相距才四十里，道路便利，辎重在近，审时度势，能打就打，不能打就据险置伏，阻截敌人归路。韩琦所述，足见其成竹于胸，文韬武略，确实不同凡响。

庆历六年（公元1041年）二月二十二日，宋将任福率轻骑数千先发，直趋怀远捺龙川（今宁夏固原彭堡），与镇戎西路的两位宋将合军，在张宗堡以南大败西夏部队，斩首数百。刺探情报的宋军尖兵来报，声言西夏兵很少，任福等人顿失警戒之心。宋将武英认为西夏兵可能潜伏，诸将不听。傍晚时分，任福与桑怿合军，在好水川（今宁夏隆德）屯军。朱观、武英也屯军于五里以外的笼络川（今宁夏西吉东南），相约：

"明日会兵川口，必使夏人匹骑无还"。

其实，元昊率十万大军，已经沿瓦亭川南下，在好水川、姚家川（今宁夏隆德西北）西侧的谷口设下埋伏，先前西夏"败军"，就是引宋兵深入的"诱饵"。由于轻装奔袭，未带足够的粮草，沿好水川西行，道路既远，粮饷不继，宋军士马乏食。他们出六盘山下，在距羊牧隆城五里的地方，忽然发现已经列阵以待的西夏军。诸将此时方知中敌计谋，势不可留，硬着头皮上前格战。前锋桑怿发现道中有数个封闭紧严的银色泥盒，其中有跳跃扑腾之声。任福赶到，桑怿请示后才敢启开泥盒，原来是腿上有哨的家鸽万余。这些鸽子从盒子里面飞出，盘旋军上，西夏军伏兵四起。

这种以信鸽当诱饵，让对方上当自己开启，以充进攻号令的伎俩，实乃元昊原创。

虽知中了敌军的埋伏，但当时宋军并未气馁。桑怿首先跃马冲阵，想给任福争取时间布阵。西夏部队毕竟是等候多时，准备严密，立刻派出铁骑轮番突阵，冲荡多时，终于把宋军阵形冲乱。宋军见势不妙，众将校还算稳重，各自指挥部众分头冲杀，想占据有利地形制敌。突然，山上竖起西夏创制的命旗——鲍老旗。左挥，左边伏兵起；右挥，右边伏兵起。西夏埋伏的军士皆凭高而下，自山背冲下猛攻，宋军士卒多被杀或坠下山崖摔死。先锋桑怿等人首先战死。此时，西夏拨出数千精兵断绝宋军退路，形成合围之势。

6. 宋廷无奈来讲和

好水川之战中，宋朝大将任福力战，身中十余箭，仍挥四刃铁锏，挺身决斗。其属下小校劝他乘间突围，任福表示："吾为大将，兵败，以死报国尔！"

最后，西夏兵拥上，混战中一枪直贯其颊。任福知大势已去，抽刀自刎。

双方合战时，宋将王珪自羊牧隆城引四千名宋军驰援，在宋将朱观的军阵西侧布阵，并屡屡身先士卒，荡突敌阵，但西夏兵多，阵坚不可荡破。知道大势已去，王珪东望再拜以示必死之心，然后他重新冲入战阵，手杀数百人，鞭铁挠曲，手掌尽裂。他三次换马，击杀成百的西夏兵，最后眼睛中箭而死。宋将武英、赵津等人相继英勇战死，宋军士卒死者共一万零三百人。诸路宋军，唯朱观一部率千余人退保于民垣，凭掩护向四处射箭击敌，恰值日暮，西夏兵引退。此次战役，宋军前后损失任福等多名大将，士卒死伤七万多人。消息传出，关右大震。

追究责任，韩琦先上书自劾。夏竦派人收拾宋军尸体，在任福的衣装中得到韩琦嘱诫诸将的公文，上表称好水川之役失败责任不在韩琦。韩琦回军路上，阵亡将士家属数千人遮马号哭，抛撒纸钱，向空中哀诉："你们先前跟从韩招讨出征，现在韩招讨回来了，你们都死了，希望你们的亡灵也能跟韩招讨一起回来!"哀恸之声震动天地,韩琦本人掩泣恸哭,驻马不前。

范仲淹闻此,叹惜道:"此情此景,韩大人再难置胜负于度外!"

西夏军大胜后,元昊的军师张元看见好水川内遍布的宋军尸体,大喜。他趾高气扬地在界上寺墙壁上题诗一首:"夏竦何曾耸,韩琦未足奇。满川龙虎辇,犹自说兵机。"自得之意,溢于言表,并在诗后题言:"(西夏)太师、尚书令兼中书令张元随大驾至此。"

好水川大胜后,元昊派使臣送书信于范仲淹,语极悖慢。范仲淹气愤,在夏使面前烧毁来信。

朝中宰相吕夷简认为:"人臣无外交,范仲淹先前擅自与元昊通信(劝元昊与宋和解),今得其书又焚而不奏,别人哪敢这样干!"

于是,朝廷下旨,调查范仲淹与西夏通使及焚书之事。为此,范仲淹辩称:"我先前与元昊通书,意在诱谕其归顺。任福军败,元昊来书悖慢,为臣以为,朝廷如见书而不能讨,则辱在朝廷。故而我当着僚属之面焚毁来书,以使悖慢之辞不得见于朝廷。"

话虽有理,宋廷仍降范仲淹官一等。

庆历元年(公元1041年)秋,宋廷免去夏竦的西北统帅之职,重新划设秦凤、泾原、环庆、鄜延为四路,以韩琦知秦州（今甘肃天水），王沿知渭州，范仲淹知庆州，庞籍知延州，分别领兵命将，以抵御西夏的进袭。夏竦此人，本意在于复返汴京做执政。在西北三年，他除了上奏"十事"之外，基本没有任何建树。他外出巡边常在军营中带美婢玩乐，几乎导致军变。范仲淹到庆州后，招抚诸羌，以诏书大行犒赏。由于范仲淹曾为龙图阁学士，羌人敬称其为"龙图老子"。他在庆州西北的马铺寨筑大顺城，并派遣其年方十八岁的儿子范纯祐与兵将前往，抵拒了西夏兵的数次骚扰。

深秋时节，兵强马壮之时，张元撺掇元昊向镇戎军进攻，最终目的是经渭州长驱直入，进击关中地区，目的是东阻潼关，隔绝两川贡赋，攻陷长安。对于张元，元昊自然是言无不从，他立刻点集十万精兵，两路出兵，准备合师攻镇戎军。

渭州知州王沿虽不太知兵，手下毕竟参谋不少，马上下令副总管葛怀敏率诸寨兵出御西夏军，分兵四路，直奔定川寨（今宁夏固原以北、葫芦河以西）。

同好水川之战一样，元昊早已在定川寨布置好埋伏，烧断河上木桥，堵住宋军突围的必经之路。

如同事先约定一样，九月二十一日，葛怀敏刚刚与诸将于定川寨会合，四周顿时就涌出无数西夏兵马，拔栅逾壕，四合进攻。西夏军阻断定川水泉上游，截断了宋军的水源。无奈，葛怀敏只得硬着头皮出寨，布下军阵。西夏军猛攻中军，宋军不动。西夏军掉头，又猛攻东北隅的宋将曹英一部。关键时刻,忽然吹起东北黑风,宋军迎风列阵,一时大乱,军阵遂溃,兵士皆掉头往定川寨里面奔逃。宋将曹英本人面中流矢,被射翻于城壕之中。葛怀敏手下亲军见之崩骇。更倒霉的是,由于宋军往回逃,正在阵中指挥的葛怀敏被溃兵挤下马,踩踏几死,幸亏卫士将其抬回寨中,良久乃苏。宋军逃回寨内,据守城门,杀掉不少西夏兵。虽然敌众稍却,但宋军斗志已经完全丧失。当晚,西夏兵在寨外四面举火,高呼要宋军投降。

葛怀敏、曹英等诸将商议好久,也决定不了从哪边突围。直至凌晨,葛怀敏自己下决定,准备结阵而出,向镇戎军方向突围。有宋将认为应该迂回行军,葛怀敏不从,执意要直接突围奔趋镇戎军。宋军还算英勇,近万人马冲出重围,向东南竟然还跑出二百里地。但是,到了长城濠(今宁夏固原与德隆接界)一带,宋军发现西夏军早已切断退路,以逸待劳,从四面冲杀过来。激战过后,宋朝官兵近万人,包括葛怀敏、曹英等十六名将领,皆力战而死。

击败葛怀敏宋军,西夏军取得大胜,元昊长驱抵达渭州,六七百里间,西夏军队焚荡庐舍,屠掠民畜而去。当时,幸亏诸路宋军坚壁固守,范仲淹率军来接,加之陕西诸路二十余万驻兵的牵制,以及吐蕃诸部在西夏背后的"埋伏",元昊才没能重新上演一出五胡时代天翻地覆的大戏。

定川寨大败之后,宋廷上下彻底死心,再不做进攻的妄念,专心守土。特别是韩琦与范仲淹,二人号令严明,爱抚士卒，对当地羌族民众推诚抚接，使得他们感恩畏威。当时，西北民众有民谣："军中有一韩，西贼闻之心胆寒；军中有一范，西贼闻之惊破胆。"

其实，"西贼"（西夏兵）既未胆寒也未破胆，只是杀人一万，自损三千。因为多年战争，西夏的国力大损，民不聊生，故而暂缓了对宋朝的军事进攻。

同时，由于宋朝答应每年增加辽国二十万"岁币"，辽国好处拿到，不再向宋朝施压，反而"义劝"西夏收手。在此情况下，如果再发动大规模战争，元昊自己也不知契丹人会做出什么事情。

宋夏三次大战，皆以西夏胜利告终。总结原因，不外有如下几点：

其一，元昊总兵数虽少于宋军，但每次大战皆是集中优势兵力，五指成拳，以人数之胜，一举歼灭宋军一部主力；反观宋朝，战线拖沓，兵源分散。

其二，知己知彼，百战百胜。无论是宋军的动向还是作战地形，西夏军皆成竹在胸；反观宋军，数次贪功冒进，连间谍、尖兵侦知的情报都不实，不败才怪。

其三，游击战术，转战不疲。元昊常常声东击西，偏师屡出，令宋军如坠云里雾里，乖乖受骗。

宋庆历三年（公元1043年）春，由于连年征战，西夏国力已臻衰竭，元昊就乘机派出使臣上书宋朝商谈和议。

宋仁宗密诏庞籍与元昊谈判，元昊闻之大喜。谈来谈去，关键问题仍然是元昊称帝的问题，宋朝坚持要元昊自削"僭号"。元昊恼怒，大言："（我）如日方中，止可顺天西行，安可逆天东下。"经过拉锯谈判，元昊派使臣至延州上书，自称"男邦泥定国兀卒，上书父大宋皇帝"，他更名曩霄而不称臣。虽不称臣，元昊以儿子自居，总算给了宋朝一个台阶下。

正当宋朝准备答应与西夏的和议时，辽国派来使臣，要宋朝不要与元昊讲和。两难境地下，宋朝的礼部郎中吴育发表意见，顿解愁结："契丹受恩，为日已久（指宋辽两国自澶渊之盟以来一直关系友好）。不可纳一叛羌（西夏元昊），而失继世兄弟之欢。今二番自斗（夏辽关系吃紧），斗久不懈，可观形势，乘机立功。万一吾朝速纳元昊，为臣恐契丹窥兵赵魏（河北），致使辽宋战事又起。"

接着，吴育出主意，宋朝可派使臣到西夏，告诉西夏要一如既往与辽国和好，宋朝方许约和。同时，又派使臣去辽国，告诉契丹人，宋朝已经命令元昊向辽国道歉，在此前提下，才接受西夏的求和，否则，当再兴兵征讨。宋廷依计施行。果然，此举奏效。西夏、辽国皆无借口向宋朝发威，宋朝总算在外交上取得一次成功。

辽国方面，早在宋天圣九年（公元1031年）辽兴宗即位之初就把辽国的兴平公主（辽兴宗的姐姐）许配给元昊，但夫妻二人关系一直不睦，完全只有政治婚姻带来的冷淡与疏隔。

西夏王妃供养像

后来，兴平公主病重，元昊仍旧搂着别的美女狂欢，对公主不闻不问。直到公主病死，元昊才向辽国"汇报"此事。

辽兴宗闻讯大怒，当时就派人持诏"切责"元昊。元昊由于正忙着攻宋，只好低头装孙子，献贡献宝讨好辽兴宗。后来，辽国从宋朝每年多讹诈二十万"岁币"后，很是站在宋朝方面说话，劝阻元昊不要伐宋。元昊恼怒至极。再往后，夏辽两国因边境地区的党项部落归属问题发生争执，最后发展到元昊劝诱辽国的党项人叛逃。辽国派使臣令元昊归还，元昊不从，双方翻脸。

既然与辽国闹僵，自然要加快与宋朝的和议。宋庆历三年（公元 1043 年）夏天，宋仁宗派使臣到夏州，答应册封元昊为西夏国主，还岁赐西夏绢十万匹，茶三万斤。虽然说是"赐"，文字游戏而已，实则是花钱买平安。大臣蔡襄上言："元昊自称兀卒，有时又自译为'吾祖'，以此凌侮朝廷，万万不可许和。"宋仁宗厌战，不听，并下诏召韩琦、范仲淹还朝为官。大臣富弼上言劝宋仁宗应留韩、范之中的一人守边，但当时执政的晏殊等人"厌兵"，答应了元昊的一切要求。

转年五月，辽国国内党项族叛乱，辽国派军前去镇压。元昊派兵救援，竟把辽国的招讨使也杀掉。大怒之下，辽兴宗在国内征调人马，准备亲征西夏。在此情况下，西夏更急于与宋朝讲和。最后，在元昊的加码要求下，宋朝把"岁赐"提至"银、绮、绢、茶二十五万五千"，西夏答应奉宋朝为正朔，并在高平寨与保安军设立榷场。

其实，宋朝使臣前往，西夏只是在宥州（今内蒙古鄂托克旗南）"接待"他们，从来未到过兴州，元昊依旧关门做皇帝。他爹李德明还会在宋使来时把"皇宫"内的匾额暂时撤下来一会儿，元昊索性连这道手续也免了，根本不让宋使入"首都"。

宋夏议和达成的当年十月，辽夏二国开始大打出手。

7. 乐极生悲被儿杀

辽夏两国一直是盟友，总体上关系一直还是比较好的。在北宋初期，辽圣宗就封当时的李继迁为西夏国王，还把亲王之女义成公主嫁给他。李继迁之子李德明继位后，曾经和辽国翻脸，辽圣宗派军攻打西夏，被李德明击退，但李德明审时度势，打败辽军之后马上对辽国称臣。元昊称帝之后，在征服河西走廊的同时迫使宋朝求和，最终形成辽、宋、夏三足鼎立的局面。

但是，辽夏关系表面看虽好，其实不是铁板一块。首先，西夏多次被辽国利用，元昊心里不痛快。辽国方面，一直是利用西夏为帮手和屏障，让西夏对付吐蕃部落对辽国的骚扰，还让西夏军帮助辽国镇压边境的少数部族叛乱，例如宋庆历三年（公元 1043 年）西夏就派兵帮助辽国镇压了夹山部呆儿族的反叛。其次，辽国一直把西夏当作要挟宋朝的筹码。每当宋朝战败，辽国都会趁机渔利，要求宋朝增加对辽国的"岁币"贡赋。而西夏方面，在李继迁、李德明两代，西夏国因实力不济而对辽宋两个大国采取左右摇摆的政策。到元昊时代，西夏国国力大增，元昊想乘胜攻取西安进占关中平原，所以请辽国出兵共同攻宋，但辽兴宗收到宋朝"岁币"后反而派人来劝和，惹得元昊很恼火，就趁机煽动辽国境内的党项人叛逃。特别是辽兴宗的姐姐兴平公主遭到元昊冷遇，而且这位辽国公主在西夏国死得不明不白的，更激起辽兴宗的愤怒。

为此，怒气冲冲的辽兴宗，连出三路大军，共十万辽国精兵，渡过黄河，直朝西夏境内杀来。大军一直前进四百里，未遇任何抵抗。最终，辽军在贺兰山北麓发现元昊部队，辽军纵兵进击，把西夏军杀得大败。

元昊与宋军开战，打惯了胜仗，初遇和自己实力差不多的辽军，自然压力倍增，尤其是当他看到辽国源源不断增援的士兵时，心中大惧。于是，元昊使缓兵计，派使臣向辽兴宗谢罪请降。辽兴宗想见好就收，其臣下萧惠等人不答应，劝辽兴宗一鼓作气，扫平元昊，以免日后他再生祸患。

思来想去，辽兴宗点头。于是，辽军以萧惠为前锋，直朝元昊西夏军杀去。元昊见势不妙，边撤退边坚壁清野，烧掉一路上所有的粮草和居所，连撤一百里之遥。这种对策十分管用，辽国十万大军本来要以战养战，这样一来，后勤顿失保障，人粮马料皆成大问题。特别是辽国战马，因缺草料，病亡大半。此时，元昊恰如其分地派人"请降"。

辽国君臣正在大营计议，元昊忽然发起猛攻，直袭萧惠大营。萧惠忙整军出战，把元昊又打得败退。辽军正待追击，忽然天起大风，吹向辽军。古人迷信，契丹人更是信神信鬼，大风一吹，兵将皆心惊肉跳，一时军中大乱。元昊已经习惯了自己地盘上这种风沙乍起的天气，立刻命西夏兵反攻，把辽军打得大败，俘获数十辽国贵族大臣。辽兴宗本人只与数十骑勉强逃脱，差点成为这位妹夫的阶下囚。

此次大战，发生于河曲（今内蒙古鄂尔多斯境内），故称"河曲之战"。"河曲之战"在各种史书上记载矛盾，《辽史》更是支支吾吾，含混其词。据《辽史·伶官传》所记，辽兴宗败后，仓皇逃命，其身边有个戏子名叫罗衣轻，生死关头还挺幽默，趁着辽兴宗驻马喘息时，刻意搞笑："陛下您看看鼻子还在吗？"夏辽之间发生战争，夏人总爱把被俘的辽人鼻子割掉再放归，罗衣轻以此为笑乐想逗辽兴宗开心。辽兴宗此时刚捡得一命，听罗衣轻如此说，怒上心头，叱命旁人（卫士无多）把罗衣轻宰了。时为太子、后为辽道宗的耶律洪基赶紧解劝："插科打诨的不是黄幡绰（唐玄宗时代有名的搞笑戏子）。"罗衣轻顺口接声"行兵领队的也不是唐太宗"，仍旧不肯服软，继续拿辽兴宗找乐。辽兴宗闻言也笑，知道此次大败全怪自己该断不断。

从《伶官传》的记载，可见辽兴宗确实大败而归。败后，辽国人害怕宋朝人知道后耻笑，还在幽州（今北京西南）等地大贴告示，夸耀大败西夏，元昊服软纳贡，但宋朝边地探子不少，自然洞悉实情。

虽然大胜，但元昊毕竟人精一个，知道辽国仍旧有倾国再来的可能，到时候，他不一定再这么好运。所以，元昊仍旧低姿态，派使与辽国讲和，并送回西夏军俘获的辽国驸马等贵族大臣。辽兴宗知道元昊不好惹，窝了一肚子火，也不好发作，只得"暂从其请"。

河曲之战，辽国所受打击不小，其属下的女真、渤海等部落也终于发现，作威作福的契丹人并非不可战胜。

此战大败之后，辽兴宗也意识到辽国已经是养虎为患，于是他把云州（今山西大同）升格为大同府，成为辽国五京之一，也就是辽国西部的陪都，不断提升战备水平。元昊死后，宋皇祐元年（公元1049年）辽兴宗再次兵分三路攻打西夏，虽然南路军因轻敌冒进失败，但辽国的北路军大胜，总算报了一箭之仇。

元昊大败宋朝数次，获取无数"赐物"。接着，他大败辽兴宗亲征的劲军，赢取边境安宁。

元昊虽然"臣服"宋朝，在国中仍旧称皇帝，惬意得不行。他的谋主汉人张元病死后，替他出"远谋"大主意的人不多，加之西夏疆土已经不小，同北宋、辽国完全可以鼎足而立。昔日雄才大略的元昊，便开始追逐人生的享乐。他不顾国内民力凋敝，大兴土木，四处修建奢侈的宫殿，往往边游猎边玩乐，反正到处是行宫。

元昊有五个妻子，第一个是辽国的兴平公主，第二个是没藏氏，第三个是野利氏，第四个是没啰氏，第五个是索氏。本来，元昊已经立野利氏所生的宁令哥为太子，此人相貌酷肖元昊本人，深得元昊喜爱。后来，元昊想为宁令哥娶没啰氏为妻，谁料，婚礼开始后，元昊见没啰氏貌美如花，淫心顿起，自己就当起了新郎官，太子宁令哥恨得不行。

西夏当时的国相是没藏讹庞，此人当官完全是靠裙带关系。其妹没藏氏原是西夏豪酋野利遇乞的老婆。野利遇乞全族人被元昊杀掉，没藏氏出家为尼。元昊早就知道没藏氏貌美，常常以拜佛为名出入尼寺与没藏氏幽会，还不时带她外出巡游玩乐。

宋庆历七年（公元1047年），没藏氏在陪元昊游乐的途中早产，因为当时御营要扎于两岔河边，生下来的孩子就取名宁令两岔。宁令，在西夏语中是吉祥的意思。"两岔"后来就以音近变，成为"谅祚"。但是，据《辽史》所载，谅祚小名也是"宁令哥"，与元昊的大太子同名。后来，有南宋人著书，表示元昊凡七娶："一默穆氏，舅女也，生一子，以貌类他人，杀之。二索氏，始曩霄攻牦牛城，讹传战没，索氏喜，日调音乐，及曩霄还，惧而自杀。三多拉氏，早死。四密克默特氏，生子阿哩，谋杀曩霄，为鄂桑格所告，沉于河，杀密克默特氏于王亭镇。五叶勒氏，约噶从女也，顾长，有智谋，曩霄畏之，生三子：曰宁明，喜方术，从道士修篆学，辟谷，气怵死；次宁凌噶（宁令哥），貌类曩霄，特爱之，以为太子；次锡哩，早死。六耶律氏。七摩移克氏（没㕽氏），初欲纳为宁凌噶妻，见其美，自取之，号新皇后。宁凌噶愤杀曩霄，不死，劓其鼻，曩霄因创死。"（《辽史纪事本末》卷二五）

以上为《辽史纪事本末》引的李焘《续资治通鉴长编》，与后者今本小异。记载此事的李焘是南宋著名历史学家，其

《续资治通鉴长编》于此应该有严密考证，且南宋距元昊时代相隔不远，西夏依旧存在，他的资料更为可信一些。

西夏的国相没藏讹庞非常狡猾，见太子宁令哥郁郁不乐，其母野利氏又被废，就挑唆这个小伙子去杀元昊，并答应元昊死后立宁令哥为帝。其实，没藏讹庞的如意算盘打得很好：宁令哥杀掉元昊，自然宁令哥得死，可立自己妹妹的儿子谅祚为帝；宁令哥事败，被元昊所杀，新太子自然也是自己的外甥谅祚。此宝好押，押在哪边都能赢。

宁令哥为怒火烧红了双眼，又有手握实权的国相没藏"支持"，他杀心顿起，拎一把大刀就冲入内宫。

当夜，正是西夏天授礼法延祚十一年（公元1048年）元宵节，元昊刚与数位美女欢愉完毕，一身香汗未褪，犹自捧金杯痛饮。忽然一股寒风扑面，元昊下意识一闪，宁令哥的大刀已把他爸爸的鼻子头全部削掉。元昊酒醒，满殿乱跑，大叫"抓贼"。这位西夏王数年来割掉无数辽人的鼻子，料想不到有一天自己的鼻子也被割去，"主刀人"还是亲儿子宁令哥。

宁令哥年轻莽撞，看见父王一张大血脸，心下也慌，扔下刀就跑出后宫，奔入国丈没藏讹庞家躲藏。国相二话没说，马上逮捕宁令哥，顺便还捎上他亲妈野利氏，然后立即处死。

元昊方面，如果别的地方受伤还好救。大鼻头被割，血流如注，不仅非常痛，还止不住血。最终，元昊活活失血而死。

元昊死时四十六岁，西夏国给他上的庙号是景宗皇帝。临死，他虽言语不清，仍表示要大臣立其兄弟委哥宁令为帝。当时西夏重臣诺移赏都等人也主张遵从元昊遗命，但遭到没藏讹庞反对。他说："委哥宁令不是先帝子嗣，又没有立过大功，岂能得国呢？"最终，在没藏讹庞坚持下，西夏大臣们只得奉不到一岁的谅祚为帝，是为夏毅宗。

元昊为人，阴险毒辣，十足的冷血动物，不仅把党项贵族成族诛杀，而且鸩母、杀妻、杀子、杀叔，众人只要稍稍不顺适其意，立刻就会被弄死。最终，这么一个残暴的恶君为其儿子所弑。

8. 太后持国多攻战

西夏毅宗即位后，朝廷尊没藏氏为皇太后。

夏毅宗崽名谅祚的生母没藏黑云，本来是元昊手下重臣野利遇乞的妻子，后来野利遇乞被元昊赐死，没藏氏出家为尼，暗中一直和元昊私通。西夏天授礼法延祚十年（公元1047年）二月六日，没藏氏在跟从元昊打猎时生下了谅祚。这个孩子生出来之后，就被放到没藏氏的兄长没藏讹庞家里养着。此后好长一段时间，元昊把国事都交给没藏讹庞，自己带着众美女到贺兰山离宫享乐。由此，没藏讹庞的权势才越来越大。

谅祚年幼继位，自然是没藏太后摄政，他的舅舅没藏讹庞总揽朝政。为了从宋辽两国之间获利，在没藏讹庞主持下，西夏向宋辽两国都称臣，但辽国的辽兴宗一直对先前元昊大败自己的事情耿耿于怀，并在辽重熙十八年（西夏延嗣宁国元年，公元 1049 年）七月御驾亲征西夏。到了次年五月，辽军已经进至兴庆府周围地区，攻破贺兰山西北的摊粮城，把西夏仓粮储积抢掠一空。辽夏第二次贺兰山之战，西夏军队被打得大败，只得向辽国称臣。

打辽国打不过，没藏讹庞就连年骚扰宋朝的沿边堡寨，特别是在西夏福圣承道三年（公元 1055 年），西夏国军队还攻占了宋朝麟州西北屈野河（今陕西境内窟野河）以西的一大片肥沃耕地。为此，宋方一再交涉要西夏国归还地界。

岁月荏苒，到了西夏福圣承道四年（公元 1056 年），夏毅宗谅祚已经九岁，逐渐懂事，常常跟随他那个佞佛的母后没藏氏到兴庆府西承天寺中礼佛，听演佛经。这个皇太后没藏氏别看又是吃斋又是念佛的，但生性淫荡，一直和她的前夫野利遇乞手下军官李守贵私通，后来，他又与元昊从前的侍从勾搭上。没藏太后的老情人李守贵吃醋，竟然趁着没藏太后和她的新情人到贺兰山打猎的机会，派出刺客，忽然半夜出击，一下子就把没藏太后二人杀死在当地。

没藏讹庞很快侦知此事是李守贵干的，立刻下令逮捕并且族灭其宗。如今，作为当朝太后的妹妹没藏氏被杀，没藏讹庞虽然是国相，也怕失去内廷的依赖，他就把自己的女儿嫁给夏毅宗谅祚这个少年做皇后,依旧把持国权。

西夏奲都三年（公元1059年）,十三岁的谅祚开始参与国事。当时,他眼见舅舅加老丈人的国相没藏讹庞专制朝权,胡作非为,飞扬跋扈,内心非常不满,就暗中和自己两个乳母的老公六宅使高怀昌和毛惟正暗中合计,要对付这些年来飞扬跋扈的没藏讹庞。岂料,没藏讹庞提前知道了他们要对自己不利,先下手为强,就把高怀昌和毛惟正两个人都族诛了。

没藏讹庞和夏毅宗谅祚两个人到了势不两立的地步。谅祚开始暗中联系与没藏讹庞关系不和的大将漫咩等人,把这些人收为自己的心腹。也恰好在这个时刻,谅祚又和没藏讹庞的儿媳,也就是谅祚自己的妻嫂梁氏私通。可见,在私生活混乱方面,这位夏毅宗谅祚和他老爹元昊有得一比。这个梁氏白天进宫和夏毅宗一待就是一天,到了晚上才回家,没藏讹庞的绿帽儿子特别生气,就和老爹说谅祚这个人一定要做掉,不能留着。当时没藏讹庞也挺为难的,一边是自己亲外甥,一边是自己亲儿子。比来比去,还是儿子亲,加上谅祚又不停和自己的政敌结好,没藏讹庞就准备下手。按理说,作为国相,没藏讹庞当时要杀掉谅祚还是挺容易的。结果呢,他出了一个傻招。他威胁家里的儿媳妇梁氏,说你和皇帝的丑事我们都知道了,如果想保命,你就入宫把皇帝请到咱们梁府,此后的事情你就别管了,算是立功赎罪。梁氏当时也是吓得花容失色,跪地求饶不已,马上答应入宫。结果,她一入宫,就向谅祚和盘托出没藏讹庞要杀人的计划。谅祚一听，都气乐了。好吧，既然你们不仁，就别怪我不义了。谅祚赶忙命令没藏讹庞的政敌——大将漫咩等人忽然出击，冲入没藏讹庞府中，把亲舅舅一家杀得精光，从而结束了没藏家族在西夏专权的局面。从此，夏毅宗谅祚正式执政了。半年之后，他索性把自己的皇后兼表姐没藏氏也杀了，把表嫂梁氏迎入宫内，立为皇后。这个梁皇后，就是西夏的大梁皇后，她在西夏大名鼎鼎，日后执掌朝政长达十八年。

西夏奲都五年（公元1061年），夏毅宗谅祚亲理国政之后，大力任用梁皇后的弟弟梁乙埋，开始实行亲宋政策，下令把先前抢夺的宋国耕地归还宋国。不久，谅祚还上书宋仁宗，表示自己羡慕中原地区的衣冠礼乐，说转年节庆的时候，准备身穿中原衣冠迎接宋朝使者。西夏奲都六年（公元1062年）正月，谅祚上表求取宋太宗御制诗章的石刻印本，还向宋朝求《九经》《唐史》《册府元龟》以及宋朝朝贺的礼仪。同时，向宋朝进贡马五十匹表达敬意。宋仁宗下诏赐给谅祚《九经》，但归还他所献的马匹以示宽仁。和宋朝缓和关系之后，趁着河西西蕃唃厮啰政权与辽国发生冲突的机会，谅祚就率军攻打唃厮啰政权，结果在青唐地区大败。

宋英宗继位之后，宋夏关系恶化，谅祚认定宋朝大臣侮辱西夏使者，他也"御驾亲征"，率兵数万攻略宋朝秦凤、泾原诸州。其后二三年间，宋夏边境冲突不断。但此时的夏毅宗谅祚，目的就是想要宋朝知道自己的实力，并不是像他父亲元昊那样真的要和宋朝拼个你死我活。所以，打仗归打仗，西夏派去宋朝的使者依旧不绝于途。当时谅祚挺精明，就是力图在宋夏辽三国关系间寻找一个平衡，两面得便宜。不久，谅祚亲自率步骑围攻宋朝的庆州大顺城（今甘肃华池东北）。当时，谅祚身披银甲，头戴毡帽，亲临阵前督战。结果，宋军弩箭特别厉害，一下子射穿了他身上的铠甲，差点把他射个透心凉。这一箭，也射醒了谅祚。时隔一个月，他就遣使向宋朝请求时服和岁赐。宋朝像往常一样，对谅祚颁诏表示谴责，这一回他就不再桀骜不驯、骂骂咧咧了，而是不失时机地表示恭敬，保证履行前朝合约。于是，宋夏两国关系逐渐恢复正常。

就当谅祚在宋辽之间巧妙周旋、大打秋风的时候，西夏拱化五年（公元1067年）十二月，谅祚忽然得了重病，一下子就死掉了，时年才二十一岁，西夏大臣给他上谥号"昭英皇帝"，庙号毅宗。众人拥立他的儿子秉常继位，这就是西夏的夏惠宗。

夏惠宗秉常继位的时候才七岁，国家大权由他的生母皇太后梁氏摄政。梁太后马上就把弟弟梁乙埋擢为国相。由于秉常还是个孩子，显然就是梁氏姐弟操纵的傀儡。由此，梁氏家族鸡犬升天，形成了没藏氏之后西夏国新的后党集团。梁氏集团为了在西夏内部争取党项贵族的支持，一改夏毅宗谅祚时期改行汉礼的作为，全面恢复旧礼，衣服发式都改回元昊时代。而且，十多年间，梁太后和梁乙埋姐弟连年向宋朝发动战争，一直用手段来提高梁氏家族在西夏国内的威信，同时借此向宋朝索取厚赐。

西夏天赐礼盛国庆元年（公元1069年）八月，梁太后亲自点集三十万兵马，倾巢出动，带着百日的干粮，大举进攻宋朝大顺城。后来，他们又屯军榆林，准备攻打宋朝的庆州，致使宋朝"陕右大震"。不久，由于吐蕃首领董毡乘虚率兵攻入西夏西境，才迫使梁太后匆忙撤军。

西夏大安二年（公元1075年）正月，秉常已经十五岁，开始亲理西夏国朝政，但实权仍操在梁太后与她的兄弟梁乙埋手中。夏惠宗秉常十分喜好汉族儒家文化，由于在连年的宋夏战争中西夏俘虏了不少汉人文士，所以秉常就找机会向他们学习宋朝礼仪制度，对汉文化十分着迷。秉常还准备在西夏国国内废除"番仪"，"复行汉礼"，恢复汉族服饰和发式。为此，惹得梁太后姐弟大怒，竟然把这位年轻的皇帝囚禁在距兴庆府宫五里之外的木寨，同时断绝其与外界的联系。

梁氏姐弟公然把皇帝秉常囚禁了，消息传出之后，西夏国内外震惊。皇族亲党和各地部族首领纷纷拥兵固守所属的城池堡寨，开始与梁氏后党势力对抗。梁乙埋多次派亲信持夏惠宗的银牌进行招谕，也无人听命，西夏国内处于极度混乱之中。宋神宗得知西夏国内大乱的消息，就部署了近五十万大军，兵分五路，以熙河经略使大太监李宪为统帅，从东、南、西南三面发起对西夏国的全面攻击。

第一章　西夏

宋军这次五路攻西夏，开始的时候连连得胜，打得西夏军节节败退。面对宋军攻势，梁太后束手无策，只得向群臣问计。最终，西夏采取诱敌深入、聚而歼之的策略，在灵州城下大败宋军。西夏大安八年（公元1081年）九月，梁太后命令西夏国三十万大军进攻宋朝的永乐城，结果大败宋将徐禧的七万大军，歼灭宋朝精兵一万多人，杀伤民夫数万人，而且还杀掉徐禧以下宋朝将校二百多人。宋神宗听到永乐城惨败的消息，为之失声痛哭，几天都吃不下饭去。

但是，这次永乐城一战，西夏军队即使是打赢了北宋，也属于惨胜。本来西夏就是小国，杀敌一万，自损三千，连续的战争使得西夏国力大减，民不聊生。所以，西夏朝廷中的反梁势力也越来越强大。无奈之余，梁太后不得不把政权还给了自己的儿子夏惠宗秉常。虽然表面上看夏惠宗掌握了国政，但他自己的皇后还是梁太后的亲侄女，而当时梁太后弟弟梁乙埋虽然病死，但梁太后又让梁乙埋的儿子梁乙逋继任国相。所以，西夏其实还是姓梁。转年，梁太后病死了，但她的侄女是皇后，侄子是国相，政权仍然在梁氏家族手中。夏惠宗秉常更加郁闷，忧恨成疾，很快也病死了。他死的时候才二十六岁，也是英年早逝。秉常死后，大臣们追谥他为"康靖皇帝"，庙号惠宗。

夏惠宗秉常一死，他的儿子自然继位，时年才三岁，这就是西夏第四代皇帝——夏崇宗乾顺。此时，西夏的政权仍然是梁氏家族所有，小皇帝的舅舅是国相，亲妈是太后，这个梁太后就是西夏的小梁太后。所以，梁氏姑侄俩都是西夏国太后。老梁家一门两后两国相，在历史上确实也是挺罕见的。

9. 凡人也能撞大运

小梁太后掌握西夏国政之后，当然想继承她姑妈老梁太后的衣钵，以女强人自居，为西夏开疆拓土，用战争手段来为他们老梁家在西夏的千秋基业奠定基础。但是，对于西夏这样的小国，打仗是要付出沉重代价的。当初辽国的萧太后兴兵伐宋，那还真是为了大辽国家长治久安。相比辽国萧太后，这个小梁太后志大才疏，兴师动众完全是为了梁氏私利，江山社稷和黎民百姓都不在她的眼中。

在她率领之下，和宋朝几场大仗下来，西夏虽然攻取了边境地区一些地方，但劳民伤财，损兵折将，遭到国内不少大臣的反对，就连当时的国相，也就是她的弟弟梁乙逋也反对她连年兴兵。于是，小梁太后杀心顿起，先下手为强，把弟弟骗到朝中杀掉，并且下令诛灭弟弟全家。由此可见，这个小梁太后真不是善茬，连自己的至亲都能杀掉。为了提高她自己的声威，杀掉弟弟之后，小梁太后带着自己的儿子夏崇宗乾顺，率三十多万大军开始进攻宋朝的平夏城（今宁夏固原西北）。听这个名字我们就可以感觉到，这是宋夏之间的兵家要地，就在石门峡口（今宁夏须弥山沟口）外。

第一章 西夏

北宋绍圣三年（西夏天祐民安七年，公元1096年），宋朝大臣章惇拜相。这个人属于强硬派人士，在他主持下，北宋停止和西夏商议边界。为此，小梁太后大怒，多次兴兵寇边，双方互有胜败。当年十月，小梁太后集结五十万西夏大军进攻鄜延，由于宋朝边境各州县守御完备，西夏军无机可乘，只好全力进攻宋朝的金明寨。此战，小梁太后和夏崇宗母子亲临前阵，西夏军擂响战鼓，有太后和小皇帝在自己阵中御驾亲临，数十万西夏军将士无不气激奋发，洪水般冲入金明寨，将宋朝的守将皇城使张舆和两千五百多名宋军全部屠杀。胜后，小梁太后得意忘形，还向宋廷上表称："朝廷待我刻薄，本来要攻打鄜延，但因为我恭顺，所以只取金明一寨，此举未失臣节。"

此前，宋朝的当朝皇帝宋哲宗听说西夏军队入寇边境地区，对此还挺有判断力，对宰臣们说："西夏军五十万众深入吾境，最多不过十日，就是攻占一两个寨子而已。"结果不出宋哲宗所料。

不久，宋朝知渭州的老臣章楶（jié）建议说："西夏嗜利畏威，如我们不给予他们惩罚，边境地区肯定不得休兵。我们应当逐步蚕食西夏疆土，恰如古时候对蛮夷的削地政策，然后各路出兵，扼守要害之处。如此，大军再发动几次攻势，西夏必定趋于灭亡。"由此，北宋开始对西夏采取经济制裁与碉堡作战的策略。为了实施这套战术，章楶准备在石门峡江口好水河修建两座坚城，被皇帝赐名平夏城与灵平寨。紧接着，宋军在第二年就对西夏展开军事报复，攻克了西夏洪州（今陕西定边南）、宥州、会州、青唐等地，特别是宋朝的环庆钤辖张存，率军一度占据盐州。但他在胜利回师途中，被西夏军追袭，四面攻击之下，宋军之中的番官承制赵宗锐等人阵中被杀，盐州得而复失。即便如此，西夏也因为宋军的这次军事报复行动而元气大伤。

小梁太后对于宋军在峡口筑城的作为非常恼火，于是派出六路都统军嵬名阿埋和都监妹勒都逋，集结十余万兵力前去。章楶胸有成竹，派出宋将王文振率军筑城迎敌。出发前，章楶特别强调此去的主要任务是率领战士和民夫筑城，千万不要贪战，更不能远出百里以外。王文振起初答应，但他手下的钤辖苗履贪功，擅自带兵出击西夏军，结果在没烟峡遭到伏击，损失千余骑人马。嵬名阿埋、妹勒都逋趁机占据高地，监视宋军筑城，所幸宋朝的熙河路派出左骐骥使姚雄率七千兵来援，筑城宋军有所依恃，稍稍心安。此后，宋军更加谨慎，专心筑平夏城。

平夏城乃西夏国心腹大患。为此，西夏军加紧准备了五天之后，对平夏城发起突袭。当时，数万西夏军每人手持一把铁锹和一束草，如狂风暴雨般从高处冲下，冒着宋军的箭雨，先用草填平壕沟，而后狂喊着冲过来用铁锹猛挖土筑的城墙。宋将姚雄身先士卒，奋力迎击，被西夏军流矢射中肩膀，鲜血横流，却更加勇猛无畏，大呼杀贼！宋军兵士们看到将军如此勇敢，也都被他的勇气所激，无不拼死力战。西夏军数万铁鹞兵冒死攻杀，被居高临下的宋军杀伤很多。最终，宋军城内的守军越战越猛，西夏军逐渐不支，只好慌忙退去。宋军得胜不饶人，出城追击，斩杀西夏军三千余人，俘获数万没有来得及跑走的西夏国铁鹞兵。当然，宋军自身伤亡也不小，阵亡三千人以上。最终，宋军共用了二十二天筑好了这个位于关键位置的大城寨——平夏城。

攻城失败，小梁太后就给辽国皇帝上表，说宋朝诸路齐发，对西夏国大行杀掠。在表奏之中，她恶人先告状，说宋朝一直打她，现在又深入西夏界修造城堡，夺她疆土，所以，小梁太后恳切邀请大辽国主速发义师，帮助西夏国打退宋军。辽国当时的道宗皇帝一听，也假装表示同情，马上当着西夏国使者的面，宣布派兵驻守宋辽边境，以对宋朝实行威慑。每次西夏国这个藩属国来求助，辽国皇帝都是这般对付。毕竟宋辽是兄弟之国，辽国也都是趁着宋夏相争之机，向宋朝大打秋风，多弄个岁币金银赠送什么的，辽国不可能派出兵马真的帮西夏干仗。但小梁太后这个人还挺死心眼，就觉得自己的大哥辽国皇帝会真心帮自己。于是，憋足一口气，她就又率西夏国大军进攻宋军。

宋朝平夏城筑好之后，取得了第一次战役的胜利，致使宋朝陕西各路纷纷效仿，建立了不少堡垒，然后一层层推进到西夏境内。而后宋军依托这些堡垒，执行"浅攻"战术，步步逼近，在一年间累计斩首西夏士兵以万计。而宋军城堡控制的范围，恰恰就是西夏最肥沃的土地，最终造成西夏的百姓都不敢去耕种，使得西夏人对小梁太后愤恨不已，纷纷扬言说："本来是我们西夏人的唱歌作乐地，如今都被汉家占却，以后怎么办？"

外交方面，西夏一直想通过辽国继续斡旋。辽国又像以往一样，派出使者明知故问地质问宋廷为什么要进入西夏境土，但宋廷对此完全不予理会，继续对西夏进行蚕食进攻。

小梁太后也急了，她觉得自己必须奋起反击宋朝军队的进攻，对外宣称要像先前屠戮宋朝的永乐城一样，把平夏城平灭掉。而且，西夏军也扬言，这次再来攻打平夏城，西夏已经准备了一百五十万大军。为此，平夏城的宋军丝毫不敢怠慢，秣马厉兵，准备迎接大战和苦战。北宋元符元年（西夏永安元年，公元1098年）十月，小梁太后集结了四十万大军，出没烟峡，气势汹汹来攻打平夏城。

这一次，小梁太后又是亲自带兵进攻。而且，西夏诸如嵬名阿埋、妹勒都逋、罔罗、嵬名济等大将都纷纷出马，西夏军在平夏城外的营寨绵亘百里。

为了确保这一次能够踏平平夏城，西夏军队还准备了一种特大号攻城武器——"对垒"。这是一种巨大的装甲装置，也就是一种类似攻城冲车的攻城武器，里面可载兵士数百人，外面罩着厚厚的牛皮作防护，还可以一边填埋敌军设置的沟壑一边向前推进。而且，这种攻城器械上面同时还配有抛石机，边走边抛石，威力确实巨大。

对于小梁太后这次进攻，宋朝的统帅章楶挺有信心。他先派骁将郭成驻守平夏城，而后传檄各路宋军，都前来救援。战有常法，宋军也像往常一样先行清扫附近的西夏军补给点，还预设伏兵在西夏军归途伏击。

攻城之时，小梁太后效仿先前的辽国萧太后，亲自擂鼓督战。攻城过程中，西夏军利用新式武器"对垒"，对平夏城展开昼夜猛攻。防守的宋朝军队将领郭成从容不迫，也指挥宋军在城墙上排布抛石机，也就是当时所称的"重砲"，回扔大石头猛砸攻城的西夏军。同时，宋军的神臂弓和弩箭齐发，杀得西夏军纷纷死于城下。

毕竟西夏军当时属于仰攻，死伤甚重，城下尸体叠压尸体，堆了几层高，却也丝毫奈何不得守城的宋军。不久，各路宋军纷纷出击，在平夏城外围对西夏军展开进攻。熙河路大将王憨击罗萨岭，西夏驸马都尉啰啰在阵中被宋军杀掉，西夏军被斩首千余级，连西夏国公主也被生擒。鄜延宋将刘安、张诚猛攻梁柽台，击败西夏大首领嵬名济。由此，平夏城不能攻克，周围的宋军又开始向平夏城集结。在围困了十多天之后，平夏城岿然不动，西夏军士气开始低落。毕竟是四十万大军的队伍，补给很快就跟不上了。这还不算，宋军又在城外的水源处放毒药，毒死一大批口渴至极的西夏国将士。更要命的是，不久突然狂风大作，平夏城附近刮起了沙尘暴。如此沙尘暴，对守城的宋军没有什么影响，但西夏军队中那些攻城大杀器"对垒"又高又大，非常招风，许多都被吹翻在地。一辆"对垒"上面就有几百名西夏士兵，这些人掉下来摔死不说，每一辆"对垒"被吹倒，又会砸死一大片西夏士兵，所以，鬼哭狼嚎之际，西夏军大溃。到了这个时候，宋军乘势进击，原本埋伏在平夏城附近的宋朝泾原总管王恩等人忽然杀出，一战就杀掉溃逃的西夏军两万多人。西夏军败逃一路，小梁太后也是狂逃一路，大败让她哭得差点背过气去。从此之后，西夏军再也不敢过黄河去进攻宋军，而宋军则深入到了西夏境内。

两次平夏城之战，全赖宋军统帅章楶指挥得力，他的部下将领也听从调度。章楶是当时宰相章惇的堂兄。他对西夏的许多政策得以实施，其实和章惇在朝中的支持密不可分。

小梁太后逃回西夏国都城之后，没想自己怎么不对，反而对辽国怨毒满胸，天天在朝廷上说辽国见死不救，一直在欺骗西夏国。辽国的道宗皇帝听说此事后，心中更是不爽。于是，他派遣使臣来到西夏，暗中联络西夏国内对小梁太后反感的大臣，决定要把这个多事多嘴的太后除掉。辽国使臣一来，西夏君臣肯定要隆重宴请。结果，酒宴进行当中，辽国使臣拿出金杯，说这是大辽皇帝专门赐给梁太后的。小梁太后当时没有怀疑，毕竟辽国是宗主国，皇帝赐酒，必须一干而尽啊。结果，她一杯御酒下肚，顿时七窍出血，死了！

亲妈小梁太后一死，她的儿子夏崇宗会替她报仇而和辽国翻脸吗？当然不会。夏崇宗和先前那些反对小梁太后的大臣们都松了一口气，夏崇宗本人终于能够亲政了。夏崇宗亲政之后，采取和宋通辽的国策，和谁都搞好关系，重用自己西夏皇族的兄弟，在国内大行汉学。同时，他与民休息，孜孜求治，西夏百姓终于过上了几年不用打仗的好日子……

到了北宋末年，宋徽宗继位后好大喜功，又派出军队深入西夏境内，最终败退而回。夏崇宗呢，即使打赢几场仗，也深知西夏国国力根本不如宋朝，依旧派出使者向宋朝请和服软。

不久，金国兴起了，要西夏表态站在自己一边，参与攻伐辽国。夏崇宗也是墙头草随风倒，赶忙和金国联合，占据了西北不少地方，包括原本属于宋朝的定边军及属下堡寨、德靖寨、西宁州等地，在陕西、甘肃这一带大肆扩充，疆域面积越来越大。由于当时金国注意力主要集中在灭亡宋朝，不想多出一个"敌人"，加上金国皇帝看到夏崇宗对自己挺孝顺服从，一高兴，又把青海大块的地盘赏给了夏崇宗乾顺。所以，夏崇宗在位的时候，西夏国的国土面积达到了鼎盛。

北宋灭亡之后，宋室南迁，西夏国跟宋国都不挨着了，原来的宋夏边境基本上变成了金夏边境。即使如此，夏崇宗还留一后手，依旧派遣使者南下和南宋联系友情。但凡金国有时候欺压西夏国太甚的时候，夏崇宗就张扬着派遣使者与南宋当时在川陕的军队联系，假装要和宋军夹击金军。为此，金国对西夏国也不敢太过分地进行压榨，还约定与西夏国以黄河为界。金人让步的另外一个最重要的原因，是金国边境的蒙古部落时常攻打金国部队。当然，我们看元朝汉人所著的《辽史》《金史》，把当时蒙古骚扰金国的部分几乎全部删除了。

西夏大德五年（公元1139年），乾顺病殂，时年五十七岁。夏崇宗当了五十四年国主，左右逢源，以守为攻，乱世撞大运，竟然成为西夏历史上最"成功"的君王。

夏崇宗乾顺死后，其子仁孝继位，时年十六岁，是为夏仁宗。

10. 西夏国进入多事秋

西夏崇宗乾顺在金灭辽、北宋过程中大捡便宜，开疆拓土，西夏达至其历史上疆域最广大的时期。夏崇宗死后，其子仁孝继位，即夏仁宗。这个人在位五十五年，是西夏历史上当"皇帝"时间最长的一位。

西夏仁宗皇帝继位之后，全面继承他父亲夏崇宗的政策，大兴文治，厚养儒臣。西夏国内大力汉化，不停地开科取士，尊儒尊孔，改革礼乐，完善官制。仁孝，听这名字就知道他深受儒家文化的影响。在以儒立国背景下，要把国家平平稳稳地带上正路，外交政策的作用就非常突出。西夏仁宗时代的西夏国，基本上处在金国包围之中，跟宋朝国境基本已经隔绝。所以，归附金国，至诚事大，这就是西夏当时的最基本国策。

有一次，西夏仁宗诛杀了两位想叛金的宋朝降将。这两个人不是什么仁人志士。他们在北宋末年是宋跟西夏接壤地方的官员。西夏当时趁乱攻打北宋时，这二人归降西夏国，现在他们又要叛降金国，所以仁宗皇帝就把这两个人杀了。杀完人之后，把此事向金国通报。当时金国的皇帝金熙宗挺不高兴的，就对西夏仁宗的使者说，这种事情，你们自己不能专擅，应该先告知大金上国。西夏仁宗挺后悔的，就向金国谢罪。

没多久，金熙宗被完颜亮给弑杀了，还专门派遣使者通报西夏仁宗说大金国现在有新皇帝了。当时，西夏仁宗也没管住嘴，就愣不拉几地问金国使者："圣德皇帝何为见废？"就是问金熙宗犯了什么错，你们怎么把他给废了啊？金国使臣回国后，实话实说，把当时西夏仁宗的表现一五一十告诉了完颜亮。完颜亮也生气，大骂蕞尔小国国主，还敢过问上国国事，真是活腻味了。但是，当时完颜亮将主要精力放在打南宋上，虽然恼怒，也没兴兵，就又派遣使者谴责西夏仁宗。西夏仁宗反应也挺快，赶紧表示说他确实错了，不应该说那种话。

没多久，金国又出大事了，什么大事呢，就是完颜亮南伐宋朝过程中遭遇弑杀，金国皇帝又变成了金世宗完颜雍。金国政局变化太快了。西夏从元昊称帝算起，总共一百九十年历史，只有九个皇帝（不算末帝），辽国二百一十年也是九个皇帝，金国才一百二十年竟也是九个皇帝。

所以，作为藩属国国主，这位西夏仁宗仁孝在大金国看来都算三朝元老了，他要接连应付金熙宗、海陵王完颜亮和现在的金世宗，真不容易。于是，仁孝马上让国内的能工巧匠织了一幅极其精美的帐子，然后派出专使，献给新继位的金世宗。当时完颜雍刚刚登基，缺的不是什么稀世之宝，缺的就是西夏仁宗这种雪中送炭的孝敬和承认。所以，金世宗从此就对西夏国国主仁孝非常看重，对他也很礼貌。

西夏仁宗仁孝的外交搞得特别好。在讨好金国的同时，他通好宋朝，也给南宋进贡。西夏国和南宋隔得老远，他照样派出使者给宋朝进贡金银酒器、绫罗绸缎以及当地土特产什么的，遣使不绝。一旦金国边境将领欺压西夏国太甚，他就放出风去说西夏国要联合川陕等地的宋军夹击金军。其实，这都是摆出个姿态，让金国觉得西夏国不好欺负罢了。

当然，仁孝在位的五十多年中，也不是一帆风顺。其间，西夏国还差点被一个权臣给分裂成两半。这个权臣就是任得敬，而这个事件就叫"得敬分国"。

任得敬不是党项人，本来他是汉人，还是北宋西安州的通判，应该也是饱读圣贤书的文人出身。北宋的西安州在现在的宁夏海原县，当时是宋夏交界处。西夏元德八年（公元1126年）阴历九月，当时西夏崇宗乾顺又提一支轻骑兵直进，逼向西安州，准备攻取宋朝这个城池。得知西夏国大军来到，任得敬和他两个弟弟就在城中搞了场兵变，杀掉了当地主要宋朝官

第一章　西夏

员，然后向西夏献城投降。

西夏崇宗当时挺高兴，兵不血刃就得到了宋朝的西安州，于是下诏委任任得敬为西安州代知州，任得敬就变成了西夏的官员。虽然在西夏成了一方大员，但一直在西安州这么偏僻的地方待着，而且一待就是十二年，这个任得敬就想再升一下官。他把自己貌美如花的年轻女儿献给了西夏崇宗。这么多年在西安州，他对自己的女儿悉心培养，不仅让儒士教她读书写字，还请来乐师和舞蹈师教她弹琴跳舞，礼仪教习也没缺少，真是费尽心思。任得敬这些心血都没白费。西夏崇宗乾顺当时都五十多岁了，看到任得敬这个芳龄十七的女儿，一下子就喜欢上了，收为妃子。而后，马上任命任得敬为静州（今陕西米脂西）防御使。当时西夏崇宗乾顺的皇后位子还空着。他有两个宠妃，一个是曹妃，另一个就是任得敬的女儿任妃。曹妃有儿子，当时已被立为太子，而任妃却一直没有生育。本来，有儿子的曹妃当皇后应该是顺理成章的事情，岂料，人家任得敬肯下功夫，早已派两个弟弟到西夏京城兴庆府一直住着，天天不干别的，就是大肆给权贵行贿。西夏崇宗不是暴君，也不是昏君，他之所以迟迟不把曹妃立为皇后，就是怕自己死后曹妃成为太后，会像先前的大小梁太后一样挟天子垂帘听政，而后掌控朝廷。所以，没有儿子的任妃这时候反而有了机会。

对此，任得敬也打探得很清楚。西夏崇宗的宠臣芭里祖仁收受了任得敬孝敬的无数金银财宝，就专门到西夏崇宗面前给任得敬当说客。他见到西夏崇宗，大讲特讲马上立皇后的重要性："伏见陛下两妃并立，位号相夷，而无嫡以统之，则势必近争情，且生妒，岂所以防淫慝塞祸乱乎？"这话说得挺重，让人觉得西夏崇宗不立后西夏就要亡国一样。西夏崇宗乾顺还听进去了，马上决定立后，就问芭里祖仁："卿看立谁好呢？"这时候，人家芭里祖仁还真不说话了，而是忠勇地表示："立皇后，乃国家大事，您应征求大臣们的意见。"

西夏崇宗乾顺为了立皇后，还真在大臣中间搞了测评。绝大多数大臣都收了任得敬的贿赂，自然异口同声替任得敬说话："如果论门第才德，无过任妃。"这也挺好笑，任得敬不过是从前宋朝偏远州郡一个区区通判，哪里有什么门第啊。

无论如何，西夏崇宗还是下诏让没有儿子的任妃做了皇后。同年，委任老丈人任得敬为静州都统军，军政大权一手抓，成为一方诸侯了。

如果说任得敬只是靠裙带或者先前的叛卖上位，还真不够客观。他还真有一定的军事才能。西夏大德五年（公元1139年），任妃当皇后才一年，西夏崇宗乾顺因病驾崩，曹妃的儿子登基，这就是西夏仁宗仁孝了。转年，西夏国的夏州发生兵变，叛乱头目是夏州统军萧合达。这个人是从前作为扈卫军官陪辽国公主下嫁来到西夏王室的。辽国被金国灭掉后，萧合达在西夏的夏州做官，一直想恢复大辽的境土，处心积虑拉拢周边地区的残辽势力。西夏崇宗一朝国内外比较稳定，萧合达不敢轻举妄动。而西夏仁宗登基时才十六岁，所以萧合达就开始扯旗造反。由于一直暗中准备，萧合达起兵之后围灵州，陷盐州，兵锋甚锐，直杀西夏首都兴庆府。其间，萧合达觉得任得敬和自己一样，肯定是心怀故国，就想和他连兵。萧合达起兵之时曾派出许多使者联系各个他认为能够说动的州郡长官，都没有任何回应，不少使者还被当地官府杀掉，唯独任得敬热情款待他派出的人，而且大摆酒席，扼腕长叹，说自己当初是被逼，如今在西夏国剃发左衽，爱女也被西夏国国主奸占，天天有勾践之思，总想有一天会报仇雪恨。任得敬当时还信誓旦旦，说自己要亲自拜见萧合达，推他为主。使者特别高兴，就告诉他说萧合达正在领兵围攻灵州呢。任得敬眼珠一转，好意提醒道：夏州是你们的根据地，也要严密防守，可别灵州没打下来，再把老窝夏州给丢了。使者胸有成竹地说，任大人请放心，萧大人已在夏州外围设了多处烽燧，一旦有敌兵来袭，举烽烟为号，夏州全城就立刻严加戒备。任得敬听萧合达使者如此说，不停点头。

萧合达使者刚走，任得敬立刻挑选出三百精兵，换上萧合达军队的服色，派他弟弟任得聪先率领这些人专门突袭夏州沿途的那些烽燧，自己也马上亲率五千精兵直扑夏州。出发之前，任得敬已经给西夏国朝廷发出加急奏疏，表示说："贼顿兵灵武，已逾两月，今新破盐州，士气骄甚。夏州距灵州五百余里，定然无备，臣请以州兵合诸将袭之，可获全胜。"

别说，形势还真被任得敬估量对了。当时是十月，塞外寒风如割，萧合达在沿途设置的那些烽燧内，没有一个兵丁站出来瞭望，各个都躲在烽燧的城堡中。大半夜的，忽然有一队人马报称是萧大人派来送信的，烽燧内的兵士举起火把一看服色都是自己人，自然就放松警惕，赶紧开门。就这么一开门，任得敬弟弟所带领的兵马白刃横飞，一个接一个，把萧合达沿途所设的烽燧都拿下了。随后而来的任得敬的五千兵马都是骑兵，速度极快，没等夏州守军睡醒，任得敬就已经攻入了夏州城内。

在外面正率领大军围攻灵州的萧合达和他手下大军一听，都心惊胆战，再没心思接着造反了，因为这些人的妻儿老小都在夏州城内。任得敬在阵前高喊，降者免死，否则族诛！连打都没打，萧合达手下部众顿时星散。狼狈之余，萧合达拍马狂逃，逃到黄河口的时候发现找不到船只，无法渡河，结果被抓住斩首。

立下如此奇功，任得敬被西夏国朝廷封为西平公。已经是西夏国公爵了，任得敬还是不满足。他的终极目的就是要入京当执政大官。不少人对任得敬入朝表示反对。西夏国的御史大夫热辣公济上疏朝廷："窃见戚臣任得敬上表请朝，其心盖为干政也。从古外戚擅权，国无不乱，得敬虽属懿亲，非我族类，能保其心之不异乎？惟陛下察之。"

任得敬听说之后，心里那个气啊。于是，他就拿出大笔财宝贿赂朝中赫赫有名的西夏国宗室蔡哥，这个人是西夏崇宗的亲弟弟，当时是晋王。晋王蔡哥身为至亲宗室，一直权倾朝野。这位晋王还挺实在，获得任得敬孝敬的大笔财宝，就入朝对西夏仁宗说，任得敬应该入朝为官啊，他作为太后之父，又立有奇功，这样的人不入朝辅政就太浪费了。晋王蔡哥如此建议，马上就有大臣反对，说任得敬如果入朝，那就是外戚干政，这可使不得。蔡哥闻言一瞪眼，拍着自己的胸脯说，朝中难道无人吗，还有我这个晋王呢，又有何惧！叔叔晋王都发话了，夏仁宗不敢怠慢，马上召任得敬入朝，封他为尚书令。这个官的官职虽然高，其实属于虚衔，真正的朝权掌握在蔡哥手中，因为他的官职是国相。

11. 得敬分国事蹊跷

任得敬终于进入西夏国都城担任尚书令，成了名副其实的京城高官。但这个尚书令有名无实，没有什么实权。可巧的是，任得敬入朝不久，推荐他入朝的晋王蔡哥就得急病死了。由于这么多年大撒金银，自己女儿又是太后，任得敬竟然顺利地接掌了晋王留下的空缺，成为西夏国国相，完全掌管了西夏的内政外交。

他此时的地位，就和从前的国相没藏讹庞、梁乙埋一样了，而且也是以外戚身份做国相。任得敬一朝权在手，便把令来行。他当了国相之后，全家鸡犬升天，他的弟弟和侄子全都入朝为官，而且身居要职。由此，任得敬家族在西夏国朝中为所欲为。想起从前那个御史大夫热辣公济上疏西夏仁宗阻止自己入朝，任得敬就要办他。西夏仁宗也知道这个御史是忠臣，为了保护他，只好把热辣公济撤职，暗中还嘱咐他说，爱卿还是离开任得敬的视线，回到老家隐居吧。热辣公济挺听话，赶紧跑回老家躲了起来。

得知父亲在朝中跋扈非常，他的女儿任太后挺焦虑，就暗中奉劝老爹别太膨胀，毕竟他是外戚，当了这么大的官，还是谨慎一些为好。任得敬当然不听，这么多年寄人篱下，好不容易入朝执政，如果低调，入朝干吗？任太后心思挺重，终日忧虑，估计是得了抑郁症，很快就病死了。任太后一死，作为西夏仁宗嫡姥爷的任得敬就更为所欲为了。现在他是国相，又是公爵，但他还不满意，他对西夏仁宗表示说自己要当王爷。这个姥爷如此凶蛮，夏仁宗不敢不听，就下诏封任得敬为楚王。任得敬不是西夏国的嵬名姓王族，按照异姓不王的规则，他当了楚王，根本就是僭越，而且他还不是党项族，就更让西夏国的宗室大臣们气愤不已。但当时这些大臣们也都是敢怒不敢言，因为任得敬家族的势力太强了，谁和他不一个鼻孔出气谁就可能被族诛。所以，当时的西夏仁宗虽然表面上是西夏国皇帝，其实基本上已经被任得敬架空。

西夏天圣十七年（公元 1165 年），任得敬在西夏国征发民夫十万，大兴土木，修筑灵州城，在城中建造宏伟的宫殿，而后，他就大大咧咧地对自己名义上的外孙西夏仁宗说，咱们把国家分成两半吧，西南路和灵州一带归我楚王，瓜州、沙州还有河西走廊那边归你，怎么样？西夏仁宗年轻，而且一直被任得敬架空，他怎么敢说不行呢。西夏仁宗想一想，总比先前的王莽、曹操、司马炎、杨坚什么的强多了，毕竟自己还有一半国家呢。但是，分国一半给任得敬，这事儿太大了，夏仁宗说咱们得向宗主国金国皇帝汇报，最好他能以谕旨的方式正式颁布天下。于是，西夏国派出使者，把这件事向当时的金国皇帝金世宗禀报。金世宗就当廷问大臣们怎么办。尚书李石等人表示说："这是西夏国内政，我们不必干预，可以承认西夏国国主分一半国土给楚王任得敬的既成事实，以大金名义册封任得敬，也未尝不可。"金世宗想了想，表示反对："一国之主岂肯无故将国土分与他人，这一定是西夏主受到权臣威逼，绝非西夏主本意。何况西夏国已经向我大金称藩多年，如今受到贼臣的胁迫，我身为四海之主，岂能坐视不管。如果西夏主不能自立，我会发兵帮助他镇压叛臣！"于是，他当着西夏国使者的面退回西夏国贡物，拒绝承认楚王分国的建议。同时，金世宗还给西夏仁宗发出正式的诏书，表示金国将遣使前往西夏国调查事件真相。

任得敬得知金世宗的意思之后，认为硬的不行，就来软的。他假装得病，让西夏仁宗派出使者，前往金国向金世宗请求派出御医，来给他治病。本来金世宗心里不待见西夏国这位权臣，但还是要给西夏国国主面子。于是，金国御医就到了西夏国国都。任得敬本来就没有病，所以他把金国御医给的几服药假装一吃，就立马有了精神，病好了。而后，西夏仁宗派出使者，携带大批礼品和谢表，向金世宗表示感谢。任得敬也以楚国国王的名义，派出自己的使者，携带更多的金银财宝，向金世宗表示谢意。

结果，任得敬热脸贴人冷脚丫子。金世宗冷冷地对待任得敬的使者，让他回去告诉任得敬，嵬名仁孝是金国的臣子，任得敬是西夏国的臣子，他是我们大金臣子的臣子，有什么资格越级向大金进贡呢。所有的礼物，金世宗全部不收，让使者回去把他的意思明明白白讲给任得敬听。

金世宗这么一数落，任得敬恼羞成怒。既然你金国不承认我，我就向我原先的国家宋国表示臣服吧。于是，他派遣密使前往四川，希望驻扎在四川的宋军给予自己帮助。别说，当时南宋四川宣抚使虞允文真派密使回访，把书信封在蜡丸中给任得敬回信，相约与他的部队一起夹攻金人。结果，送信的南宋密使半路被西夏国捕获。

事已至此，西夏仁宗忍无可忍。由于已经掌握了任得敬搞阴谋要联合南宋夹攻金国的证据，西夏仁宗就派人迅速将虞允文的蜡丸密信送给金世宗，同时又暗中设计，一举诱捕了任得敬兄弟，进而把他们兄弟和党羽全部诛杀。至此，任得敬分裂西夏国的阴谋以流产而告终，西夏政权转危为安。

任得敬分国与西夏国先前的没藏氏专权和梁氏外戚专权，还是有所不同的。第一，先前无论是没藏氏还是梁氏，都是利用继位的小皇帝"孤童幼弱"来窃取军政大权的。而任得敬分国，则是利用西夏仁宗仁孝的软弱可欺。第二，谅祚统治时期的没藏氏专政，与秉常统治时期的梁氏专权，是党项族内皇室集团与后族集团之间的矛盾，而这次则是任得敬这个汉人和党项皇族之间的争斗，在某种程度上也反映了当时党项贵族同汉族官员之间的矛盾和斗争。第三，无论是没藏氏还是梁氏擅权，当时都有太后做靠山。而任得敬这一次专权分国，他的女儿任太后根本就不支持和庇护他，而且早早病死了。

"得敬分国"事件虽然得以平息，但这件事也表明西夏国在汉化过程中作为统治集团的党项贵族也日趋文弱和保守。其后十多年间，西夏仁宗起用文臣领袖斡道冲为国相，基本上稳定了西夏国的统治。但是，一直到西夏仁宗病死，几十年间西夏的军政从未有所振作。

西夏仁宗去世之后，他的儿子纯祐继位，这就是西夏桓宗。

这位西夏桓宗做皇帝做了十二三年，基本上还是按照他父亲西夏仁宗的国策治国。西夏桓宗的母后是罗太后，这个罗太后好佛，她令人抄写、刻印全部西夏文大藏经，为此花费了不少人力、物力和财力。西夏桓宗当皇帝好好的，如果半路不出岔子，估计也像他的祖父和父亲一样当上几十年皇帝。这个岔子，就出在当时西夏国一个宗室王爷——嵬名安全身上。

西夏国宗室越王嵬名仁友病死，按理说，嵬名仁友死后他的儿子嵬名安全应该承袭父亲的越王爵位，但西夏桓宗觉得嵬名安全这个人道德品质恶劣，他不但没让嵬名安全承袭越王爵位，还给他降级了，封嵬名安全为镇夷郡王，从一字的亲王变成了二字的郡王。对此，嵬名安全怀恨在心。更匪夷所思的是，长相帅气的嵬名安全不知怎么的和西夏桓宗的母后罗太后私通上了。嵬名安全论辈分是西夏桓宗纯祐的堂兄，这等于他跟自己的婶娘私通。当时西夏桓宗都三十岁了，罗太后至少也快五十岁了，竟然干出这样的事情来。罗太后对嵬名安全太过于着迷，天庆十三年（公元1206年）一月，她竟然以太后之尊，公然把儿子西夏桓宗给废掉了。西夏桓宗被软禁后不久就死了，估计是给毒死或者杀死，反正是被自己亲妈害死了。西夏桓宗死后，罗太后以太后的名义，把情夫嵬名安全推上西夏国帝位，这个嵬名安全就是西夏襄宗。

罗太后以西夏国太后名义给金国上表汇报此事。金章宗本来还不同意，想调查此事，但罗太后却一再坚持。由于金国当时北有蒙古、南有南宋，对西夏顾不过来，就顺水推舟承认了嵬名安全的西夏国国主地位。这个西夏襄宗坐上帝位之后，罗太后显然就是多余的了，之后她在历史上就莫名其妙失踪了，想必是被情夫西夏襄宗弄死了。

嵬名安全做了西夏国皇帝之后，其实西夏国就不安全了。这个时候，蒙古成吉思汗崛起于漠北，已经完成了草原蒙古诸部的统一。蒙古汗国建立之后四处征讨,西夏国肯定是成吉思汗的进攻目标。在历史上,蒙古军队曾经六次攻打西夏国,其中四次还是成吉思汗御驾亲征,可见他对西夏国的重视。成吉思汗第一次攻打西夏国发生在西夏桓宗纯祐在位的倒数第二年,当时成吉思汗以西夏接纳他的部落仇敌为借口,率大军越过边境进攻西夏。当时他进攻西夏更多的是一种试探,主要是过来杀人抢东西,还没有消灭西夏的野心和计划。大规模进攻之后,蒙古大军见好就收,撤走了。蒙古军队一撤走,当时的西夏桓宗赶紧大赦天下,修复被蒙古军破坏的边墙。到了第二年,西夏桓宗就被罗太后废了,嵬名安全继位。

西夏襄宗嵬名安全刚一继位,蒙古大军又开始大规模攻打。成吉思汗这次御驾亲征的借口,是说西夏不肯对蒙古称臣纳贡。这一次蒙古军队攻占了西夏几个边防重镇,而后就是常规性地出兵到处抢掠杀人,历时长达一年之久。

当蒙古大军在西夏大肆攻掠的时候,西夏襄宗嵬名安全向宗主国金国求援,希望金国派出军队拉自己一把。可是,这个时候金国在位的君主可不是雄才大略的金世宗了,也不是深明事理的金章宗,而是那位懦弱的卫绍王完颜永济。完颜永济得知西夏向自己求援,他笑了,表示说:"敌为相攻,吾国之福也。"西夏国和蒙古都不是好东西,让他们两国自相残杀吧,大金国不会出兵。金国就任由蒙古军队在西夏烧杀抢掠,自己在一旁袖手旁观。

12. 神神道道夏神宗

金国皇帝完颜永济不出兵,等蒙古军队烧杀抢掠一番退走之后,西夏襄宗急眼了,开始和金国翻脸。

西夏应天四年(公元1209年),成吉思汗铁木真第三次率领蒙古大军亲征西夏。这次蒙古大军出黑水城(今内蒙古额济纳旗东南),强攻西夏国的斡罗孩城(今内蒙古乌拉特后旗西南狼山隘口)。得知蒙古军又来,西夏襄宗派儿子嵬名承祯为元帅,大都督府令公高逸为副元帅,督兵五万阻击蒙古大军。蒙古军太能打,西夏军大败,连副元帅高逸都被俘杀。这次战役,蒙夏双方都死伤惨重,蒙古军最终攻克了斡罗孩城,俘虏了西夏太傅西壁讹答,而后乘胜南进,杀到西夏国都城中兴府(即兴庆府。桓宗天庆十二年,铁木真攻掠西夏,兵退后,桓宗令修复城堡,大赦境内,改名中兴府)外围的重要关隘克夷门(今内蒙古乌海西南)。

这座险关克夷门,地势非常险峻,两山对峙,中间仅有一条小道可通,就是那种"一夫当关,万夫莫开"的悬绝不可登的险隘。西夏襄宗命令西夏国名将嵬名令公率兵五万凭险据守。蒙古军队仰攻,多次被西夏军打退,双方在此地相持两月,战事胶着。成吉思汗乘中间西夏军懈怠,示之以弱,表现出蒙古军将要败退的态势,而后据险设伏,最终把嵬名令公引诱出关来追击。蒙古军忽然掉头回击,大败西夏军,生擒嵬名令公。而后，蒙古军队乘胜攻克了关隘，大军杀抵中兴府。

中兴府是西夏国都城，坚城一座，蒙古军当然一时攻不下来。结果，蒙古军引黄河水来灌城，强力水流冲击下，中兴府的城墙都快要坍塌了，城内的西夏国军民死伤惨重。如此危急，西夏襄宗嵬名安全再次派出使者向金国求救，依然被金国皇帝完颜永济，也就是卫绍王给拒绝了。危在旦夕之际，围城的蒙古军队也是大意，他们自己修的黄河引水堤坝忽然垮塌，黄河大水把蒙古军营也淹了，加上瘟疫又起，蒙古军见好就收，同意了西夏襄宗的求和，临走的时候还放了先前俘虏的西夏国统帅嵬名令公和太傅西壁讹答。解围走人之前，蒙古军自然也狠狠地敲诈了西夏国一下，西夏襄宗嵬名安全连自己的一个女儿也献出来，外加无数金银财宝和大批牲畜，才使得蒙古大军撤围而去。

蒙古大军虽然退了，但西夏襄宗嵬名安全仍愤愤不平，金国作为西夏国的宗主国，每年也从西夏国弄了不少贡品，竟然在西夏国这么危急的时刻袖手旁观。于是，西夏襄宗正式和金国闹掰了。要知道，金国和西夏国这两国八十多年都没有动过手，西夏襄宗真的就和金国干起来了。以前，如果金国实在欺负西夏国，西夏国的皇帝最多只是口头威胁一下要和宋国联合搞金国，就连任得敬，也只是派人联系川地的宋军，西夏国根本没有真和金国开打过。如今，西夏襄宗嵬名安全发兵万余骑,猛力攻打金国的葭州(今陕西佳县),这意味着两国的关系正式破裂。

当然,西夏国之所以攻打金国,确实是因为卫绍王完颜永济见死不救,是金国当时的短视造成的,但嵬名安全忽然攻打金国,比完颜永济更短视。在这样的时刻,西夏襄宗最应该做的当是不计前嫌继续和金国联合,而绝对不是派兵去攻打金国。

西夏国攻打金国不可能打出什么结果。当时的金国比蒙古弱,但比西夏国还是要强的。西夏襄宗嵬名安全派兵攻打金国也有他自己的理由。当时的西夏国权贵已从贪图安逸保守发展到腐化堕落,西夏国国内社会矛盾激化,加上蒙古军队连年进攻,经济方面也是严重入不敷出,为了摆脱困境就必须对外部发动战争,实行经济掠夺,而当时的软柿子只有邻近的金国。由此,西夏襄宗附蒙攻金,开始了他的自找倒霉之路。

从西夏襄宗开始,夏金战争持续了十三年之久,大小战役计二十五次,平均一年就有两次。如此频繁的战争,在西夏国历史上非常罕见。最终,战争给金国和西夏国双方都带来了严重的后果,"精锐皆尽,两国俱敝"。夏金两国的军事力量互相削弱,客观上为蒙古消灭两国创造了有利条件。

西夏襄宗派兵攻打金国,没把金国怎么样,来年他自己先被干掉了。嵬名安全被谁干掉了呢?这个人也是西夏的宗室,就是西夏宗室齐王嵬名彦宗。嵬名彦宗忽然在凉州起兵,将自己的儿子遵顼扶上西夏国皇位，而且军队势如破竹攻入中兴府，马上废掉西夏襄宗嵬名安全，然后派人把嵬名安全杀掉。这事儿确实也挺奇怪的，西夏国这位齐王起兵，他自己并不当皇帝，而是把儿子嵬名遵顼扶上帝位。这位嵬名遵顼，就是西夏神宗了。

根据史书记载，西夏神宗文武兼备："端重明粹，少力学，长博通群书，工隶篆。"（《西夏书校补》卷九）他不仅是个大学问家，还是一个大书法家。更牛的是，西夏天庆十年（公元1203年），他在西夏国廷试中获得进士第一名，是中国历史上仅有的一位状元皇帝。西夏皇建二年（公元1211年）八月十二日，遵顼正式废西夏襄宗自立，改元光定。从嵬名安全开始，西夏国的皇位更迭血腥味越来越浓。

西夏神宗皇帝继位时，金国已经是金宣宗了。估计是金国君臣觉得先前没有及时援助西夏国抗击蒙古军有些理亏，所以，对于这次西夏的非正常皇位更迭，金国也没有表示异议，而是马上派出使者正式册封遵顼为西夏国国王。

出人意料的是，这个文士出身的西夏神宗野心勃勃，睚眦必报。别看他是干掉西夏襄宗当上的西夏国皇帝，他继位之后，可是全盘承袭西夏襄宗先前那种自取灭亡的政策，依附蒙古帝国，继续派出兵马攻打金国。气急败坏之余，金国的金宣宗也不遑多让，决定痛击西夏的进攻。西夏神宗还正式派人联络南宋，要南宋出兵，与自己一起夹击金国。

西夏神宗光定三年（公元1213年）一月，西夏兵攻破金国的保安州（今陕西志丹），进围庆阳府（今属甘肃），又攻陷金国邠州（今陕西彬州），乘胜得势，西夏神宗接着派出西夏军又继续攻破金国的巩州（今甘肃陇西）、庆州、原州诸州。到了光定六年（公元1216年）秋，蒙古成吉思汗出兵攻打金国，西夏即刻出兵配合作战，连攻延安州、代州，还一举攻破金国的潼关。同年冬天，西夏神宗乘胜派兵四万多，猛烈围攻金国定西城（今甘肃定西），但泰极生否，这次西夏军战败而回，死伤数千人。光定七年（公元1217年）正月，西夏又应蒙古的征调，派出三万精兵随蒙古联合攻金，却被金国在宁州（今甘肃宁县）打败。不久，蒙古军队西侵花剌子模，再次向西夏征兵。这时候的西夏，国疲民弱，不堪蒙古的频繁征调，就委婉地拒绝出兵。从西夏襄宗到西夏神宗，他们变成了蒙古军队的大狼狗，又给金银又出兵地帮助蒙古军队，按理说应该得到善待才是。结果，蒙古忽然翻脸，派出大军攻打西夏，包围中兴府，西夏神宗惊惶逃走，出奔西凉，留下太子德任率领兵马留守中兴府。

后来，听到蒙古退兵的消息后，西夏神宗才敢返回都城。自从西夏依附蒙古以来，国内经济遭受到严重摧残。而且，西夏每次出兵为蒙古对金国作战，都是为蒙古军打头阵，士兵死亡无数。所以，西夏神宗附蒙攻金的政策，不仅西夏国老百姓强烈反对，就连西夏国皇室和高层，也大多持反对意见。

光定十三年(公元1223年),西夏神宗又派太子嵬名德任领兵抗金。德任眼泪横流,劝谏父亲说:"金兵势力太强,我们不如和他讲和。"西夏神宗大怒说:"联蒙抗金,这不是你能够理解的事情。"但太子德任也很倔强,坚持联金,拒不领兵。西夏神宗大怒,立刻下诏废掉德任的太子位,然后派人把他囚禁在灵州。同年十月,蒙古军队在西夏国积石州(今青海贵德)大肆抢掠一番离去,西夏神宗仍要聚集兵力去攻打金国。为此,西夏国的御史中丞梁德懿上书说:"国家用兵十多年,田野荒芜,民生涂炭。虽妇人都知道国势已很危险,可朝廷大臣还是清歌夜宴。太子毅然陈说大计,献上忠言,完全是处于不得已。请皇帝您下诏,让太子还宫复位,如此定会使臣民悦服,危者得安。"西夏神宗上朝读到这份奏疏,当面怒斥,马上罢去梁德懿的官职。

接下来,西夏神宗又派兵帮助蒙古进攻金国凤翔府(今陕西宝鸡)。参战的西夏国军队根本就不想打仗,更不想跟金国打仗,因为蒙古军队一直在西夏国烧杀抢掠,但西夏神宗却派西夏国军队帮助蒙古军队攻打先前是友好邻邦的金国,所以那十万西夏军就忽然撤走了,临走也没和蒙古军统帅木华黎打招呼。由此一来,蒙古攻打金国也没得到便宜。十万西夏军一撤,木华黎急了,蒙古人就以西夏国不遵守约定为口实,第五次出兵伐西夏。蒙古军攻入西夏境内,大肆杀掠一番之后,满载而去。从此之后,西夏国国内上上下下都反对西夏神宗依蒙抗金的政策。

按理说，西夏是个小国，一直对蒙古孝顺，为什么蒙古首先要把西夏灭掉呢？这个道理其实很简单，因为当时已经不是当年西夏崇宗乾顺在位时候的那种局势了，那时的西夏国可以左右逢源，金国当年就想灭辽国，没想过灭西夏国。西夏国只要不帮辽国的忙，金国是允许西夏国存在的。但是，成吉思汗是什么样的人物，人家是要统一四海的，而且事实证明，日后大半个欧亚大陆都被蒙古军队占领，所以蒙古不可能允许西夏存在。更何况，西夏国所占据的地理位置太重要了，这个地方连接中原和西方，连接着传统的丝绸之路。为了保证日后的商路畅通，蒙古也不允许有西夏国这个政权在这里存在。此外，蒙古军队只有占领了西夏国的境土，才可以对金国形成合围之势。金国当时的主力在河南，蒙古人只能从北方进攻金国，而一旦灭掉了西夏国，蒙古军就可以再派出一支军队从西方来，尔后和南宋合兵，从南方进军，最终实现三面兜击金国的战略意图。而且，西夏国主要的境土水草丰美，能够提供很多的战马，农耕经济又发达，还能制造精良的铠甲兵器，蒙古占领西夏国，能够找到一个更加稳定的后方以支持长期军事需要，最终实现以战养战。所以，无论西夏国多么谄媚、多么听话，蒙古肯定都是要灭掉西夏国的。

眼看自己控制不了局势，西夏神宗遵顼只得宣告退位，传帝位给次子嵬名德旺，自称太上皇。西夏乾定三年（公元

1226年）五月，听到蒙古军队已经攻陷西夏河西各个州郡的消息后，西夏神宗遵顼忧病而死，终年六十四岁，上谥号为"英文皇帝"，庙号神宗。

13. 万劫不复国祚灭

神经叨叨的西夏神宗错误地实施联蒙抗金政策，弄得西夏国的国势一天不如一天。害怕之余，他传位给次子德旺，自己当起了太上皇。西夏国的所谓太上皇，历史上就夏神宗这么一个人。

德旺继位于西夏国危难之际，改元乾定。他刚一继位，马上就改变他父亲西夏神宗的附蒙政策，试图以西夏国来对抗蒙古。乾定二年（公元1225）二月，德旺得知成吉思汗率领蒙古军征西域未回，就马上派出使者，去联络漠北那些未被蒙古征服的部落，想和这些军事力量结为同盟，共同抗击蒙古。成吉思汗征西域回来之后，听到西夏国竟敢对蒙古有"异图"，马上决定调集大军再征西夏。当年五月，成吉思汗亲率大军进攻西夏国的沙州，但遭到沙州守将籍辣思义的顽强抵抗，蒙古军队猛攻一个多月，也没有把沙州坚城攻克。于是，成吉思汗又遣将分兵去攻打银州。九月间，银州被攻破，西夏兵战死数万，西夏国大将塔海被俘，周围地区的牛羊物资被掳掠无数。

眼看强敌蒙古军入境之后四处攻杀，危急时刻，德旺接受右丞相高良惠的建议，在十月间遣使奉表，希望和老东家金国重修旧好，以为后援。实际上，西夏国现在和金国再想结盟，为时太晚了。蒙古攻克银州之后，那些先前西夏国联系的漠北未被蒙古征服的草原诸部也已溃散四走。西夏国沙州城军民坚守半年之后，城中牛羊马驼都被宰杀食用殆尽。无奈，德旺只得遣使到蒙古军中请降，并答应以"质子为信"。蒙古军得了大便宜之后，才撤回包围沙州的军队。

乾定二年（公元1225年）三月，成吉思汗因德旺没有如约遣送质子到蒙古，就派大臣孛秃到西夏国问罪。得知蒙古使者来责问，德旺犹疑未决。为此，右丞相高良惠进言道："两国相交，忠信为主，彼强吾弱，势难背言。宜择宗室之贤者，加以王号，赐以车旗，俾结蒙欢，庶几稍纾国患。"

结果，德旺错判形势，表示说："我方修好金源，共支北敌。任子一往，受其束缚，后悔何追？"

这时候，西夏国枢密使李元吉也陈述利害，力劝德旺守信："蒙古虎狼，虽恭顺不违，犹恐咆哮。其性若反复无恒，是自启兵端也。况金势浸衰，自守不支，焉能济我耶？"意思是说：蒙古乃虎狼之国，即使我们像先前那样对它特别恭顺，他也会咆哮怒吼着威胁我们；如果现在我们再行反复违约之计，就是自己招惹祸端；更何况金国越来越弱，自守都来不及，怎么能够派兵来帮助我们西夏国呢！

话都讲到这个份上了，德旺仍旧不听，把蒙古使臣敷衍遣

西夏王陵

回,依旧不派遣质子到蒙古去,而是自己在国内整饬国政,依旧联金抗蒙。

蒙古使臣孛秃走后,德旺确实忧心忡忡,在西夏国国内察纳雅言。于是,殿中御史张公辅向德旺上书陈说整顿国事的七项意见:一是收溃散以固人心;二是坚盟信以纾国难;三是修城池以备守御;四是明军政以习战守;五是联烽堠以立应援;六是崇节俭以裕军储;七是观利便以破敌势。总而言之,就是希望德旺能够振作起来,增强国力,联金抗蒙。德旺对张公辅的奏疏十分赏识,擢升他为御史中丞。

乾定二年(公元1225年)八月,德旺郑重其事,派遣西夏国吏部尚书李仲谔、南院宣徽使罗世昌、尚书省左司郎中李绍膺等人奔赴金国，与金国订立和约。夏金和约主旨是：金夏为兄弟之国，西夏以兄事金国；两国各用本国年号，但金国不向西夏国赐岁币；等等。从此，夏金两国重归于好。当年十二月，德旺遣徽猷阁学士李弁赴金国要求恢复双方互市。金国当时也是腐儒当道，双方几经周折之后，才签订互市协议。这一年年底，德旺向金国派出了已经中断多年的贺正旦使。

其实，这时候德旺联金抗蒙的国策，对挽救西夏国危亡实际上完全无济于事。因为其时金国也处于亡国的前夕，其国内兵虚财尽，外加民怨，自顾不暇，根本无力派出兵马援夏抗蒙。

西夏国南院宣徽使罗世昌出使金国回到西夏国后，深知金国国内乱局，他多次对德旺说千万不要期望金国对西夏国施以援助。可是，德旺自找倒霉，竟然还收留了前来西夏国投奔的赤腊喝翔昆，这个人是成吉思汗仇敌乃蛮部屈律罕的儿子。为此，罗世昌力谏，德旺仍不听。

乾定三年（公元1226年）二月，成吉思汗亲率大军十万从北路进入西夏国境，度过沙碛深入河西，一战就攻破了黑水城。四月，蒙古军马为避暑，驻兵于肃州以北的浑垂山。五月间，蒙古军队招降肃州不下，挥军攻城，破城后尽屠城中军民。六月，西夏国甘州被围，蒙古军使人招降西夏国的甘州守将曲也怯律。曲也怯律想要投降，西夏国副将阿绰等三十六人共杀曲也怯律和蒙古军队派来的使者，率城中军民浴血抵抗。不久，甘州被攻破，阿绰等人以身殉国，蒙古军屠城。七月，西夏国的西凉府又被攻破,西夏国守臣斡扎箦战败投降。由此,蒙古大军所到之处简直是势如破竹,西夏国城邑崩溃,人民四奔逃亡,西夏国危在旦夕。

坏消息一个接着一个,德旺惊忧交加,深知亡国在即。这年五月,太上皇西夏神宗遵顼忧恐而死。两个月之后,德旺也忧悸病亡,终年四十六岁,群臣上庙号献宗。

西夏献宗死后,群臣拥立他的侄子南平王晛名睍(xiàn)继位,是为西夏末帝,改年号为宝义。西夏末帝晛名睍继位后,立即遣使赶赴宗主国金国报哀,以求取得金国支持。金国虽然自顾不暇,还是马上派遣使者赶赴西夏吊祭,并把以前金夏两国作战中掳掠的西夏人口遣还西夏。

其实,到了这位西夏末帝晛名睍继位时,西夏国已经面临亡国的危局。他还想振作,马上率领军民展开抗蒙救亡的最后搏斗,但最终还是无法抵挡成吉思汗蒙古军队的猛烈进攻。当时,蒙古大军分东西两路向西夏都城中兴府逼近。八月间,蒙古大军西路已经越过沙陀抢占黄河九渡,攻陷应里城。十月,蒙古东路军攻破夏州。由此,蒙古大军两路夹击,形成钳形攻势,攻势凌厉,指向西夏腹地都城中兴府与灵州地区。十一月,成吉思汗又一次亲率大军围攻灵州。得知成吉思汗亲征,西夏末帝晛名睍派大将晛名令公率领十万兵马赶往灵州。此时严冬,成吉思汗的骑兵可以在结冰的黄河上面驰骋冲杀,双方战斗十分激烈。结果,西夏军大败,西夏国大将佐里等战死,灵州失守。当时，灵州城守城统帅是西夏神宗前太子德任，他被蒙古军俘虏后，坚贞不屈，被蒙古军处死。当时，德任的儿子嵬名惟忠才七岁，童音稚嫩，他眼见城破兵溃和父亲被杀，也请求从死。凶残的蒙古军将起了善心，不忍杀害这个孩子。后来，蒙古宗王合撒儿把嵬名惟忠收为义子。长大之后，嵬名惟忠就以蒙古将军的身份在中原一带展开攻战，因军功被封为蒙古宗王淄川王属地的达鲁花赤（一作"达噜噶齐"，是蒙古语，原意为"掌印者"，是蒙古历史上一种职官称谓），身佩金符，赠金吾卫上将军，签书枢密院事。死后，此人被元朝追封为滕国公，谥忠肃。所以，虽然国灭父死，宗族被屠戮无遗，但这个人还是为西夏皇族保留了一支脉息。

十二月，蒙古军队攻克盐州川，四处烧杀抢掠，史书上记载附近的西夏百姓幸免于难者"百无一二，白骨蔽野，数千里几成赤地"。蒙古大军攻取灵、盐二州后，成吉思汗派遣大将阿鲁术督军进围西夏国都城中兴府。

夏末帝嵬名睍派出军队驻扎于合剌合察儿地，眼看国家将亡，西夏军也是誓死拼杀，与蒙古军展开浴血奋战，一时之间两军相持不下。西夏末帝嵬名睍眼看自己的都城中兴府被围得像铁桶一般，还特意遣使赶赴金国表示暂时停止两国之间的聘使往来。西夏宝义元年（公元1227年）正月，金国的金哀宗出乎意料地向西夏派来贺正旦使节。但当时西夏正全力忙于守城军务，没能按照全套礼节像往日那样周全地接待金

第一章 西夏

国使者。

二月,成吉思汗率领蒙古大军南下,渡过黄河攻入金积石州,随后蒙古军攻破临洮府(今甘肃临洮)及洮州(今甘肃临潭)、河州、西宁州(今青海西宁)等三州。当时春寒料峭,西夏国"马饥人瘦,兵不堪战"。这时候,嵬名睍忽然得到情报,说蒙古军士有数万人患上疫病,就想乘机派出最后的军事力量偷袭蒙古大军。不久,他又得到情报,说蒙古大臣耶律楚材用先前蒙古军攻破灵州时缴获的大黄给军兵治病,蒙古军内的瘟疫得到控制。沮丧之余,夏末帝也不敢再派兵马偷袭蒙古军了,只得困守愁城。当年三月,蒙古军再次进攻沙州,成吉思汗派大将忽都铁木儿先招降州将,西夏国州将伪降,还在城下宰牛置酒犒劳蒙古军,但暗中设伏兵以待。忽都铁木儿自以为兵不血刃而得城,迤逦然来,差点被西夏国军队俘虏。得知自己被骗,忽都铁木儿怒极,即刻率领蒙古军反攻沙州,陷城后屠城。

西夏末帝嵬名睍被围困在中兴府中,眼睁睁看着都城即将被蒙古军攻陷,也是一筹莫展。不久,协助他守城的三朝老臣右丞相高良惠劳累过度而死,西夏末帝嵬名睍和中兴府城中百姓痛不欲生,到处是一片悲泣之声。

这年五月,成吉思汗因天气炎热,回师隆德(今宁夏西吉),到六盘山那里避暑。此时,他见西夏已孤立无援,就派御帐前首千户察罕赶赴中兴府,向西夏末帝嵬名睍谕降,但蒙古使臣又一次遭到西夏末帝的拒绝。到了六月，中兴府附近忽然发生强烈地震，以至于西夏国都城的宫室房舍纷纷塌毁，死人过多，城内瘟疫流行。到了这个地步，被困半年之久的中兴府粮尽援绝，城墙大多塌毁，基本上丧失了抵御和作战能力。

山穷水尽之际，西夏末帝嵬名睍只好率领西夏国文官武将们奉西夏国"图籍"向蒙古军队请降，但同时提出宽限一个月的请求，表示把贡品准备好之后亲自朝拜成吉思汗。此时的成吉思汗已患重病，他正驻跸在清水县（今属甘肃）西江养病。闻知西夏国主要献城投降，成吉思汗立下遗嘱，告诉蒙古军将领在他死后秘不发丧，等嵬名睍献城投降后尽屠西夏王室。宝义元年（公元1227年）七月，成吉思汗病逝于清水县行宫。不久，西夏末帝嵬名睍献城出降，皇室举族随蒙古军到成吉思汗行营去拜谒。等这些人行至萨里川（今克鲁伦河上游西）时，依成吉思汗遗嘱，蒙古军队宰杀羊群一般，把包括西夏末帝在内的西夏王室屠戮干净。此后，蒙古大军进入中兴府，西夏灭亡。

第二章

辽

第二章 辽

1. 耶律阿保机：巍巍契丹创大辽

由于《说岳全传》《岳家将》等评书的流行，市井坊间普通百姓对金国并不陌生，说起金兀术、完颜阿骨打、粘罕、哈迷蚩等亦真亦虚的名字，许多人都能道其一二。而言及辽国，一般人想半天也就只能想起评书《杨家将》里有个萧太后，能说出名字的还有一个耶律楚材（其实此辽国皇族后代已是由金入元的人）。

不仅仅是我们当代人对辽代历史知之不多，往溯至金国末年，灭辽而起的金人对辽国历史已经常常有如堕五里雾中之感。满肚子大学问和一脑子诗词歌赋的大才子元好问，在当时已经大抒感叹："呜呼，世无史氏久矣……泰和中，诏修《辽史》，书成，寻有南迁之变，简册散失，世复不见。今人语辽事，至不知起灭凡几主，下者不论也。"大概蒙古铁骑滚滚，南逃的金国史官们已经把辽代史料丢失殆尽。蒙古兵将烧杀抢掠，绝大多数辽国史籍在瓦砾场中皆成为引火之物。即使有存留，也多是散佚不全的"历史残片"。在元好问时代，大半知识分子连辽国有多少位君主都几乎搞不清楚，可以想象后世幸存的辽国实打实的历史资料确实很不齐全。

讲辽国，要从耶律阿保机（公元872—926年）讲起。耶律阿保机，姓耶律，汉名亿。其实，契丹部族几百年间都没有姓氏，无论是贵族还是百姓，都是以居住地的地名为姓。耶律阿保机立国之后，才把居住地名变成正式的姓氏。阿保机老家在辽国上京（今内蒙古巴林左旗林东镇南）以东二百多里的地方，叫"世里"，而"世里"的汉语发音就是"耶律"。所以，阿保机就在自己名字前面加上"耶律"二字。从那时起，"耶律"成了契丹皇族的姓氏。

在历史发展过程中，随着中国北方两大草原游牧民族突厥、回鹘势力相继衰弱，北方的草原大漠，一时间处于权力真空时代。公元9世纪到10世纪这段时间内，中原大地遭遇到唐末大混乱以及继之而来的五代十国军阀割据混战。在中原王朝衰落的这个空档期，活跃在中国东北草原的游牧民族契丹趁机崛起，建立了以契丹人和汉人为主体的契丹王朝。其开国君王即耶律阿保机。

耶律阿保机一生最大的功绩，一是力克群雄建立辽国，二是灭掉"海东盛国"渤海国。

自古英雄多磨难。耶律阿保机刚刚出生时，契丹各族部落贵族阶层为了争夺联盟首领之位打得你死我活。当时，阿保机的祖父被杀，他的父亲和叔叔们也四散逃离。幸亏他的祖母对他保护有加，常常在部落内转移帐篷藏匿这个婴儿，以免他被部落的仇人所害。

阿保机自幼就非常聪敏。他长大成人后，身长九尺，武功高强，胸怀大志。趁唐末大乱，阿保机纵横捭阖，曾经率领军队在山西一带大败军阀刘仁恭，又对奚人、室韦、女真等部族展开攻击，破降诸部，最终在后梁开平元年（公元907年）正月当上了契丹部落的大汗。

契丹部落的汗位，在当时不是世袭制，而是三年一轮换。而耶律阿保机的本意，就是想效仿汉地皇帝和国王那样，一直把汗王当下去。既然阿保机占住可汗位置不让，其他人自然就没有机会当选。别人不用说，阿保机本家族的兄弟们便首先起来反对他，由此就发生了辽国初期历史上的"诸弟之乱"。

为了争夺汗位，耶律阿保机的兄弟们先后发动了三次叛乱。后梁乾化元年（公元911年）阴历五月，阿保机的弟弟耶律剌葛、耶律迭剌、耶律寅底石、耶律安端以及阿保机的叔父耶律辖底等人，以阿保机叔父耶律辖底为主谋，共同发动了反对阿保机的叛乱。阿保机闻变，即刻派侍卫前往平叛。由于耶律剌葛等人行事匆忙，阿保机反应够快，这些人束手就擒。阿保机当时不忍心杀掉弟弟和叔父，就和他们一起登山杀牲，对天盟誓，然后大度地赦免了他们。

后梁乾化二年（公元912年），阿保机亲率大军出征西南一些部族，其弟耶律剌葛趁阿保机出征未还之机，再次串联叔父耶律辖底和几个弟弟，发动了第二次叛乱。这一次，幸亏阿保机也提前得知了消息。他巧妙地避开剌葛所率军队，召集诸部贵族首领，按照契丹传统习惯，隆重地举行了"燔柴礼"，也就是烧柴告天的仪式，宣布自己再次担任可汗。由于提前争取了多数部族贵族的拥戴和支持，阿保机的叔父和几个弟弟也无可奈何。

转年，阿保机的弟弟耶律刺葛联络契丹乙室部的贵族，准备割据自立。这一次，他们先商议好拥立耶律刺葛为新可汗，然后派人突然袭击，想伺机劫持阿保机去参加他们已经准备好的可汗改选大会。阿保机怒不可遏，亲自率领部队追剿弟弟耶律刺葛。与此同时，阿保机的另一个弟弟耶律寅底石忽然率领一批人马直扑阿保机的行宫。当时，阿保机的妻子述律平看守大帐，领兵拼死抵抗，但还是被耶律寅底石夺走了象征可汗权力的旗鼓和祖先神帐。

阿保机率领亲随卫士北上追击，最后追回了祖先神帐。得到神帐之后，阿保机很快生擒了耶律刺葛。即便耶律刺葛三次发动叛乱，阿保机也没忍心诛杀这个弟弟。转年，耶律刺葛南逃，投奔中原的晋王李存勖，受到礼遇。再后来，他心恨李存勖待他不厚，又想转投后梁，最后被李存勖抓住，与妻儿一起被斩于汴城（今河南开封）桥下。

经过这三次行动，阿保机基本消灭了本部族的反对势力。但是，这种窝里斗，对他们所在部族的经济造成很大破坏。本来阿保机所在部族有好马上万匹，打了这几次大仗，战马消耗严重，部民出门基本没有马骑了。

本部族的反对势力消除了，但当时契丹还有其他部族。那几个部族的酋长，依旧要求恢复契丹部族原有的可汗选举制度，不断强迫阿保机让出可汗位置。

面对来势汹汹的质疑，阿保机以退为进，先公开交出可汗旗鼓，答应按时退位。然后，他派人对那些酋长说："我任可汗已经九年，下属有很多汉人。希望你们能够答应我自己领一部人马去治理汉城（指契丹人在草原上建筑的用来安置其所管辖汉人的一类城池）。"

那些酋长一听，当然愿意。于是，阿保机率领手下的汉人建立了新的据点，在汉城附近进行耕种和交易，发展盐铁经济。

此后不久，阿保机采纳妻子述律平的计策，派人转告七个部族的首领说："我管辖下的盐池，经常供盐给各部族食用，希望你们到我这里来，纵酒欢饮，带些礼物来犒劳一下我和手下人。"

契丹人好客也好酒。那些酋长觉得阿保机最近特别通情达理，不疑有他，纷纷带着肥牛和美酒前来参加宴会。酒过三巡，菜过五味，阿保机仍不停劝酒。等到大家都喝得烂醉之时，阿保机埋伏在帐外的伏兵顿起，一拥而上，一下子就把各部族的首领全部杀死，一个不剩。

阿保机一鼓作气，短时间内以武力统一了契丹七大部族。

后梁贞明二年（公元916年），在消除了内外反对势力之

上京,辽国都城南塔

后,阿保机正式称帝建国,国号"大契丹",以述律平为皇后,立长子耶律倍为太子。

值得注意的是,契丹国号在历史上有过几次变动,"契丹"和"辽"一直通用。立国后,阿保机率部众修建都城,即后来的"上京"。

阿保机本人会汉语,一直任用汉族士人,诸如韩延徽、韩知古等人,让他们帮助自己制定契丹律令和典章制度,逐渐形成了较完善的统治机构。

由于阿保机深受汉文化影响,所以辽国京城中一直建有孔子庙、佛寺、道观等。他立国之后，制定法律，颁定官爵位次，还命人制契丹大字，弘扬契丹的本民族文化。后来，阿保机的弟弟耶律迭剌参照回鹘文和汉文，又创制契丹小字。在位之初，他以亲信部众设立宫卫骑军以及州县部族军，成为契丹军队的主要组成形式。而后，雄才大略的阿保机东征西讨，不断征伐突厥诸部，不断扩大自己的势力范围。

辽天赞四年（公元925年），为向东发展辽国势力，阿保机率大军亲征渤海国。渤海国是中国东北地区一个地方政权，皇族是靺鞨族的大氏。早在唐开元元年（公元713年），靺鞨族的大祚荣就接受唐朝的册封，建立渤海国。有了大唐撑腰，渤海国在政治、经济两方面都得到很大提升，逐渐成为"海东盛国"。历史上，渤海国在二百二十九年的时间里，其历代国王曾到中原朝觐皇帝一百三十二次。这个地方政权一直处于唐朝的扶植和羽翼之下。唐末五代时期，面对契丹的日益强大，渤海又想结好唐朝灭亡之后代之而起的后梁和后唐。当时中原地区陷入四分五裂的军阀混战，各个政权都无暇顾及渤海国。

面对契丹势力的崛起，渤海国曾寄希望于日本的帮助，但日本远隔大海，也帮不到什么忙。病急乱投医，当时朝鲜半岛三国对峙，渤海国就想和新罗、高丽结盟。这两个政权为了自保，不仅没有帮助渤海国，反而去附和阿保机，乘机出卖渤海国以赚取自己的利益。

阿保机亲自率大军征伐渤海国，还让自己的皇后述律平、皇太子耶律倍、次子耶律德光以及辽国诸大臣皆参与征伐。年底，阿保机率军包围了渤海国的扶余城；转年正月初三，契丹军队就攻陷了扶余城。渤海国国王大諲撰绝望之余，硬着头皮继续派军队阻击契丹军进攻。很快，渤海国守军就被契丹军队击败。阿保机不给敌人以喘息之机，指挥契丹大军围攻渤海国都城忽汗城（今黑龙江宁安）。兵寡将弱，渤海国国王大諲撰穷愁之下，最终被迫率领僚属三百余人献城出降。

攻克渤海国之后，阿保机以青牛、白马祭告天地，大赦天下，改渤海国为"东丹国"（即东契丹之意），把渤海国原先的都城忽汗城改为"天福城"，册封皇太子耶律倍为东丹王，特赐天子旌旗，全权负责管理东丹国事务。眼看渤海国灭，附近的高丽、靺鞨、铁骊等小国或者部族相继归附契丹。这样一来，阿保机就将契丹势力扩大到了渤海沿岸。同时，阿保机在黑龙江、乌苏里江流域广大地区广置辽国官府，从而结束了唐末以来中国东北地区的分裂局面，建立起一个强大的、幅员广阔的奴隶制帝国。辽天赞五年（公元926年），阿保机在出征渤海国回军途中病逝于扶余城，终年五十五岁。

2."断腕太后"女中杰

耶律阿保机建国之后，东征西讨，国境越来越大。但是，西部草原上那些新征服的奚人和室韦等部族不习惯耕种，而前来投奔契丹的汉人又不可能去牧马。于是，耶律阿保机设置了两套平行的行政机构——北面官和南面官。北面官"以国制治契丹"，就是保留契丹部落的用人惯例；南面官"以汉制待汉人"，几乎是唐代三省六部制的翻版。辽国当时就是一个皇权和两套官制，这两套体系并行不悖。每年春夏秋冬四季，阿保机都会到四个不同的地方居住，这种皇帝巡游机制被称为"四时捺钵"。表面上，好像是辽国皇帝的"游牧"制度，实际上也是一种类似汉制的皇帝巡察制度。

在建立辽王朝的过程中，阿保机经过长期对中原、渤海国及北方诸民族的战争，积累了丰富的军事经验。他果断取消"兴兵合议"的契丹旧习俗，设立北枢密院统管契丹兵马，组建直接听命于自己的宫帐军。同时，重视网罗中原人才，重用汉族谋臣战将；强调严格治军，赏罚分明。而且，他还依据契丹民族昔日与野兽搏斗的方法，制定骑兵两翼包抄战术，还注意吸取中原的火攻、穴地攻城等战法。

在外交方面，阿保机采用远交近攻的策略。首先，他与中原传统势力范围内的梁和晋都保持着信使往来的友好关系。稳住这两个五代国家之后，阿保机就能够集中精力征服契丹"后方"那些部族，击败幽州军阀刘守光。此后，阿保机亲自率军大规模出征，相继征服了东、西部奚人，使得东到渤海，南到白檀（今北京密云东北），西逾松漠（今内蒙古巴林右旗南），北抵潢河（今西拉木伦河）的广大地区，都处于契丹军队统治之下。

阿保机病逝之后,他的皇后述律平开始登上历史舞台。说起辽国初期大名鼎鼎的皇后述律平,当时有一首契丹童谣唱道:"青牛妪,曾避路。"意思是说,当时连驾青牛的天女,看到阿保机的妻子述律平的车驾,都要给她让路。由此可见,当时这个叫述律平的女人是多么厉害,多么不简单。

述律平,在辽国史书中,姓萧氏,"平"是她的汉名。她还有一个契丹名字:月理朵。述律平的父族是回鹘人,母亲是阿保机的姑姑。所以,述律平与阿保机,其实也是姑舅表兄妹。这二人的婚姻,在契丹部落中也有政治婚姻的含义。不过,他们两个人结婚的时候,阿保机二十岁,述律平十四岁,郎才女貌,非常恩爱。

述律平这个女杰确实非常厉害,既是军事奇才,也是政治奇才,曾经帮助丈夫阿保机统一契丹各部,也曾经劝阻丈夫和儿子攻打中原。当然,为了政治恫吓和政治和解,述律平还曾经当着满朝大臣,自断玉腕,从此留下"断腕太后"的称呼。她晚年,出于偏心和狠心,也曾假传圣旨把本属于大儿子的帝位转给二儿子,更曾经率领大军,想和亲孙子决一死战……

述律平和阿保机,门当户对,又是亲戚,两个家族还属于当时名闻契丹诸部落的强大家族。这样的婚姻,确实属于强强联合。对于自己智勇双全的丈夫,述律平夫唱妇随,不停出谋划策，助他当上了契丹整个部落的大酋长（汗）。

　　与此同时，出于特有的政治远见，述律平还劝说阿保机让越来越多的汉人加入自己的智囊团。正是受到这些汉人谋士的影响，阿保机为了契丹部族的长远稳定，就想修改先前契丹部族推举可汗的轮选制度，改为当时更先进的汉族皇位世袭制度。

　　作为强大男子汉的人生伴侣，作为与丈夫政治同心的贤内助，述律平支持阿保机的功业生涯一步一步走向辉煌：西伐室韦，东征女真，南讨奚人，北打渤海国；同时，建立南北两院制度，加强自己直接控制军队的质量。当时，阿保机自己直接指挥的有亲军"皮室军"三万骑，而述律平也有亲军"属珊军"两万骑。由此，契丹的军政大权，一步步被控制在述律平和阿保机二人手里。

　　在平定了诸兄弟叛乱，统一契丹诸部落之后，阿保机正式登基称帝，建立起契丹第一个皇权世袭的奴隶制国家——契丹国。阿保机自称"大圣大明天皇帝"，述律平被册号为"应天大明地皇后"。

　　我们细读《辽史》可以发现，阿保机最终能够统一契丹，建国称帝，最关键的谋士就是他的夫人述律平。这位美人在关键时刻表现出的杀伐决断，远远要高过阿保机本人。述律平的政治谋略和军事才能，一点都不在阿保机之下。

　　有一次，阿保机率领大军去征讨党项，留下述律平一个人单独在国内留守。契丹的宿敌室韦得知消息后，认定契丹国内空虚，想趁火打劫，发起大军杀入契丹国内。岂料，述律平巾帼不让须眉，指挥若定，把室韦军队打得大败而逃。

打了一些胜仗之后，阿保机也开始膨胀，就想率领军队染指河北地区。一直以来，述律平总是劝阿保机不要和汉人打仗。阿保机在唐朝藩镇义武节度使王处直的儿子王郁忽悠下，终于耳朵根子硬了一回，准备率领大军去攻打河北地区。

当时，述律皇后对阿保机说："咱们西楼地区（今内蒙古巴林左旗）有数不尽的牛羊马驼，何必劳师远征，火中取栗呢？听说李存勖用兵如神，其麾下猛将如云。万一你陷入险境，悔之何及！"

阿保机不听劝谏，率领着契丹大军浩浩荡荡开始了他的南下之路。阿保机旗开得胜，很快就攻陷了涿州，接着就去攻打定州。当时威霸一方的晋王李存勖得报，亲率五千精骑火速赴援。到了新城（今山西代县）以北，契丹军队迎面撞上了李存勖军。忽然得知李存勖军已经扑面而来，而且还来势汹汹，阿保机有些胆怯，主动下令，让自己军队后撤一段以避敌锋锐。

岂料，阿保机害怕李存勖，他部下的兵将更害怕。一时之间，契丹军自乱阵脚，后撤变成了败逃，被李存勖杀得人仰马翻，就连阿保机的一个儿子都成了俘虏。一败再败，契丹军队最后败退到易州（今河北易县）一线。更倒霉的是，恰逢罕见低温大雪天气，平地积雪深达数尺。契丹军队长途远征，军储不足，冻饿相加，一路上人马倒毙无数。无奈，阿保机只得悻

第二章 辽

悻回撤。垂头丧气之余，阿保机暗自钦服自己的夫人述律平的远见卓识。

此后，阿保机带着皇后述律平一起，亲征渤海国。很快，这个渤海国没有悬念地被阿保机夫妇灭掉了。这个时候，又是述律平出主意，撺掇阿保机把太子耶律倍留在渤海国，并改渤海国为"东丹国"，封皇太子耶律倍为东丹国国王。

述律平建议耶律倍留在东丹国，还真不是因为她喜欢耶律倍这个长子，而是因为她非常不喜欢这个长子。出于偏心，她才让耶律倍留在当地。

述律平有三个儿子：长子耶律倍，次子耶律德光，幼子耶律李胡。而述律平最宠爱的是小儿子耶律李胡。长子耶律倍非常有才，喜欢汉学，还是一个大书画家。但这个人脾气十分暴躁，有时候，这位大才子会亲自虐杀手下。次子耶律德光杀气十足，一直跟随父母四处征战。耶律德光娶的是他的同胞妹妹质古与舅舅萧室鲁所生的女儿萧温，所以，耶律德光的媳妇，还是述律平的外孙女兼内侄女。这样的关系，使得述律平自己在契丹部族内部的掌控力量更强。至于她最喜欢的小儿子耶律李胡，基本就是个杀气腾腾的纨绔子弟，总爱对手下人进行残酷的虐杀。

不管怎么样，述律平就是看不上身为皇太子的耶律倍。她下决心让二儿子耶律德光上位。所以，攻灭渤海国之后，她撺掇阿保机把耶律倍封为东丹国王，留在原渤海国。

如果阿保机是正常病死，因其间有个过程，阿保机会从容安排继承人，所以述律平换太子的可能性还不大；岂料，攻灭渤海国之后，在回程的路上，阿保机就忽然得病死了。

3. 母爱偏心留后患

阿保机病死之后，契丹皇太子的名分其实还是属于东丹王耶律倍，他有契丹帝位的继承权。

述律平毕竟是皇后，手里还有亲自控制的军队。为了阻止大儿子耶律倍继位，她就对外声称"主少国疑"，作为皇太后，宣布自己暂时临朝称制，代行皇权。但当时的耶律倍已经二十八岁了，一点都不是什么"少主"。

大臣们对这位皇后的举动，非常不满。特别是拥戴耶律倍的那些契丹贵族和亲近大臣，暗中串联，准备拥立耶律倍登基。

一天早上，述律平召集那些掌握重权的旧臣，忽然垂泪问道："你们想念先帝吗？"

经述律平这么一问，大家还挺伤感，都眼泪汪汪，纷纷表示说："想！"

述律平忽然收泪，大声说："既然你们都这么想念先帝，现在就都到地下去陪先帝吧！"

而后，她一挥手，拥上一大批武士，押着百来号大臣到殿外的小黑屋，强迫这些大臣全部"自杀"，给阿保机殉葬！

述律平如此手段，远远超出了契丹大臣们的想象力。从那天开始，每天上朝，贵族大臣们都和入鬼门关差不多。只要述律平看不上眼或者有怀疑的贵族大臣都被派去"陪伴"先帝。忧死不暇，大臣们就没什么心思再关心契丹国的新皇帝是谁了。这还没完，述律平几乎天天找碴儿杀人。杀的杀，撤的撤，契丹国内一时间人心惶惶，不少先前归顺的汉人纷纷逃离，跑回中原地区。

一天上朝，述律平忽然看到有一位叫赵思温的汉人，觉得他很不顺眼，就说："你也去地下侍奉先帝吧。"

这个赵思温名字听上去挺文雅的，不晓内情的以为这人是个文人。其实，他是大将出身，勇武绝伦，曾经在攻打渤海国要塞扶余城的时候率先登城，勇冠三军。赵思温武将出身，却一点不像契丹那些贵族大臣那样死脑筋直线思维。他居然脖子一拧，拒绝去给阿保机殉葬。

述律平也愣了，就问："先帝待你那么好，你们关系那么亲近，怎么不肯去呢？"

赵思温昂然答道："要说关系亲近，谁也没有皇后您和先帝的关系更亲近。如果皇后您能够先去，为臣我一定马上跟着去！"

别说，赵思温几句话，说得述律平当时还真下不来台。这位女中豪杰很有勇气，忽然抽出自己华美的腰刀，唰的一声，砍下自己的右手，忍痛说："我并非不想追从先帝于地下，只因当今国家无主，诸子幼弱，我无暇前往啊。"

接着，她让人把自己砍下的右手放入阿保机棺内，代替自己本人去殉葬。这一绝招，算是堵住了赵思温和那些满心疑虑的契丹贵族大臣的嘴巴。依据当时的医疗水平，整只手用刀切下，止血保命就是一大难题。这位女豪杰确实够狠够猛。

至此，该杀的大臣都杀了，出于长远的政治考虑，述律平停止了对契丹国内反对力量的诛除。赵思温幸免于难。而后述律平也没再在朝廷之内大行诛戮。

但契丹国内的大臣们对这位述律平也都心服口服了：都听说过"壮士断腕"，从来还没听说过"美人断腕"。这位女汉子，对自己都这么狠，大家以后也别招惹她了……

震慑效果达到，述律平就开始做"民主选举新皇帝"剧目的总导演。他安排大儿子耶律倍和二儿子耶律德光骑马并立，然后对大家说："你们可以开始表态了，喜欢哪个做新帝，就去牵谁的马缰！"

大家心知肚明，呼啦啦一大片，大家都去牵耶律德光的马缰。由此，耶律德光继位，是为辽太宗。述律平则被尊为"应天皇太后"，她的外孙女兼内侄女萧温，成为契丹国的皇后。

耶律德光当上皇帝之后，也和他父亲耶律阿保机一样，垂涎汉地的财富，想率领军队杀入汉地抢钱抢人抢东西。而且，他还想当汉人的皇帝。当时的汉地正处于五代十国混乱时期，出身沙陀的石敬瑭举兵叛变后唐，向契丹求援，愿以"燕云十六州"为报酬。

耶律德光亲自率兵前往助战。打了大胜仗后，耶律德光册立石敬瑭为"大晋皇帝"。册立仪式上，当时四十五岁的石敬瑭朝着三十四岁的"父皇"耶律德光下拜，成为中国历史上臭名昭著的"儿皇帝"。

石敬瑭病死之后，他的侄子石重贵继位，这小伙子挺有骨气，不肯再向契丹称臣。耶律德光大怒，想要兴兵向后晋"问罪"。像先前劝阻阿保机一样，述律平又劝儿子耶律德光不要大举进兵汉地："汉地不是那么好占的，即使我们真占领了，统治起来也很难，不如早些回来。"

耶律德光不听。结果，由于后晋国内有内应，耶律德光还真带领契丹兵马打下了大梁城（今河南开封）。礼乐声中，他还得意扬扬地穿着中原汉族皇帝的冠冕，正式坐上了他期盼已久的皇帝龙椅。

没多久，述律平太后的预言就应验了。中原汉人对契丹改朝换代存有本能的情感抗拒，加上契丹兵马到处洗劫百姓，天怒人怨，各地汉人蜂拥而起，反抗契丹政权。

耶律德光感觉皇帝龙椅坐不稳了，想起老妈的规劝，赶紧北返。结果，走到栾城（今河北石家庄栾城区），耶律德光忽然高烧发热，吞服冰块也不管用，几天后就痛苦地死去。

述律平得知消息后，下令活要见人、死要见尸。当时天气非常炎热，为了能让耶律德光尸体完好运回契丹国内，大臣们只得用民间做腊肉的方法，把耶律德光五脏六腑全部掏空，然后用盐巴"腌制"起来带了回去。

耶律德光病死的消息传出之后，饱受契丹兵马摧残的当地汉人，就把他病死的那片树林称为"杀胡林"。

在辽国京城，听到二儿子耶律德光的死讯，述律平竟然一滴眼泪都没掉。

看到这位皇太后冷静的脸，辽国大臣们更加心惊胆战：这次，皇太后不会再让我们去地下追寻新死的"先帝"吧？

同时，恐惧也成为满朝文武的动力，大家选中了耶律倍的儿子、永康王耶律阮，推立他当新的大辽皇帝。

有人会问：耶律倍干吗去了？

他已经死了。当初让出皇位给二弟耶律德光之后，耶律德光不领情，不放心，不断派人监视哥哥耶律倍。愤怒之下，辽天显五年（公元930年），耶律倍竟然带着自己爱妾与大批图书从辽东渡海，投奔了后唐明宗李嗣源。此后，他还悲愤地作《海上诗》："小山压大山，大山全无力。羞见故乡人，从此投外国。"诗中的"大山"比喻他自己，"小山"比喻二弟耶律德光。

后唐皇帝李嗣源挺喜欢耶律倍，以天子仪卫迎接他，赐其姓名为"李赞华"（又叫"李慕华"），大有后唐"一字并肩王"的意思。才过了六年，后唐明宗李嗣源病死，国内大乱，后唐末帝李从珂继位。这个人被后唐大将石敬瑭和契丹联军打得大

第二章 辽

败，亡国前想自焚，就派人召耶律倍，要他陪同自己一起死。耶律倍不从，李从珂就派人把他杀死，时年才三十八岁。

当初耶律倍出走的时候，只带走了爱妾，他的契丹族妻子和儿子耶律阮都没有带走。耶律阮是先太子耶律倍的嫡子，许多大臣对他从心底非常同情。而且，耶律阮一直跟随耶律德光在军中。

根据契丹国俗，耶律德光死后，当时还有两个人有继承皇位的资格，一个是耶律德光的长子耶律璟，一个是耶律德光的弟弟耶律李胡。所有人都清楚，述律平太后平时最喜欢的就是她的小儿子耶律李胡，但这个人性情残暴不仁，大家都不愿意看到这个人继承帝位。为此，军中的南院大王耶律吼和北院大王耶律洼都认为应该当机立断，拥耶律阮上位；如果把耶律德光的死讯马上通知述律太后，她必定会让耶律李胡在辽国京城继位。

耶律阮本人刚开始也很犹豫，如果被将领们拥立为帝，他害怕祖母述律平太后和叔叔耶律李胡会联手对自己展开攻伐。于是，耶律阮在军中找来耶律安抟商议。这个耶律安抟是耶律迭里的儿子，而耶律迭里过去因支持耶律阮的父亲耶律倍继位，得罪了述律太后，被处死了。耶律安抟作为耶律阮的亲信，此时就竭力劝说耶律阮一定要当机立断，军中这么多贵族王爷和将士都支持，不要丧失这个天赐的机会。耶律阮点头同意。于是，文臣武将一起，就在辽太宗耶律德光灵柩前正式拥立耶律阮即位。

身在辽国京城的述律平太后得知耶律阮即皇帝位的消息，并没有因为自己能当"太皇太后"而高兴，而是震怒至极，立即派自己的小儿子、当时身为"天下兵马大元帅"的耶律李胡去讨伐。结果，耶律李胡大败而归。

这还了得！述律平亲自率领大军，准备和孙子耶律阮大战一场。这一次，朝廷内外应者寥寥——述律平这些年杀了不少契丹贵族，此次出战对象又是流着正宗耶律皇族血脉的耶律阮，因此，除了她手下直辖的"属珊军"以外，几乎没人表示支持。

述律平也急眼了，下令把那些追随耶律阮的贵族和将士的家眷全部抓起来，准备集体处决。而后，她着心爱的小儿子耶律李胡驻扎在潢河边上，与孙子耶律阮的大军隔着河岸，准备开始大战。

一场契丹皇族内部的血腥残杀即将展开。关键时刻，北院大王耶律屋质急忙从中劝和："河水那边和您对阵的，是您和太祖的亲孙子，何必自相残杀！"

在耶律屋质劝说下，耶律阮最后同意与其祖母述律平相见。双方见面之后，依旧互相指责。

耶律屋质从中调停，不断陈说"传嫡不传弟"的大道理。看到那么多贵族和将士拥护耶律阮，述律太后最终不再固执己见，同意立孙子耶律阮为帝。辽国第二次权力交接得以和平解

第二章 辽

决。时年三十一岁的耶律阮终于成为名正言顺的辽国皇帝，是为辽世宗。坐上帝位之后，他追封自己的父亲耶律倍为"让国皇帝"。

亲孙子当上皇帝，述律平思前想后，还是气愤难平。不久，她就暗中和小儿子耶律李胡串联，准备发动政变。老太后毕竟是个世人皆知的政治女强人，她孙子耶律阮早就对她有所警惕。所以，述律平、耶律李胡娘俩刚商量完事儿还没开始动手，就已经被人告发了。

辽世宗耶律阮也不客气，下令将祖母述律平和叔父耶律李胡押往祖州（今内蒙古巴林左旗林东镇东南，阿保机的祖陵所在地）幽禁。

五年之后，辽世宗耶律阮被宗室燕王耶律察割刺杀，大臣们就拥立辽太宗耶律德光之子耶律璟为帝。

辽穆宗耶律璟自然和祖母述律平、叔父耶律李胡没有什么过节，就下诏解除了对他们的幽禁。此时，心灰意冷的述律平没有返回辽国京城，而是继续住在祖州，不久病逝，终年七十五岁，与阿保机合葬于辽国祖陵。

4. 世宗继位兴汉化

辽世宗耶律阮帝位稳固之后，改元天禄。辽世宗尊生母萧氏为皇太后，委派萧太后的族人剌只撒古鲁为国舅，总揽国内

辽墓壁画
壁画反映了中国古代北方辽国的经济、宗教、民俗等各个领域的文化历史。

大权。

辽世宗施行汉化政策,他把中原后晋的一整套汉族官制带到了辽国,加上原来阿保机时期确立的官制,终于使得辽国形成独特的民族官制。辽世宗为了更好地治理国内不同民族的事务,采取"因俗而治"原则,完善了北、南两套完整的官制,即北面官制和南面官制。北面官制,也就是辽国契丹族的官制,官吏一律用契丹族人,掌握契丹部族的一切军政事务。之所以称为"北面官",是因为辽国有崇拜太阳的习俗,喜欢面向东方,而且以左为上。由于辽国皇帝的大帐面向东方,北面就是左,也是契丹族官吏的办公地点,所以就称之为"北面官"。同时,辽世宗为了进一步完善汉族的官制,仿效唐朝的官制,设立三省六部等一整套治理机构,以此来招徕汉族人管理汉族人事务。南面官主要由汉人来担任,也有部分契丹人在南面官中任职,他们都被称为汉官,也都穿汉服。南面官由于办公的营帐在辽国皇帝大帐的右边,也就是南面,所以称为"南面官"。

辽世宗当皇帝后,许多先前拥护他继位的贵族和皇族开始蠢蠢欲动。这是因为,他们许多人原来和述律太后有矛盾,但等到辽世宗地位稳定后,他们看到皇帝不断汉化,还任用很多汉人担任要职,这些守旧的贵族们就又和辽世宗产生了矛盾。

辽天禄二年(公元948年),耶律天德、耶律刘哥、耶律盆都以及驸马萧翰等人谋反。耶律天德是辽太宗耶律德光第三子;耶律刘哥是辽太祖弟弟耶律寅底石的儿子,是辽世宗的堂叔;耶律盆都也是皇族亲戚,而萧翰则是辽世宗的妹夫。事发之后,辽世宗立刻下诏诛杀耶律天德,杖击妹夫萧翰,又把耶律刘哥发配于边远苦寒之地,派耶律盆都外出以为惩戒。其实,耶律天德是被其余几个人撺掇的,但耶律天德是辽世宗叔父辽太宗耶律德光的第三子，所以辽世宗才要杀他以儆效尤。

转年，也就是天禄三年（公元949年），驸马萧翰又和公主阿不里私下联络明王耶律安端谋叛。耶律安端是辽太祖耶律阿保机最小的同母弟弟，是辽世宗的叔祖；而阿不里公主是辽世宗的亲妹妹。很快，这些人的通谋信件被皇族宗室耶律屋质得到，他赶快报告了辽世宗。如此叛而再叛，辽世宗忍无可忍，就派人把妹夫萧翰诛杀，还把亲妹妹阿不里投入监狱。

其间，耶律安端的儿子耶律察割非常狡猾，他假装大义灭亲，主动揭发父亲的罪行，在辽世宗面前指天发誓，痛哭流涕，由此骗得了辽世宗的信任，辽世宗只是将他的父亲耶律安端贬到外地统领军队，继续把耶律察割留在自己身边。为此，耶律屋质不断提醒辽世宗不应该轻信耶律察割，但辽世宗却认为耶律察割是忠臣，表示说："察割舍弃父亲而辅佐我，他肯定不会有什么事的。"

耶律屋质苦劝说："耶律察割竟然连他自己的父亲都告发，如此不孝之人，陛下您怎么能相信他忠于您呢？"

辽世宗不听。

天禄五年（公元951年），辽世宗应当时和后周为敌的北汉皇帝刘崇的请求，率领军队准备南下。契丹许多部族首领们表示说连年征战，民力耗损很大，希望辽世宗休养生息。辽世宗不听，强令他们按期率众南下，他自己统率本部人马于九月到达归化州（今河北张家口宣化区）的祥古山。

当天晚上，辽世宗驻宿于火神淀。这时候，契丹各部首领也带领人马赶到这里。九月四日，辽世宗耶律阮祭祀父亲耶律倍亡灵后，设宴招待群臣和各部首领。

一直怀有篡弑之心的耶律察割觉得有机可乘，就亲自去见随军的寿安王耶律述律，邀他和自己一起起事。耶律述律是辽世宗的侄子，也就是辽太宗耶律德光的长子。岂料，耶律述律不从。匆忙之间，耶律察割就去找耶律盆都。耶律盆都先前就因为参与叛乱被辽世宗处理过，此时自然高兴，马上听从了耶律察割的建议。

耶律察割和耶律盆都派人暗中在酒里下药，把辽世宗等人迷晕。趁此机会，耶律察割、耶律盆都以及燕王耶律牒蜡等人率领几个契丹部族酋长冲入内帐，乱刀砍死了辽世宗。与他同时遇害的，还有辽世宗的生母萧氏及汉人皇后甄氏。

甄氏是辽国唯一的汉族皇后。先前，辽世宗跟随叔父辽太宗耶律德光攻灭后晋的时候，甄氏是宫内的宫女，当时都四十一岁了。不知为什么，看到这个风韵犹存的汉族妇人，当时还是辽国王子的耶律阮就痴迷上了她，把她带回辽国，倍加宠爱，继位后就封甄氏为皇后。由于甄氏是汉人，不少辽国贵族都表示反对。辽世宗迫于压力，就在天禄四年（公元950年）把自己原先的妃子萧撒葛只册立为皇后，所以当时的辽国便出现了两位皇后并存的局面。这次耶律察割叛乱，甄氏也和辽世宗同时被杀，但她死后始终没有得到正式的谥号。

辽世宗耶律阮死时年仅三十四岁。杀掉辽世宗之后，耶律察割自己就在营帐内称帝。

5. 嗜杀成性辽穆宗

耶律察割害怕内外百官中有不服从自己的，就把许多人的随军家属都关押了起来，作为人质。

杀掉辽世宗的当夜，耶律察割挺有雅兴，连夜高烧蜡烛，仔细查看辽世宗扈从所携带的内府物品，确实有不少奇珍异宝。耶律察割见到一个玛瑙碗，赶紧揣入怀中，而后拿给自己的妻子，夸耀说："这个碗是稀世之宝，如今为我所有了！"他的妻子不喜反忧，回答说："如今耶律述律和耶律屋质那些人还在，一旦他们动手，我们家里肯定一个人都没有活路，留这东西有什么用！"

耶律察割非常自负，说："耶律述律年纪小，耶律屋质手下不过只有他统领的几个奴仆而已，明天肯定会前来朝见我，他们这些人实在不值得忧虑。"

耶律察割这里扬扬自得做着皇帝梦，他手下有一个叫矧斯的人却悄悄把耶律察割弑帝的事情向耶律述律报告了。而在当时，任职为"右皮室详稳"的耶律屋质已经趁机逃走，他还统领着皇族的精锐部队"皮室军"。皮室来源于契丹语，意为"金刚"，显然这是非常有实力的一支军事力量。由于当时耶律

第二章 辽

屋质穿着紫色朝服，所以耶律察割对手下的叛党说绝对不要放走穿紫色衣服的大臣。耶律屋质情急智生，改换服装，得以逃出行宫。耶律述律回到他自己的营帐，得知耶律察割篡弑的消息后，他忧虑不知所为。耶律屋质派自己的弟弟耶律冲前去迎接耶律述律，这位王子依旧犹豫不决。为此，耶律屋质亲自向耶律述律陈述利害，说："大王您是太宗皇帝长子，叛贼如果抓住您，一定会杀您。如果是那样的话，我们这些群臣还能以谁为主？我们大辽的江山社稷又该托付给谁呢？"

耶律屋质这番话语，终于打动了犹豫怯懦的耶律述律。不久，在外诸将得知耶律屋质和耶律述律都逃出来了，即刻前来会合。众人集军，马上包围了耶律察割的御营。听到外面人声鼎沸，马嘶阵阵，被包围的耶律察割竟然还有心气把辽世宗的皇后萧撒葛只杀死。这位辽世宗皇后本来因为坐月子没有在辽世宗身边。得知自己的丈夫、婆婆以及另外一个皇后甄氏被杀后，她不顾自己的安危，进入御营，哀求耶律察割允许自己为辽世宗母子收尸，却被耶律察割关押起来。如今，看到外面兵势甚盛，耶律察割不想如何却敌，却先把这位皇后给杀了。

此时，先前跟随耶律察割弑帝的那些人心中恐惧，一些人暗中谋划率手下人归附耶律屋质和耶律述律。御营之内余下众人望见，也渐渐前往。看到自己面临失败的局面，耶律察割就把先前拘禁的那些众官员家属押到一处，他手执弓箭威胁说：

"现在看来，我只能把你们全部都杀掉了！"于是，他喝令手下人把这些人都立即推出斩首。当时，作为辽世宗御林军将领的耶律敌猎正好被耶律察割所裹挟，他就劝说道："如果皇帝（指刚刚被杀的辽世宗）没有被杀，耶律述律肯定不能被众人拥立当皇帝。您可以以此为辞，向耶律述律示好，应该是可以得到赦免的……"

耶律察割沉吟半晌，觉得耶律敌猎说得有道理。他心存侥幸，就向耶律敌猎问计："果真如你所说，我们应当派谁去和耶律述律讲和呢？"

耶律敌猎一脸忠勇，拍着胸脯表示自己可以充当说客，并且请求让自己和耶律罨撒葛一同前往劝说耶律述律。这个耶律罨撒葛是耶律述律的弟弟，当时正被耶律察割当人质控制着。

耶律察割当时也是昏了头，竟然依从其计，允许耶律敌猎带着耶律罨撒葛一起去跟耶律述律等人谈判。

自然，耶律敌猎马上就把耶律察割给出卖了，并且劝耶律述律和耶律屋质先答应耶律察割的请求。于是，耶律敌猎很快返回，说耶律述律认为耶律察割有拥立之功，可以赦免他。自古以来，哪里有弑帝之后不被清算的人呢？耶律察割竟然相信了耶律敌猎的话，自己骑马出营，向耶律述律等人投降。结果，当着众位大臣和将领，耶律述律下令，对耶律察割碎剐凌迟，割下的碎肉喂狗，以治这个贼臣的弑帝之罪。而耶律察割的几个儿子以及跟随他弑帝的那些人，全部被诛杀。

第二章 辽

耶律察割自青年时代就擅长骑射，长着一副老好人的恭顺相貌。但是，耶律察割的伯父辽太祖耶律阿保机很有识人之明，说耶律察割本质上是个凶暴愚顽之人。有一次，耶律察割的父亲耶律安端让他入宫奏事，辽太祖耶律阿保机就对亲近的侍从说："耶律察割面有反相，朕如果一个人居处，千万不要让他进宫门。"当初，辽太宗耶律德光暴死在回国途中，辽世宗耶律阮在镇阳被大臣们拥戴继位时，耶律察割的父亲耶律安端还想保持中立观望态度，耶律察割就劝说他父亲："皇太弟耶律李胡为人猜忌刻薄，如果他当皇帝必不容我们！耶律阮为人宽厚，又和耶律刘哥关系友善，您应该前往与他谋划。"于是，耶律安端就与耶律刘哥商议一起归附辽世宗。同年九月，耶律察割因功被封为泰宁王。可见，当年辽世宗的上位，耶律察割是立过功劳的。谁料想，因为贪心，耶律察割竟然把辽世宗给弑杀了。

众人杀掉了弑帝的耶律察割和他的同党，耶律屋质等人就拥立耶律述律为帝，耶律述律改名为耶律璟，也就是历史上的辽穆宗。辽穆宗继位后，改元应历。由此，辽国帝系再次回到辽太宗耶律德光一脉。

辽穆宗在中国历史上非常有名。他的出名，倒不是因为他建立过多大的功业，而是因为嗜酒和嗜杀。

我们翻看《辽史·穆宗本纪》，就会发现耶律璟当了十九年的皇帝，他本人基本上没干太多的正事。他女色男色都不近，主要就是喜欢喝酒、睡觉、杀人。显然，他是个重度酒精上瘾者。

当然，继位之初，辽穆宗还是很留心政事的。其间，主要是镇压那些反叛的国内贵族，巩固他自己的帝位。当稳皇帝之后，辽穆宗天天酩酊大醉之余，开始"嗜杀不已"。根据史书记载，他的杀人手段花样百出，有刺面、腰斩、炮烙、铁梳等，还包括什么"手刃刺之，斩击射燎，断手足，烂肩股，折腰胫，划口碎齿，弃尸于野"等等。至于辽穆宗的杀人理由，更是千奇百怪。他手下的侍从，有的因养宠物被杀，有的因动作慢被杀，有的因上酒慢被杀，反正是陪伴他的臣下天天心惊肉跳。平时他所杀的人，主要是近侍和大臣。辽穆宗这个人醒的时候少，但只要他醒着，就要杀人，而且是随手杀人，手里面常常拎着一个铁骨朵，会随手把身边的侍从脑袋砸个稀烂。一次他用餐，给他上餐具的厨子动作慢了一点儿，他就拔出随身携带的匕首，一下把厨子给刺死了。还有一次，辽穆宗打猎的时候，有一个禁卫军军官动作慢了造成猎物漏网，他居然对此人处以炮烙之刑。这种刑罚是历史上著名的暴君商纣王用过的酷刑。还有一次，一个侍从因为妻子病了，没敢和他请假就偷偷回家了。后来他知道了这件事，竟然派人把那个侍从的妻子放在大锅里面给蒸熟了。然后，他还让人把侍从叫来，让他亲眼看看自己妻子在大锅里面煮熟的样子……所有这些暴虐的行为，和北齐著名的暴虐皇帝高洋有得一比。

根据《辽史》的记载，辽穆宗的这种嗜杀还和他听信女巫的话有关。有个叫肖古的女巫，自称能够制作延年益寿的仙药，但必须用男人的胆来和药。为了能够长生不老，辽穆宗耶律璟竟然听信这个女巫的话，专杀男人取胆做药引子……

辽应历十九年（公元969年），辽穆宗已是晚年，每当他清醒心情好的时候，还对大臣们说："有罪者法当刑，朕或肆怒，滥及无辜，卿等切谏，无或面从。"意思是说：有罪者才应当动刑，朕有的时候忽然大发脾气，常常殃及无辜，你们一定要劝谏我，不要什么都屈从朕的旨意。这话辽穆宗说得容易，等他大醉的时候，谁敢劝他啊。说是这样说，但他还是纵饮无度，自立春一直到月底，天天大醉，没有一天去上朝听政。

虽然辽穆宗这个人嗜杀嗜酒确实挺残暴的，但他平时所杀的人，多是他身边的宦官、伶人和侍从，所以整体上讲对辽国朝政没有多大的影响。辽穆宗手下的臣子非常能干。北院大王耶律屋质和南院大王耶律达烈都是辽国的智谋广远之士，颇具治国的才能，而且在国内他们一直采取均赋税、劝耕稼的措施，富国强兵，积极鼓励契丹各部发展农业生产，所以当时被契丹国内的老百姓称为"富民大王"。

辽穆宗在位期间，南面的中原政权是后周。后周的周世宗，是五代时期一个有雄才大略的皇帝。后周世宗刚刚继位之时，辽国的傀儡政权北汉想趁机进攻，要求辽国派兵相助。于是辽穆宗派出军队去帮忙，结果，后周世宗柴荣御驾亲征，在高平把北汉军队打得大败，辽国军队根本没敢参战，仓皇逃离战场回国。后周显德六年（辽穆宗应历九年，公元959年），后周世宗在攻伐南唐大胜之后，也趁着辽穆宗一朝国力下降的有利时机，领兵大举北伐，取得三关大胜。这三关即益津关（今河北霸州境内）、瓦桥关（今河北雄县旧南关）和淤口关（今河北霸州东）。不料想，大胜之际，后周世宗柴荣忽然暴病，后周军不得不退兵。当时的辽穆宗也号称御驾亲征，其实如果这两个皇帝相遇，辽穆宗根本就不是周世宗的对手。得知后周军撤走，辽穆宗自己也返回上京。此后，南北双方的战争，就是辽国和宋朝打了。等到宋太祖赵匡胤解决了南方几个小国以后，再想经营北方时，辽国的辽穆宗时代已经结束了，辽国再现强势，成为宋朝的劲敌。

由此可见，虽然辽穆宗残暴嗜杀，但是他运气比较好，外部避免了与后周世宗柴荣直接交战，内部又比较安定。

辽穆宗应历十九年（公元969年）的某一天，辽穆宗又喝得大醉，信手杀了一个近侍。杀人之后，他还用刀锉割这个人的尸体，弄得鲜血淋漓。醉眼迷离之际，他指着近侍小哥和平时负责他梳洗的盥人花哥，怒骂道："等我醒后，把你们这两个奴才也杀了……"别的皇帝如果这样骂身边的人，估计他们都不会太害怕。但是，辽穆宗如此说，这两个人知道自己死期不远了。于是，不甘心坐以待毙的两个人，就马上与平时总遭辽穆宗暴打的厨子辛古等人，各拿大小厨刀加擀面杖什么的，忽然冲入殿内，对着辽穆宗耶律璟猛捅死砸，竟把皇帝杀死了，辽穆宗时年三十九岁。

6.景宗圣宗传国祚

辽穆宗死后，他本人没有儿子，所以，辽国政治就出现了真空。这时候，在朝中担任侍中的萧思温首先得知消息，马上和飞龙使女里以及南院枢密使高勋秘密联系，带头拥立辽穆宗的侄子、辽世宗的儿子耶律贤继位。

按理说，辽穆宗被刺之后，他自己没儿子，继位顺序排第一的应该是他的亲弟弟耶律罨撒葛。但是，当时耶律罨撒葛远在西北边疆。这又是怎么一回事呢？原来在辽穆宗应历三年（公元953年）十月，辽穆宗的皇太叔耶律李胡的儿子耶律宛等人谋反事发，耶律罨撒葛也牵涉其中，但是没有直接参与。耶律罨撒葛最明显的罪名，就是向当时的占卜高手魏璘询问吉凶。这个魏璘是当年辽太宗占领汴京的时候从中原带来的一个汉人卦师，在太宗朝、世宗朝、穆宗朝三朝都特别有名。包括先前耶律察割弑帝前也曾经向他占卜吉凶，魏璘当时就说如果行事，只有一日之吉，劝耶律察割应该慎行。日后，耶律宛谋反，辽穆宗审查此案，就把弟弟耶律罨撒葛那个小集团也扒出来，杀了他好几个亲信。但是，毕竟耶律罨撒葛是自己亲弟弟，辽穆宗还是网开一面，只是把他流放到西北做将戍边而已。

继辽穆宗登位的辽景宗耶律贤，字贤宁，生于辽世宗天禄二年（公元948年），是辽世宗次子，生母为怀节皇后萧氏，也就是在辽世宗被耶律察割弑杀后跑去想为丈夫收尸而最终被杀的那个皇后萧撒葛只。萧皇后当时并不得宠，当时得宠的是汉人皇后甄氏。

辽世宗天禄五年（公元951年），怀有身孕的萧撒葛只跟随丈夫南征，恰好在祥古山生下小女儿。就在萧撒葛只皇后坐月子期间，泰宁王耶律察割发动叛乱，弑杀世宗。混乱之中，当时的耶律贤才三岁，惊恐万状。这个孩子被御厨刘解里用毛毡包起来，藏进御营内的一个大柴禾垛里，这才躲过了耶律察割叛军的搜杀。也幸亏耶律察割败亡得快，仅过一夜就被耶律屋质和耶律述律等人收拾了，所以这个三岁的孩子才逃过一劫。两天之内，父母都被杀害，耶律贤一下子就成了孤儿。

辽太宗耶律德光的嫡长子、时年二十一岁的寿安王耶律璟（也就是耶律述律）当上皇帝之后，刘解里马上找出已经被吓得半死的孩子耶律贤。由于当夜受到过度的惊吓，所以耶律贤从小身体就特别不好。

辽穆宗耶律璟继位之后，对这个侄子还挺不错，视为己子，非常爱护。就在辽穆宗遇刺的前夜，耶律贤还拜见过皇帝叔叔。当时辽穆宗还没有喝醉，看到侄子挺高兴，还对他说：

"侄儿啊,你如今已经长大成人,朕可以将朝政交付给你了。"一语成谶,转天夜里辽穆宗就被弑杀了。

据《辽史》的记载,耶律贤和他叔父穆宗遇刺确实没有关系。但也有一些学者从历史中寻找蛛丝马迹,认为耶律贤其实是他叔父辽穆宗遇刺的幕后黑手之一。依据常理,耶律贤从小就没了爹娘,被叔父辽穆宗恩养,肯定是感恩戴德的。辽穆宗继位以来一直好酒嗜杀,国内的贵族宗室也叛乱不断,不少朝廷重臣对他非常失望。而耶律贤非常聪明,又喜欢汉文化,身边聚集了不少文人雅士和智谋之士,肯定教了他不少处世之道。与耶律贤关系最好的是汉臣韩匡嗣,有一次耶律贤和韩匡嗣谈论为政之道,他身边马上有人提醒他不要这样做。冰雪聪明的耶律贤立刻明白,日后再也不在朝中与人谈论政事。毕竟他是先帝的儿子,如果锋芒毕露,难免辽穆宗会对他产生什么想法。

韩匡嗣就是日后大名鼎鼎的萧太后的情人韩德让的父亲。此外,时任飞龙使的女里,是耶律贤父亲辽世宗的旧人,自然与耶律贤感情很深。而时任上京和南京留守的高勋,在辽世宗时曾出任枢密使,掌管过汉军军事,自然也与耶律贤倾心交结。侍中萧思温这个人,八面玲珑,私下也和耶律贤往来甚密。历史中的萧思温,百分之百的契丹血统,属于辽国皇族中的皇后萧氏一系。他的父亲忽没里是辽太祖功臣萧敌鲁的族弟,而萧敌鲁,则是辽太祖皇后述律平同父异母的哥哥。除了上述这些人，耶律贤和当时重要的军事将领、右皮室详稳耶律贤适关系也特别好。

辽穆宗应历十九年（公元969年）二月，喜欢狩猎的辽穆宗亲自射获一头大熊，高兴之余，他又喝得酩酊大醉，当晚就被近侍小哥、花哥以及厨子辛古等人弑杀。没多久，发现皇帝被弑杀，飞龙使女里马上率领五百禁军，与萧思温、高勋等人连夜飞驰，把耶律贤迎到皇帝行宫，推立他继位为帝，即辽景宗，同时改元保宁。

有一个疑点就是，耶律贤继位之后，没有马上去追查那几个刺杀叔父辽穆宗的人，而是马上以宿卫不严的罪名，下令处死辽穆宗的亲信殿前都点检耶律夷腊葛和右皮室详稳乌古里。一直到辽景宗保宁五年（公元973年）底，耶律贤才对外宣称抓住了那六个弑杀辽穆宗的人。由此，后世就有人认为耶律贤是刺杀辽穆宗的真正黑手。其实，杀掉叔父辽穆宗手下的两个军事将领，也是保证自己登基之后的绝对安全，此举并不能说明耶律贤有什么阴谋。至于跑掉的几个刺杀辽穆宗的凶手，逃跑前肯定拿了不少宫内的金银财宝，辽国境土广阔，跑了几年才被抓住也在情理之中。

当上皇帝之后，耶律贤率领一班人马回到上京，大肆论功行赏。他以萧思温为北院枢密使，兼北府宰相，萧思温的三女儿萧燕燕也进宫封贵妃（这位萧美人日后成为皇后，也就是历史戏曲中赫赫有名的萧太后）；南院枢密使高勋有扶立之功，进封秦王；韩匡嗣授始平军节度使、特进、太尉，封昌黎郡开国公；耶律贤适赐"推忠协力功臣"，加特进同中书门下平章事；女里则以翼戴之功，加政事令、契丹行宫都部署。为了安慰耶律宗室，耶律贤晋封辽穆宗之弟太平王耶律罨撒葛为齐王，耶律敌猎为冀王；又改封太叔耶律李胡的儿子耶律喜隐为宋王，耶律喜隐的弟弟耶律宛为卫王；耶律贤还晋封他自己的亲叔叔耶律隆先为平王，耶律稍为吴王，耶律道隐为蜀王。不久，册封贵妃萧燕燕为皇后，晋封皇后之父萧思温为魏王。

从辽景宗耶律贤开始，辽国帝位就一直在耶律倍这一系传承，直到辽国灭亡。包括日后耶律大石的西辽，也是耶律倍的支系。从辽景宗开始，父子相传，遵从嫡长子继承制，彻底完成了王朝传袭的封建化。

至于那个本来和辽穆宗皇位最近的齐王耶律罨撒葛，在辽景宗保宁四年（公元972）就病死了，时年三十九岁。辽景宗对这位嫡皇叔身后事还挺重视，追册耶律罨撒葛为皇太叔，谥号"钦靖"。耶律贤对这位皇叔这么好，也因为他和这位皇叔还是连襟。辽景宗皇后萧燕燕是萧思温的三女儿，而萧思温的大女儿萧胡辇先前就嫁给了耶律罨撒葛。耶律罨撒葛一共有兄弟六人。他排行第二：大哥是穆宗耶律璟，遇刺身死，此人无子；三弟是耶律天德，十五岁就被他的叔父辽世宗以谋反罪名杀掉，无子；四弟是冀王耶律敌烈，有个儿子叫耶律洼哥，但这对父子于辽景宗乾亨元年（公元979年）三月在与北宋军队的白马岭之战中双双阵亡；五弟是越王耶律必摄，后来也病死了，无子；六弟叫只撒古，早在辽太宗时代就夭折了。由此可见，当年在中原干尽坏事的辽太宗耶律德光虽然有六个儿子，到最后却还是绝后了，没有嫡传子嗣留存在世上。

辽景宗耶律贤所在的时代，北方中原王朝已经是宋朝了。北宋开国后，宋太祖一直致力收拾南方小国，除在北汉问题上双方有冲突外，一直和辽国没有发生直接冲突。宋太宗太平兴国四年（辽景宗保宁十一年，公元979年），宋太宗亲征太原，逼降北汉国主刘继元，攻灭了辽国的傀儡政权北汉。而后，宋太宗亲自率军从太原北伐，想收复燕云十六州，结果为辽国大将耶律休哥在幽州高梁河之战中打得大败。宋朝北伐惨败，辽宋关系也正式宣告破裂。辽景宗乾亨二年（公元980年）十月，辽景宗也亲率大军进攻宋朝，并在瓦桥关大败宋军。

辽景宗身体一直不好，他本人还特别喜欢游猎，所以他的正妻萧燕燕就常常帮他打理朝政。辽景宗保宁八年（公元976年）二月，辽景宗传谕史馆学士，在书写皇后萧燕燕的话时，也称"朕"和"予"，基本就是和他相同的帝王待遇。

辽景宗继位后，在国内进行了一系列的改革，为后来他的儿子辽圣宗时的辽国全盛奠定了坚实的基础。辽景宗能够选贤与能，一直任用耶律屋质、耶律贤适、高勋、郭袭、耶律休哥、耶律沙等贤臣良将，同时宽减刑罚，与民休息，纳谏求治，一扫先前辽穆宗时代的暮气，使得辽国重新走向强盛。辽景宗是辽国名副其实的中兴之主。

辽景宗乾亨四年（公元982年）九月，辽景宗驾临云州，在祥古山率领群臣狩猎。这个地方，也是多年前他的父母遇害的地方。不知道是游猎过度致使身体抵抗力下降，还是旧地重游念及父母而导致精神哀伤，辽景宗忽然就得了重病。在祥古山待了八天之后，辽景宗一行人来到焦山行宫，不久辽景宗就崩逝了，时年三十四岁。临终前，辽景宗的皇后萧燕燕和嫡长子梁王耶律隆绪都在他身边。耶律贤留下遗诏，让时年才十二岁的儿子耶律隆绪继位，军国大事皆听皇后萧燕燕之命。

7. 聪睿明主辽圣宗

辽圣宗耶律隆绪的契丹名字叫耶律文殊奴，在位四十九年，是辽国的第六位皇帝，也是辽国在位时间最长的皇帝。

耶律隆绪继位时，年仅十二岁，国家大事其实完全是由他母亲萧太后掌握。当时的宋辽关系很紧张，双方战事不断，总体说来是宋朝败多，辽国胜多。辽圣宗统和二十二年（公元1004年）九月初八，萧太后和辽圣宗娘俩又开始率领大军南征。这一次征宋战争，开始的时候辽军取得了不少胜利，但是到了十一月，辽国大将萧挞凛中了宋军埋伏被弓弩射死，辽军夺气。辽国出兵已久，师老兵疲，而御驾亲征的宋真宗也派曹利用到辽国御营讲和。双方沟通了一段时间，讨价还价，最终宋真宗表示愿称萧太后为叔母，每年给辽国银十万两、绢二十万匹。由此一来，宋真宗和辽圣宗就成了"兄弟"了，双方都有台阶下，宋辽很快签订了澶渊之盟，奠定了宋辽之间一百多年的和平。协议签订之后，辽圣宗下诏诸军解除戒严状态，班师回朝。

辽圣宗统和二十七年（公元1009年）十二月十一日，皇太后萧燕燕在行宫驾崩。从此之后，耶律隆绪才正式亲政。

说起辽圣宗，他这个庙号其实挺扎眼的。从秦汉开始，对于皇帝的尊号很有讲究，从女皇武则天开始，帝王谥号越来越长，因此唐代以后的皇帝就改用庙号来称呼。庙号最早起源于商代，当时有四种：创基立业就叫"太"、功高者就叫"高"、世代祭祀就叫"世"、中兴帝王就叫"中"。而根据《孔子家语·庙制》记载："古者祖有功而宗有德，谓之祖宗者，其庙皆不毁。"由此推知，皇帝的庙号以"祖"和"宗"结尾，有开拓之功的皇帝一般称"祖"，后来有守成之德一般称"宗"。此外，对于帝王还会再拟定一个字的庙号，放于"祖"和"宗"之前。庙号的选字其实并不参照谥法，其中也有褒贬之意。历代庙号中，最为特殊的一个就是"圣"。据中国古代历史文献汇编《逸周书·谥法解》，谥号中并没有"圣"这个字，因为"圣"字往往用来称历史上道德功劳超常的理想人物，所以"圣祖"和"圣宗"这两个庙号，在各个王朝极其罕有。唐圣祖李耳、宋圣祖赵玄朗，都是李唐和赵宋两个王朝编出的祖

第二章 辽

宗，属于神化人物，不是真皇帝。

另外，清代圣祖康熙是我们较熟悉的庙号带"圣"字的帝王。同样有"圣"字的辽圣宗，由于影视作品中提及太少，基本被忽略掉了。耶律隆绪之所以能够被称为圣宗，肯定是取得了不一般的功绩。耶律隆绪在位时，通过治理，把辽国推向了全盛时代。站在辽国的角度上来看，他被尊为"圣宗"确实说得过去。

根据叶隆礼《契丹国志》记载，辽圣宗青少年时代特别喜欢打猎，而萧太后对其管教也很严格，一旦知道儿子身边有人教他玩乐的，萧太后总会把那些人抓起来大棒子伺候，还会把辽圣宗叫过来臭骂一顿。而他平时所穿的御服和所乘的御马，萧太后都会一一过问。有时候一些不得宠的宫嫔也会到萧太后那里哭哭啼啼说辽圣宗的坏话，萧太后耳朵根子软，常听信之，每次都把辽圣宗叫到宫内大骂。圣宗皇帝确实是一个真孝子，每逢母后训斥，向来是跪地匍匐，出宫之后也没有一句怨言。后来萧太后病逝，他也是真心哀痛，好长时间吃不下睡不着，哀毁骨立，每次到萧太后灵前都会哭得呕血。其纯孝之行，和历史上的北魏孝文帝类似。孝文帝祖母冯太后崩逝之后，孝文帝也是如此表现。

辽圣宗受汉文化的影响非常深，平时特别喜欢读汉文书籍，还会用汉字写诗。更让人惊讶的是，他还亲自把白居易的不少作品翻译成契丹语，还召集大臣们对这位唐朝大诗人的作品集体学习研讨。他还特别推崇唐朝的太宗皇帝，对于记载唐太宗时期君臣问答的《贞观政要》非常重视，常常细读细品，认为唐太宗是"五百年来中国之英主"。同时，他也对外声称，先前辽国之敌宋朝的宋太祖和宋太宗，也都是英明皇帝。

辽圣宗在位前期，他的母后萧太后主政，辽圣宗没有太大的话语权。而萧太后干事雷厉风行，诛杀任意，甚至把自己的两个姐姐都给赐死了。

萧太后的大姐萧胡辇，嫁给了辽穆宗的弟弟齐王耶律罨撒葛。但耶律罨撒葛在辽穆宗时期涉嫌觊觎皇位，被辽穆宗发配到西北守边去了。所以，辽穆宗遇刺，他大老远的就没有机会回到京城占取他本来有份的帝位。辽景宗继位之后，对这位叔叔兼连襟还不错。齐王耶律罨撒葛病死，辽景宗还追谥他为皇太叔。所以，萧胡辇在齐王耶律罨撒葛死后就变成了辽国罕有的皇太妃。萧胡辇开始的时候以皇太妃身份率三万兵马镇守辽国西北，确实是替妹妹和外甥辽圣宗安定边疆。但是辽国的女人和宋朝女人在贞操观方面完全不同，她们守寡的概念没有中原妇女那样强烈。萧胡辇接手了丈夫耶律罨撒葛的旧部，又是当今圣上的亲大姨，绝对是呼风唤雨，威霸一方。毕竟当时还年轻，萧胡辇很快就有了新欢。这个新欢名叫挞览阿钵，高大力猛，但身份非常低下，只不过是一个军中的马奴。而且，对于自己这个新欢面首，萧胡辇也不避讳，弄得满城风雨。当

第二章 辽

然，萧胡辇之所以不加掩饰地和马奴欢好，也是因为自己的三妹萧太后在辽景宗死后就恩宠老情人韩德让，还赐予韩德让皇族姓耶律，加封为王爷。但是，人家韩德让那是什么人物，不仅人长得俊美，而且文才武略，样样都行。而萧胡辇呢，她看上的挞览阿钵不过是一个马奴。为此，萧太后派人把挞览阿钵抓了，好大一顿臭揍之后关押起来。岂料，萧胡辇死心塌地爱上了挞览阿钵，不断向三妹萧太后求情。毕竟是姐妹，又都是女人，还是互相理解的，所以，萧太后就把挞览阿钵放出来，还给了大姐萧胡辇。可恨的是，挞览阿钵对萧太后怀恨在心，就一直怂恿萧胡辇在西北谋叛，利用手中的军队自立一国。被爱情蒙蔽了眼睛的萧胡辇还真就兴兵叛乱了。但是，面对萧太后和韩德让这对皇家鸳鸯以及当时辽国的那些能臣武将，这场叛乱毫无悬念地很快就被平息了。事情到了这个地步，挞览阿钵肯定先被诛杀了，不久，萧胡辇也被萧太后以儿子圣宗皇帝的名义赐死。

萧太后的二姐，她的名字在史书上没有明确记载，但嫁给的人却很有名，就是辽太祖的幼子耶律李胡的儿子赵王耶律喜隐。耶律喜隐身材高大魁梧，又擅长骑马射箭，绝对是一表人才。由于他的父亲耶律李胡曾经当过皇太弟，所以他一直觊觎皇位。辽穆宗时代，耶律喜隐就曾经谋反，最终结果是辽穆宗饶了他，反而把耶律喜隐那个一直处于软禁状态的父亲耶律李胡给赐死了。不久之后，耶律喜隐再度谋反，又被辽穆宗投入狱中。辽穆宗遇刺身亡之后，辽景宗耶律贤继位大赦天下。当时的耶律喜隐听说新皇帝有赦令，就自己解除镣铐上朝。这一举动惹得辽景宗大怒，诏令诛杀看守官吏，把耶律喜隐重新投入狱中。同年，辽景宗改元保宁，再度大赦天下，就又看在皇族的分儿上赦免了耶律喜隐，还将皇后萧绰的姐姐萧氏二姐嫁给耶律喜隐为妻。同时，辽景宗恢复耶律喜隐的爵位，改封为宋王。但是，耶律喜隐就是不消停，在辽景宗保宁六年（公元974年）和辽景宗乾亨二年（公元980年）两度牵涉谋反案件。即使如此，辽景宗也没杀他，只是下令给耶律喜隐戴上脚镣手铐，把他囚禁在祖州。辽景宗乾亨三年（公元981年）五月，北宋降卒两百多人在上京忽然发动叛乱，当时他们想要劫持扶立耶律喜隐为帝，但关押耶律喜隐的狱城太坚固了，宋军降卒无法攻入，于是他们就近劫持了耶律喜隐的儿子耶律留礼寿。不久，辽国的上京留守耶律除室攻灭了这些起事的宋军降卒，擒杀了耶律留礼寿。这件事情过后，辽景宗、萧燕燕夫妇觉得耶律喜隐是个祸害，不能再留，就下诏赐死了耶律喜隐。本来，耶律喜隐谋逆的事情和萧家二姐没太大关系，但丈夫被赐死之后，萧家二姐失心疯一样，对三妹萧皇后满心怨毒，竟然在举行家宴之时，准备剧毒的毒药要把妹妹毒死。最终，计划失败，萧燕燕也是怒不可遏，下令处死二姐。由此可见，这萧家姐妹每个人都是性格刚烈，还特别善于"冲冠一怒为蓝颜"。

辽圣宗耶律隆绪亲政后，大力选拔人才，知人善任，关心百姓疾苦，进行了许多改革。同时，他通过多次战争，东征西讨，扩大了辽国的统治区域。而且，为了消除辽国内部的民族矛盾，辽圣宗还在一定程度上实现了契丹和汉人以及其他族群在法律上的平等，实行"准法同科"，在司法程序上取消了"贵贱异法"的贵族特权。在辽圣宗统治时期，辽国国力达到全盛。

值得一提的是，辽圣宗一直看重辽宋两国友好关系。澶渊之盟后，辽宋之间完全成了友好邻邦。根据叶隆礼《契丹国志》卷七记载，宋真宗崩逝消息传到辽国，辽圣宗悲不自胜，马上召集辽国的契丹和汉族大臣隆重举哀，连他后宫的嫔妃都悲泣不已。同时，他对着当时的宰臣吕德懋说："吾与兄皇（指宋真宗）未结好前，两国征伐各有胜负。自从变成了兄弟之国，我们互相友好了二十余年，如今兄皇升遐，他与吾同月生，年纪只比我大两岁，唉，吾又能再活多少年啊！"言毕又哭泣不已。他还表示说，如今继位的侄皇帝年轻（指宋仁宗），自己真怕他年少不知道这种兄弟情谊啊。不久，宋朝告哀的使者到达辽国京城，转达宋仁宗的友好之意。为此，辽圣宗大喜，还对自己的皇后说："你可以先行以你的名义派信使向南朝太后表示吊慰，表达你们之间的妯娌情义。"同时，辽圣宗诏令燕京悯忠寺特置宋真宗御灵，修建资福道场，吊唁百日。他还诏令与宋朝交界的辽军不得作乐。不久之后，一次御宴，他看教坊司有一个官员的升官文书，忽然发现这个人的名字正犯宋真宗名讳,顿时大怒:"汝作为教坊首领,难道不知我兄皇讳字?"立刻拿毛笔把这个人的名字从委任状上抹去。他还下令国内的文武百僚、僧道、军人、百姓等,但凡有人和宋真宗名字犯讳的,必须马上更改。

8. 从辽兴宗到辽道宗

辽圣宗太平十一年(公元1031年)三月,耶律隆绪病重。六月初一,他歇驾于大福河(今内蒙古呼虎尔河)之北。初三,耶律隆绪在行宫驾崩,时年六十一岁,共在位四十九年。

辽圣宗崩逝后,其皇后萧菩萨哥的地位顿时岌岌可危。继位的辽兴宗耶律宗真年仅十六岁,他的生母不是齐天萧皇后萧菩萨哥,而是一名叫萧耨斤的宫女。齐天萧皇后十二岁就嫁给辽圣宗,美而多才,还有巧思,曾主持制作九龙辂、白金浮图等物。萧皇后生过两个儿子,皆早夭。宫女萧耨斤生辽兴宗后,齐天萧皇后马上抱过来当作亲生儿子抚育。

辽圣宗还没咽气,辽兴宗的生母萧耨斤就咬牙切齿,当面辱骂萧皇后:"老娘们儿这回再没人宠你了吧!"她派左右太监把萧皇后软禁起来。辽兴宗继位,萧耨斤自立为皇太后,她就是后世所称的"钦哀皇太后"。这种情况,在汉族皇朝几乎是不可能之事,因为汉礼重嫡统,皇太子继位,仍要尊其父嫡后为皇太后,排名怎么也会在其生母之前。辽国毕竟是草原民族,部落遗风严重,自然新皇帝亲妈权力最大。

萧耨斤主政后,马上让自己的家奴诬告齐天萧皇后的弟弟北府宰相萧锄不里与族人欲同齐天萧皇后谋反,杀掉数人,打击齐天萧皇后的家族势力。然后,她下令把齐天萧皇后押往上京软禁。

辽兴宗虽然是个少年,但已经懂事,他哀求生母:"(齐天)皇后侍先帝(辽圣宗)四十年,抚育朕躬,当为太后。今太后当不成,反而得罪,是否太过分?"萧耨斤驳斥:"此人若在,当为后患。"话里话外充满杀气。辽兴宗无奈,求情道:"(齐天)皇后老而无子,虽在,无能为也。"由此,齐天萧皇后得以暂时不死。

不久,趁辽兴宗外出捺钵巡游,萧耨斤唯恐儿子念齐天萧皇后养育之恩日后再放掉她,就秘密派人去上京杀掉萧皇后。密使到达宣旨,齐天萧皇后表示:"我实无辜,天下共知。卿等我浴,而后就死,可乎?"使者同意。齐天萧皇后入内室沐浴,然后上吊自杀。

萧耨斤当上皇太后以后,大用诸兄弟,卖官鬻爵,杀戮异己,把辽国政治败坏得一塌糊涂。四年之后,她总觉辽兴宗这个齐天萧皇后养大的儿子与自己不亲,就暗中策划拥立自己的二儿子耶律重元为皇帝。

这位兴宗二弟倒不敢造次,暗中把消息透露给大哥。愤恨之下,已经成人的辽兴宗争取了禁卫军的支持,包围并软禁了萧耨斤，然后把她押至辽圣宗墓所软禁。后来，虽然辽兴宗又把亲妈接回京城，但仍心怀戒备，母子嫌隙，至死不泯。

辽兴宗四十岁即病死，萧耨斤丝毫无悲痛之色，反而责怪儿媳崇圣皇后："你这么年轻，干吗如此悲伤！"阴险老妇，连亲生骨肉死掉也不痛心，真乃残忍政治动物。

辽兴宗在位二十四年，曾借元昊攻宋之机，向宋朝索要关南十县，宋朝只得答应每年增十万岁币。总体上讲，辽宋关系仍旧还算不错。因为辽兴宗要元昊停止伐宋，两家闹翻。辽兴宗第一次亲征西夏，十万大军几乎全军覆没。元昊死后，辽兴宗再次亲征西夏，虽然生俘元昊皇后没㖫氏及贵族三十多人，却也没占多大便宜，悻悻而归。除此之外，兴宗嗜好唱戏和打猎，并无特别出格的折腾。他亲策进士，大修法律，进一步汉化，大体还算得上是位"贤君"。

辽兴宗死后，其子耶律洪基继位，是为辽道宗。辽道宗在位四十六年，差不多和他爷爷辽圣宗有得一比。辽圣宗在位四十九年，只比这个孙子多三年。历史记载，辽道宗刚开始继位的时候，名声不错，《辽史》中说他"求直言，访治道，劝农兴学，救灾恤患，粲然可观"。但是，后来他逐渐就开始轻信谗言，佞佛浪费，最重要的是他连自己的皇后、太子也加以仇视和敌视，最终铸成大错。

而辽道宗耶律洪基的皇后萧氏，也是辽国历史上数一数二的大文学家和大诗人。

说到辽国的文化和诗词歌赋，我们先讲讲辽国的文化情况。先前我们说过，辽国是由耶律阿保机于公元916年创立的，其称帝时号其国为"大契丹"（当时中原是朱温建立的梁朝）。辽太宗大同元年（公元947年），契丹主耶律德光灭后晋，备法驾入汴京，建国号"大辽"。耶律阿保机时代，这些留着奇怪发型的契丹人主要是以游牧方式称雄塞北，号"大契丹"；占有燕云十六州之后，不少汉地纳入版图，耶律德光也曾经穿着大袖飘飘的汉帝法服在殿堂上找过感觉，而后"大辽"这一国号就基本沿袭下来。但对于漠北诸族，契丹上层仍沿用"大契丹"这个威风凛凛的国号。辽国之所以自命其国为"大辽"，据说是源自辽水。以"大辽"为国号，一是彰显其祖先不同凡响的神异之处，二是点出族属源流。金国的取名也大抵如此。其发迹处女真语为"阿禄阻"，是金子的意思。其水出金沙，而名之为大金，"犹辽人以辽水名国也"。

契丹人属游牧民族，即使"发迹"后，文化水平也确实不敢恭维。契丹人虽一直和中原汉人打交道，但其语言与大多以单音节词为主的古代汉语大相径庭。契丹语有大量的多音节词，很像现代的西欧诸国语。

辽国流传下来的歌谣诗词，大多以汉字形式保留下来。契丹族人最早是"刻木为契"，是跟"结绳记事"差不多的原始方法。耶律阿保机立国后，才让族人在汉族士人的帮助下创造契丹国文——契丹大字。契丹大字是在增益汉字笔画偏旁基础上创立的，难懂如天书，不能普及。阿保机的弟弟迭剌借用回鹘文，创制契丹小字。契丹小字"数少而该贯"，比较简约易学，确实还通行了不短的时间。即便如此，到了今天，国内外懂得契丹大、小字的专家寥寥无几。现在，辽国古墓常常有出人意料的考古发现，出土器物上也明白地刻有标志墓主人身份的字铭，但专家可识读的很少，整个句子能串通下来的几乎没有。

即便在当时，辽太宗天显四年（公元930年）前后，契丹使臣带着两份以契丹文字书写的书信上呈给后唐皇帝李嗣源，李嗣源东瞧西看，翻来覆去，和满朝文武番汉大臣研究半天也不知上面写了什么。

所以，在电视上看见那么多中外学者围着一块棺材板儿或一块石碑片，眉头紧锁，就暗中为他们叫苦。不怪他们，只怪

第二章 辽

契丹文字太难懂了。至今,契丹大字一千多发音符号中,能识读的只有不到两百个;契丹小字约有五百个发音符号,可识读的也只有一百六十多个。与之相比,西夏文化虽几乎被蒙古人完全灭绝,但存世有不少西夏文与汉文双文的石碑和铭刻,甚至敦煌藏书中还有西夏文、汉文双解字典(现存俄罗斯)。至于契丹文,则根本找不到任何成文成制的依据。

宋朝建立后,和辽国又文又武地广泛交往。辽国当时的汉化也很迅速,市里乡间也有不少人开班授课,讲习汉语。宋使访辽,回来觉得当时的所见所闻很好笑,便赋打油诗一首:"此老方扪虱,众雏争附火。想当训诲间,都都平丈我。"可以想见,一契丹或契丹化的汉人老儒摇头晃脑,在火炉边上边捉虱子边烤火,一旁有几个契丹女人挤在火边取暖,外围不少契丹

《东丹王出行图》

子弟手捧《论语》跟着老师诵读，摇头晃脑，十分陶醉，只是把《论语》中的"郁郁乎文哉"误读成"都都平丈我"。

虽然契丹人读汉语书错字连篇，但亦可见汉化确实是辽人挡不住的趋势。宋朝大文豪洪迈在其巨著《夷坚志》中，记载契丹儿童是这样朗诵贾岛诗的：月明里和尚门子打，水底里树上老鸦坐（鸟宿池边树，僧敲月下门）。

其实，辽代皇族和上层贵族一直就很汉化。辽国奠基者耶律阿保机自己就会说汉语，其长子东丹王耶律倍和辽太宗耶律德光兄弟两人在汉语方面更是能诗能文。当然，这兄弟俩汉语水平还处于中级阶段。

耶律倍被封为东丹王时，袭天子冠服，建元甘露，置百官，仿依汉制建立王国。耶律阿保机死后，耶律倍深知太后母亲意在让皇弟耶律德光为皇，赶忙让避。耶律德光袭位后，很不放心这位皇兄，把耶律倍迁于东平（今山东东平）软禁，广置卫士侦伺其一举一动。为了韬光养晦，耶律倍在西宫起书楼，作《乐田园诗》以避祸。但耶律德光不断施压，中原的后唐明宗李嗣源又数次派人带信给耶律倍让他去"作客"。权衡再三，耶律倍写下那首著名的"小山压大山"的汉诗后，逃往后唐。后唐明宗以天子礼仪欢迎耶律倍，把后唐庄宗的皇后夏氏下嫁给他，先赐其姓曰东丹（因其曾为东丹王），后赐为国姓李，又赐其名为"赞华"，并拜其为怀化军节度使。他的结局前文已交代，不再赘述。

9. 亦有辽人能赋诗

耶律倍确实是个"汉迷",他藏汉书万卷,筑望海楼贮之。此人通阴阳,知音律,精医药、针灸之术。他还善画本国人物,宋代禁宫秘府里藏有他不少画作,宋徽宗就常常把他的画当成学习的样本。但这个人性情"刻急好杀",婢妾微有小过,他都会亲自用刀割刮,或以烙铁烧灼。此种变态心理,估计也和他以太子之尊常受弟弟和母后欺压有关。

辽圣宗耶律隆绪开泰年间喜得传国玉玺,他用很规整的汉语作诗如下:"一时制美宝,千载助兴王。中原既失守,此宝归北方。子孙皆慎守,世业当永昌。"耶律隆绪通汉诗,晓音律,十岁时就能出口成章,有御制歌诗五百多首,只可惜流传下来的很少。

辽兴宗耶律宗真汉语水平也不差,重熙二十四年(公元1055年),宋使来贺节,为了让辽国的司空郎思孝赋诗在宋使前炫耀,辽兴宗自己先赋诗挑之:"为避绮吟不肯吟,既吟何必昧真心。吾师如此过形外,弟子争能识浅深。"臣子怕在宋人前露拙,皇帝自己反而兴致盎然。

辽国皇帝之中,汉诗意境臻至上乘的当属辽道宗耶律洪基。辽国汉臣李俨(曾被赐国姓,又称耶律俨)秋日作《黄菊赋》上呈道宗,道宗览之大喜,文思翩翩,挥笔写下《题李俨黄菊赋》:"昨日得卿黄菊赋,碎剪金英填作句。袖中犹觉有余香，冷落西风吹不去。"

此诗格高调远，意境高妙。李俨原诗早已散佚不闻，而辽道宗此诗至淡至真，挥洒自若，余韵悠长，香生幽间。

辽代诗歌作品，大多见于《全辽文》《辽诗话》，还有一些分散在宋、元笔记中，读下来，觉其佳文不少，且越往后越呈高水准。到了辽末，文人雅士所作诗词，与中原宋人的水平完全可以并驾齐驱，不分伯仲，如王枢《三河道中》所写："十载归来对故山，山光依旧白云闲。不须更读元通偈，始信人间是梦间。"

辽国鼎鼎大名的辽道宗懿德皇后萧观音曾作《十香词》，读之大惊：竟然有契丹女人在一千多年前用如此流利、婉约而又深富文学寓意的汉语词汇写出这样的好诗，不能不让人击节叹赏！

青丝七尺长，挽作内家装。不知眠枕上，倍觉绿云香。红绡一幅强，轻阑白玉光。试开胸探取，尤比颤酥香。芙蓉失新艳，莲花落故妆。两般总堪比，可似粉腮香。蜻蜓那足并，长须学凤凰。昨夜欢臂上，应惹领边香。和羹好滋味，送语出宫商。定知郎口内，含有暖甘香。非关兼酒气，不是口脂芳。却疑花解语，风送过来香。既摘上林蕊，还亲御苑桑。归来便携手，纤纤春笋香。风靴抛合缝，罗袜卸轻霜。谁将暖白玉，

第二章 辽

雕出软钩香。解带色已战，触手心愈忙。哪识罗裙内，销魂别有香。咳唾千花酿，肌肤百和装。元非噉沉水，生得满身香。

细细咀嚼这首诗，婉约风流，无雕砌，多逸思，虽为艳歌，不减雅致。如隔翠玉琉璃观冰玉美人，寒暑流易，遥睹朱颜，令人愀然神往。

萧观音（公元1040—1075年），是辽国钦哀皇太后之弟、枢密使萧惠之女，萧家世为皇后家族。史载，她"姿容冠绝，工诗，善谈论。自制歌词，尤善琵琶"。由于生下皇太子耶律浚，萧观音更是宠逾众妃，为辽道宗的"红颜知己"。

辽国皇帝、皇后家族，作为契丹民族金字塔的塔尖，只以耶律氏和萧氏作为标志，除个别功劳非常大的臣下赐姓以外，耶律氏肯定是皇族，萧氏肯定是后族。"耶律"源自河流名"世里没里"，即今天西辽河上游西拉木伦河。此河周边有世里氏、遥辇氏、大贺氏三个血缘最近的部族，在当时当地最为强盛，号"三耶律"。"世里"和"耶律"，是同义不同译，最终汉译固定为"耶律"。至于萧氏，在耶律阿保机之前似乎就有"同姓可结交，异姓可结婚，以为萧氏"的说法。但最普遍的说法是："太祖（阿保机）慕汉高皇帝（刘邦），故耶律兼称刘氏，以乙室、拔里（两家功臣家族）比萧相国（萧何），遂为萧氏。"阿保机为霸一方，以其妻兄萧敌鲁任北府宰相,所以,一直到辽亡,萧氏后族一直把持宰相之位,确实应了"比萧相国"的说法。辽亡之后,耶律改为"移剌",萧姓改为"石抹"。

作为从奴隶制部族起家的辽人,姓名很有意思,有叫耶律猪儿的,有叫石抹狗狗的,有叫耶律九斤的,还有叫耶律家奴的,甚至有叫耶律驴粪的(叫猪粪的也很多),与近世中国人小名"狗剩""狗儿"等相似,有"名贱命长"之意。此外,由于辽国佞佛,与佛教相关的名字也非常普遍,如文殊奴、观音奴、菩萨奴、道士奴、老君奴、佛奴,还有萧和尚、耶律和尚等名。至于萧观音,一看就是那个特定时代、特定国家的特有姓名。

萧观音四岁就嫁给当时为王子的耶律洪基为妃,真称得上是青梅竹马的一对夫妻。辽道宗继位后,二人伉俪情深,辽道宗即使出外巡游打猎也常常带着萧观音一起去。一次,耶律洪基在伏虎林纵猎完毕,饮酒高会,身为皇后的萧观音即席赋汉诗一首:"威风万里压南邦,东去能翻鸭绿江。灵怪大千俱破胆,那教猛虎不投降!"

锦句出玉口,在座的辽帝辽臣,无不叹服。此诗气势雄浑,彰显出萧观音女中豪杰的豪气和北国女子的飒爽泼辣。

辽道宗清宁九年(公元 1063 年),皇太叔耶律重元与其子耶律涅鲁古在与道宗一同打猎的路上谋反。此时,萧观音临危不乱,主政内宫,展现出巾帼豪杰的风采。耶律重元也是吃饱了饭撑着的主儿。他本是辽圣宗次子,其人眉目疏朗,才勇绝人,寡言少语,是个沉重稳健的美男子。辽圣宗死后,钦哀皇太后喜爱这个小儿子耶律重元,在临朝称制时与数位朝臣密谋立其为帝。耶律重元当时深明大义,竟飞速把此密谋报告给已袭位的哥哥辽兴宗。兴宗高兴,封他为皇太弟,赐以金券誓书。辽道宗继位,册封他为皇太叔,免拜不名,为天下兵马大元帅,荣宠甚盛。

看来,毕竟辽人汉化未到根底,并未认定父子家天下,辽兴宗封其为"皇太弟",应有死后让他袭位之意。到了辽道宗时期,又封他为"皇太叔",就有些让他干等的意思了。如果辽道宗再驾崩,这位"皇太叔"可能就被封为"皇太叔爷"了,等到死也没个头儿。

耶律重元有耐心,他那生性凶狡的独生子耶律涅鲁古却等不及,在秋猎时伙同四百多军将诱胁弓弩手于皇帐外列阵,想把辽道宗干掉。关键时刻,叛兵们悔惧,各自溃奔。被裹胁的耶律重元自知事败,北亡大漠,仰天叹道:"涅鲁古使我至此!"穷惶之下,他抽刀自杀。想当初钦哀皇太后推立他当皇帝,他坚辞不受,其兄其侄父子家天下,皇位坐稳后,他在儿子撺掇下倒有了反心,可见也是个死催的倒霉蛋。

虽然辽道宗有沉迷打猎的嗜好,但如果中间不出个大奸臣耶律乙辛,萧观音和辽道宗夫妻欢好,伉俪情深,又有聪慧贤明的太子耶律濬,辽国皇家应该也不会发生太大的变故。

耶律乙辛是辽国八部之一的五院部人，到他父亲耶律迭剌那辈，家里一贫如洗，部落里都叫耶律迭剌为"穷迭剌"。历史记载中往往以神异事附会帝王英杰，《辽史》就记载了这个辽国第一大奸臣出生时的不少"异兆"。

其一，耶律乙辛母亲怀孕时，梦见自己与一只羚羊相搏，拔其角尾。早晨找巫师解梦，巫师说："这是个吉兆。羊字去角尾为王字，你以后会有儿子封为土爷。"（看来这巫师还是个汉化的巫师。）其二，耶律乙辛早产，从娘肚子里出来时一家人正在移牧途中，无水洗浴。正忧愁间，车轮迹下，忽见涌泉。其三，耶律乙辛小时候放羊，很晚不见他回家。其父迭剌寻找，看见乙辛正在草间睡得舒坦，过去一脚把偷懒的小乙辛踢醒，乙辛大怒说："怎么把我惊醒呢！我刚在梦中见到神人给我吃太阳和月亮，已把月亮吃掉了，太阳也已咬半块入口，你却把我惊醒！"可见此人小时就黠慧，明明梦见吃烧饼，倒骗父亲说自己正吃太阳。

耶律迭剌也很迷信，以为这个儿子不同凡人，从此不再让他牧羊。长大后，耶律乙辛身长八尺，美风仪，相貌堂堂，但这个人"外和内狡"，正有大奸之风。

辽兴宗时，耶律乙辛为文班小吏，掌管太保印章。后得当时皇后抬举，见其风度浑然，如同很有修养的老成官员，慢慢予以升迁。兴宗朝，耶律乙辛已升至护卫太保的官职（卫队总指挥）。

辽道宗继位后，因耶律乙辛是先帝旧臣，被加以宠任，迁为同知点检司事，慢慢迁至枢密副使（副宰相）。辽道宗清宁五年（公元1059年），又为南院枢密使，封赵王。辽道宗清宁九年（公元1063年），皇太叔耶律重元的党羽、驸马都尉萧胡睹姑在朝中树党，想把重臣耶律仁先排挤出朝，让其外放做西北路招讨使。辽道宗也不明就里，很想听从。事前，他顺便征询耶律乙辛的意见。当时的耶律乙辛赌博"押宝"，劝谏道："为臣我新参国政时间不久，耶律仁先乃先帝旧臣，不可遽离朝廷。"这宝果真押正。

皇太叔耶律重元之乱平定后，辽道宗想起耶律乙辛昔日的劝谏，加上他在平乱中的镇定表现，拜其为北院枢密使，进封魏王，并赐号"匡时翊圣竭忠平乱功臣"。

自此，耶律乙辛官运亨通，后又加封守太师。至此，他已经有随意调动军队、任用官员的权力，由此势震中外，贪污受贿。凡是阿谀奉承而投奔门下的，耶律乙辛一概予以举荐升官；凡是禀性忠直而不听话的，一概被他斥出朝廷。

由于辽道宗把国事全权交予耶律乙辛等人，他自己便终日在外打猎游乐。辽大康元年（公元1075年），辽道宗与萧观音所生的皇太子耶律浚开始参预朝政。这位太子爷聪慧美姿容，一时间得到众臣的拥戴和赞赏。大权久掌、已经习以为常的耶律乙辛一下子很不适应，权柄旁移不仅让他感到失落、愤懑，还让他心中充满新君登位后找自己算账的忧虑。想来想去，他就想先找萧观音这位皇后的碴儿,然后顺藤摸瓜,再把仁明聪颖的太子废掉。

10. 皇后偷情后果重

辽道宗统治后期,终日畋猎饮酒为乐,已经对自己这位貌美才多的原配萧观音逐渐疏远。荒宴之余,辽道宗有时还以掷骰子的方式任用大臣,简直拿国事当儿戏。才情归才情,辽道宗也是大才子的风流品性,常冒用萧观音的名义把大臣李俨的老婆邢氏叫到宫里淫乐。(辽道宗亲自在李俨诗后题写诗赋,大概也是出于一丝偷臣下妻子的愧疚吧。不过,邢氏进宫前李俨常常叮咛嘱咐老婆用心把皇帝伺候舒坦,不用操心家里之事。)

深宫寂寞,夜深人静,萧观音灰心之余,也尝试唤起夫君旧情,并作《回心院词》十首,力欲重现二人昔日之脉脉温情、云雨缠绵的快乐时光,想让老公回心转意。

妇人心性,用意良苦,《回心院词》十首与庆贺辽道宗猎虎成功的七言绝句风格大异。从一个侧面,也可见萧观音的艺术才华,既能豪放,亦可婉约。

《回心院词》的句式也为萧观音首创。哀婉之余,萧皇后又自谱成曲,教人演唱,以抒幽怀。

由于曲调幽雅,演奏难度很大,宫中伶人皆知难而退,唯

第二章 辽

独一名叫赵惟一的汉族伶人技法高妙，能把此首幽怨之词演绎得丝丝入扣，荡气回肠。如果这位赵惟一是个女官或是个太监也就作罢，偏偏他是个仪表俊美的小伙儿。

虎狼之年，幽旷已久，闲着也是闲着，这位皇后女作家与赵惟一自然是干柴遇明火，一来二去，就有了鱼水之情。

缠绵过后，萧观音还觉不过瘾，在《十香词》后又手写《怀古诗》一首："宫中只数赵家妆，败雨残云误汉王。惟有知情一片月，曾窥飞燕入昭阳。"

其诗中隐含有赵惟一这个小白脸情人的名字，恋恋之情，不绝如缕。

记述萧观音事件最详细的王鼎是辽国末期的文人，书中的故事大多据他老婆的乳母讲述，《焚椒录》所载也大多为史实。但王鼎认为《十香词》是耶律乙辛派人伪造，并让宫人骗萧观音照抄一遍，哄骗道："此为宋国忒里蹇（皇后）所作，如得皇后御书，即可称为二绝。""（皇）后读而喜之，即为手书一纸，纸尾复书其所作《怀古诗》一首。"——这些皆是王鼎的"想当然"，是小说家的刻意揣度臆测。

宋朝皇后何等人也，汉族女人教养深厚，怎能做出大胆露骨的艳诗？萧观音又是冰雪聪明，怎能中此拙劣的圈套？

"解带色已战，触手心愈忙。哪识罗裙内，销魂别有香。"分明是写音乐家赵惟一与萧观音通奸时的战战兢兢的窘急猴急之状，此诗非萧观音莫属！

通奸之事本末，详见于《全辽文》中耶律乙辛的奏章——《奏懿德皇后私伶官疏》：

大康元年十二月二十三日，据外直别院宫婢单登，及教坊朱顶鹤陈首。本坊伶官赵惟一邀结本坊入内承直（官名）高长命，以弹筝琵琶，得召入内。沐上恩宠，乃辄干冒禁典，谋侍懿德皇后御前。忽于咸雍六年九月，驾幸木叶山，惟一公称有懿德皇后旨，召入弹筝。于时皇后以御制《回心院》曲十首，付惟一入调。

自辰至酒，调成，皇后向帘下目之，遂隔帘与惟一对弹。及昏，命烛，传命惟一去官服，著绿巾，金抹额，窄袖紫罗衫，珠带乌靴。皇后亦著紫金百凤衫，杏黄金缕裙。上戴百宝花簪，下穿红凤花靴，召惟一更放内帐，对弹琵琶。

命酒对饮，或饮或弹，至院鼓三下，敕内侍出帐。（单）登时当值帐，不复闻帐内弹饮，但闻笑声。（单）登亦心动，密从帐外听之。闻（皇）后言曰："可封有用郎君。"惟一低声言曰："奴具虽健，小蛇耳，自不敢可汗真龙。"（皇）后曰："小猛蛇，却赛真懒龙。"此后但闻惺惺若小儿梦中啼而已……

院鼓四下，后唤（单）登揭帐。曰："惟一醉不起，可为我叫醒。"（单）登叫惟一百通，始为醒状，乃起，拜

第二章 辽

> 辞。(皇)后赐金帛一箧,谢恩而出。其后驾还,虽时召见,不敢入帐。
>
> (皇)后深怀思,因作《十香词》赐惟一。
>
> 惟一持出夸示同官朱顶鹤。朱顶鹤遂手夺其辞,使妇清子问(单)登。(单)登惧事发连坐,乘暇泣谏,(皇)后怒,痛笞,遂斥外直,但朱顶鹤与(单)登共悉此事。使忍含不言,一期败露,安免株坐,故敢首陈,乞为转奏,以正刑诛。

千载之下,当时的偷情场景丝丝入微。耶律乙辛虽是大奸臣一个,但让他冒家族被诛的危险捕风捉影,诬称当朝皇后(又是太子之母)偷汉子,想必借他八个胆他也不敢。

落棋虽险,但一出必杀。何者?有实据有人证。辽道宗虽是个爱玩爱酒爱文学的庸君,但绝非是臣下可以玩于股掌之上的傻子。

《奏懿德皇后私伶官疏》细节描写非常到位,且用词用句斟酌再三,笔法老辣,言虽简而意极赅。试想,皇帝每天俗事缠身,写长了,皇帝会心烦看不下去;写短了,皇帝会觉得证据不足,臣下胆敢捕风捉影,诬称皇后偷汉子,没准就把一行上告者推出去斩了。

萧观音女作家脾性,作首《十香词》,暗中赐予赵惟一。赵惟一也是个轻浮不知天高地厚的浪子,手持《十香词》向同事朱顶鹤显摆。肯定出于"同行是冤家"的心理,朱顶鹤劈手夺过萧观音手迹,又派老婆清子追问当时值班的宫女单登。事已至此,不露才怪。

耶律乙辛正千方百计谋陷太子,而太子亲妈萧观音此刻出了这么一档子事,估计耶律乙辛当时高兴得会一下跳起来大叫"天助我也!"

人证,侍婢单登,赵惟一,伶官朱顶鹤;物证,艳诗《十香词》及含有赵惟一姓名的《怀古诗》。

两证齐具,辽道宗大怒,命张孝杰与耶律乙辛穷治其狱。

张孝杰是辽国的汉人高官,曾为进士第一名,官至北府宰相,封陈国公,是汉官中最受尊崇的一位。他也是一个佞臣,注定会和权相耶律乙辛大相表里。加上萧观音一案实情实据,皇帝被戴大绿帽子,水落石出。

人证物证都在,萧观音通奸案最终审结。这位皇后女诗人被赐白练巾绞死,赵惟一则被族诛。这赵惟一胆大心不细,自己被杀不说,连同三宗亲族全都被当成西瓜,闹市开切。

临自尽之前,萧观音乞求面见辽道宗,不许。怨悔之下,遥拜宫禁,作《绝命词》一首。赋诗完毕,自挂东南梁。一缕幽魂,飘向阴间去也。《绝命词》其实也是一首哀怨的"自供状",何者?其中"虽衅累兮黄床"之句,表明女作家确有"偷汉子"之事。

皇后因偷汉子而死,作为皇太子,耶律浚的地位马上岌

第二章 辽

岌可危。除掉萧观音后，耶律乙辛等人仍旧心怀忐忑，因为太子耶律浚并未马上被废掉，还有当皇帝的可能性。宫廷护卫萧忽古等人恨耶律乙辛专权，密谋杀掉他。事发，数人被捕下狱。耶律乙辛的心腹、时为殿前副检点（御林军副指挥）的萧十三乘间对耶律乙辛说："现今太子犹在，民心所向。大王您在朝内基础不深，现在又有诬死皇后的嫌怨。如果太子得立，大王您将如何是好，应该从长计议啊。"

一句话点中耶律乙辛的心头事，他叹息道："吾忧此久矣。"

11. 太子被诬终丧命

辽道宗手下的权臣耶律乙辛等人密谋陷害皇太子，就派护卫太保（御林军支队队长）耶律查剌诬告耶律撒剌等人密谋弑君，迎立太子。这第一次诬告没有成功，查了半天没有任何实据，耶律乙辛及其党羽只得作罢。

按常理，诬告是不小的罪过，何况对象是当今太子。但刚刚过去的萧观音一案使辽道宗很愤怒，明诏百姓众官皆可上言告密，言者无罪。因此，耶律乙辛诸人并未因告发不实而获罪。而且，为了掩饰自己的罪行，只有千方百计证明太子有罪这一条大路可去。

不久，已升为殿前都检点的萧十三又派牌印郎君（仪仗队队长）萧讹都斡亲自到辽道宗面前"自首"："耶律撒剌等人确实想谋反，小臣我也预谋其中，本来是想杀掉耶律乙辛等人，立太子为帝。为臣害怕事发坐诛，所以来自首求活。"

眼见身边平日鞍前马后举仪仗的侍从官首告，辽道宗不由不信，连忙下诏派有司鞫审。在耶律乙辛安排下，被诬众人皆被屈打成招。为了完全打消辽道宗的怀疑，耶律乙辛在有司庭院内"公审"数名犯人。三伏暑天，涉案诸人身负超重的枷锁，身后又有卫士用细绳勒住这些人的脖子，每每到犯人快窒息时才稍稍松手，"人人不堪其酷，惟求速死"。

因此皇帝派来复查案件的太监问这些人还有什么话要说，个个都讲"谋反是实"，别无异辞。惊怒之余，辽道宗派人把皇太子耶律浚囚于别室，命耶律燕哥鞫审。

太子当然连称冤枉，上言道："吾为储君，尚何所求！公当为我辩之。"

但耶律燕哥和萧十三一样都是耶律乙辛死党，伪造了太子认罪的状书，上呈辽道宗。

道宗大怒，诏废太子为庶人，并下令把太子关押在上京。人的感觉就是复杂，从前夫妻伉俪、和美恩爱，辽道宗看见太子肯定是喜欢得不得了；现在绿帽一顶头上撂着，看见耶律浚就会想起他那红杏出墙的母亲。在这样的心理作祟下，太子不能不厄运当头。

母后刚刚以白练上吊而死，心中血、眼中泪皆未干，就已经轮到自己被人一勺烩掉。被押出宫门时,耶律浚仰天叹息:"我有何罪,竟至于此!"

墙倒众人推。气势汹汹的萧十三叱喝这位昔日的皇太子快些进入槛车,随后一脚把门踢上,押往上京。堂堂昔日皇太子,按理说沦落如斯,软禁起来也罢,却被这一帮奸贼以砖石垒砌其囚所,禁止旁人探视。

不久,耶律乙辛害怕太子东山再起,派两个壮士潜入囚所把时年仅二十岁的年轻皇太子活活掐死。此两人为向耶律乙辛复命,还用快刀割下太子首级,装在匣子里星夜驰回给耶律乙辛验察,领取封赏。

太子被杀之后,耶律乙辛的死党、上京留守萧挞得给就上报辽道宗,说太子因病亡故。辽道宗听见儿子死讯,却也悲从中来,想起昔日父子亲密之情,下诏命太子妃返京。耶律乙辛抢先一步,派人伪装成盗贼,在半路杀掉了太子妃,免得她面帝诉冤。

辽道宗时代的皇后案及太子案,尤其是后者,株连甚众,一方面是耶律乙辛等奸臣排挤异见,陷害忠良;一方面也确实是辽国高层的党同伐异之争。朝臣互为朋党,非此即彼,杀来杀去,屡兴大狱,造成巨大的内耗,也是导致辽国最终灭亡的根本原因之一。

又过了两年,辽道宗大康五年(公元1079年),耶律乙辛开始失宠。一次,道宗皇帝出猎前,耶律乙辛奏请留皇太孙于京都。忠于王室的大臣萧兀纳上奏:"窃闻车驾出游,将留皇孙,苟保护非人,恐有他变。果留,臣请侍左右。"

至此,辽道宗忽然转过味来,觉察到耶律乙辛朋党的阴谋,于是带着皇太孙一起外出,并由此开始怀疑耶律乙辛。辽道宗不久大摆銮驾去巡视黑山的平淀,车驾之中回头看,发现有不少官员都点头哈腰地骑马跟随在耶律乙辛的马后,由此心生厌恶。很快,辽道宗下诏把耶律乙辛外派,任命他知南院大王事。不久,又下诏削掉耶律乙辛的一字王爵,改封为混同郡王。

这时候,耶律乙辛心中也害怕。但是看到自己还留有一个郡王封号,稍稍感到安心,就马上入宫谢恩。辽道宗完全没有了往日的信任和亲热,当日就下诏把耶律乙辛再次遣出,改派他主持兴中府事。

辽道宗大康六年(公元1080年),辽国把奸臣张孝杰削贬至安肃州(今河北徐水),等于断掉了耶律乙辛的左膀右臂。辽道宗大康七年(公元1081年),辽道宗下诏把张孝杰削职为民,并以"鬻禁物于外国"的罪名,下诏把耶律乙辛逮捕,将其浑身挂满大铁链,囚禁在来州(今辽宁绥中县北)。

辽道宗大康九年(公元1083年),身陷囹圄的耶律乙辛还不老实,想乘间逃奔宋国,被辽道宗下诏缢死。

公元1101年,辽道宗耶律洪基驾崩,孙子耶律延禧继位,是为天祚帝,改国号乾统。为了替父母报仇,他派人发掘耶律乙辛、张孝杰、萧十三等人坟墓,戮尸解恨。同时,下令族诛这几个人的宗亲，以他们的族产分赐天下。这几个人当中，以张孝杰家中财产最多。他在世时，有一次与亲戚喝酒作乐，说："无百万两黄金，不足为宰相家。"至此，百万两黄金与亲戚宗族一时化为乌有。

话说回头。萧观音以白练自缢后，当时的辽道宗依旧恼怒自己戴了绿帽子，让人把萧观音尸体扒个精光，随便裹个苇席草草埋葬。天祚帝继位后，一方面诛杀诬害自己父亲的诸大臣，一面又把奶奶的尸体刨出，重新洗沐装裹，遍体皇后衣饰，以"宣德皇后"的名号把奶奶与爷爷辽道宗合葬在一处。

后来，辽国被金军攻灭，而金兵非常凶蛮，对辽国契丹人怀有深刻的仇恨，他们攻灭辽国后大毁京城，遍挖辽国皇族陵寝，萧观音的尸身又被刨掘出来，剥去身上金玉，任由牛马践踏。"自古红颜多薄命"，香消玉殒过后，女诗人仍旧不得安生，尸骨竟无安生之地。

清朝风流倜傥一时的王孙纳兰性德惺惺相惜，曾作词追悼萧观音，叹道：

> 六宫佳丽谁曾见，层台尚临芳渚。露脚斜飞，虹腰欲断，荷叶未收残雨。添妆何处。试问取雕笼，雪衣分付。一镜空蒙，鸳鸯拂破白萍去。　相传内家结束，有帕装孤稳，靴缝女古。冷艳全消，苍苔玉匣，翻出十眉遗谱。人间朝暮。看胭粉亭西、几堆尘土。只有花铃，绾风深夜语。

辽道宗耶律洪基 1055 年继位，在位四十六年，至 1101 年才驾崩，时年七十岁。如果像先前辽圣宗那样是个锐意治国的好皇帝，他活到古稀之年肯定是王朝福分。但辽道宗在位日久，沉湎酒色，虽然在写作方面有那么几下子，真正的文治武功却不及格。特别是他统治后期的皇后案、太子案，株连甚众，大臣戮死，从根本上伤了辽国的元气。

耶律延禧估计是承袭了爷爷奶奶的显性遗传，既像萧观音那样能歌善诗，又像耶律洪基一样酷爱打猎，渔色不已。

现在的河北张家口坝上地区，有一个安固里淖旅游区，在辽国时其地名为鸳鸯泊（"安固里淖"蒙古文原意也是"鸳鸯湖"的意思），是辽国帝王最喜欢游猎的地方。

鸳鸯泊美丽似仙境，湖水充盛，草原广阔，走兽成群，飞禽四集。据《辽史》所记，仅此一处，天祚帝在位时就带大队人马来过七次，"捺钵"游猎。

天祚帝耶律延禧身上游牧民族天性难改，很喜欢渔猎。鸳鸯泊湖广八十多里，水面飞禽无数。天祚帝常派成群的卫士以鸣鼓惊吓飞禽，待湖面上方的天空遍布天鹅等禽鸟时，就会亲自纵放一种名叫海东青的猛禽。

海东青是一种隼类猛禽，能够由人饲训，放飞后直飞霄汉，搜寻目标后，会箭一般直落，以利喙啄落天鹅。辽帝左右卫士此时会蜂拥而前，手执尖锐的"刺鹅锥"一阵乱捅，获得第一只鹅头的人会获得丰厚赏赐，皇帝也会"与民同乐"，大

第二章 辽

摆"头鹅宴"。

好玩是好玩,但谁也不曾想那爪白体健的大鸟海东青正是辽国灭亡的"勾命鸟"。

海东青只在当时女真部落出产。深受辽国契丹人盘剥的女真人每年都要大量进献上好的海东青。索贡的辽国使臣"银牌天使"也凶横残暴,以皇使身份到处搜刮勒索,理直气壮地污人妻女,并常常去榷场中强买强卖女真人的贡品,还找乐似的称之为"打女真"。

"仇恨的怒火"暗中蕴积,只待机会炽燃燎原。

辽天祚帝天庆二年(公元1112年)二月,天祚帝大老远地游幸到混同江(今松花江)钓鱼玩耍。依照辽国礼制,四周各部落的酋长此时都要来拜会这位大朝天子。

酒宴之间,天祚帝喝得高兴,命各位头人挨个跳舞助兴,偏偏有个女真酋长完颜阿骨打一脸沉静,推辞不能。大皇帝让小蛮酋跳舞取乐,是天大的面子,阿骨打竟敢说不会跳,简直就是找死。

当其时也,天祚帝的酒劲再高一点或再低一点,一恼一怒一挥手,完颜阿骨打的脑袋肯定在十秒内就会搬家。

估计是天祚帝大老远来游玩,一路心情不错,看见这个黑乎乎的傻大个一脸憨直,也就挥挥手作罢。这下可好,不仅仅是养虎遗患,简直就是留了一个自己王朝的掘墓人。

历史,有时仔细思之,就是大人物们心血来潮的偶然性缔造的,电光石火,一念之差,就可以更改整个历史进程。

辽天祚帝天庆四年(公元1114年)冬天,完颜阿骨打会集周围女真部落,以区区两千五百兵马,一举攻下辽国的宁江州(今吉林扶余)。不久,女真人在出河店(今黑龙江肇源)大破辽国万余正规军。辽天祚帝又惊又怒,率七十万大军御驾亲征。

12. 天祚帝丧亡国祚

辽国的天祚帝亲自率领七十万大军,气势汹汹,前去进攻女真军队。当时,完颜阿骨打只有两万兵,但"女真不满万,满万不可敌",两军相会,女真战士以一当百,锐气正盛,竟把辽军杀得尸横遍野。天祚帝亏得多年打猎练得一身好骑术,一天一夜竟能狂逃五百里。(这一仗,后文讲金史再细讲。)

女真军势如破竹,连打胜仗。辽天祚帝天庆五年(公元1115年)正月,才起兵几个月的完颜阿骨打就建国大金,从一个土酋长摇身变为"金太祖"了,尽有辽河以北土地。

南朝方面,当时的宋朝正是大画家宋徽宗赵佶当皇帝。北有天祚帝,南有宋徽宗,这两个活宝都是顶级艺术大师,在政治上也是顶级的昏庸无能。

无能归无能,宋徽宗一帮宋朝君臣对当年石敬瑭割给辽太宗耶律德光的燕云十六州一直耿耿于怀,本想来个"鹬蚌

第二章 辽

相争，渔人得利"。直到辽天祚帝天庆八年（公元1118年），看见大辽军被金军打得快趴下，就秘密与金国签订夹攻辽国的"海上之盟"（宋朝使者常从山东经海道赴金国密谈，故有此称），双方约定事成后以长城为界，"胜利"后宋把每年给辽国的"岁币"转与金国。

宋国君臣当然不乏有识之士，纷纷上书指明，舍此已经汉化得和宋人差不多的"友邦"，竟和"茹毛饮血"、还处于奴隶制状态下的金国为友，变柔国为强邻，绝非国家之福。

大画家赵佶当然听不进去，大公公童贯等人又一个劲儿地撺掇他"开疆拓土"，于是宋金双方夹击本来就已摇摇欲坠的辽国。

七十万大军溃败之后，本来是正统皇帝的天祚帝只得逃入夹山（今内蒙古中部武川境内），东躲西藏和金军打起游击战。

仓皇败退间隙，天祚帝仍旧不改往日闲兴，还常常带着从人打猎饮酒为乐。天祚帝文妃萧瑟瑟见国事蹙窘，皇帝又畋游无忧，忠臣能将广遭疏斥，便作诗讽谏："勿嗟塞上兮暗红尘，勿伤多难兮畏夷人；不如塞奸邪之路兮，选取贤臣。直须卧薪尝胆兮，激壮士之捐身；可以朝清漠北兮，夕枕燕云。"

诗格虽流于平直，但忠心忧国之气跃然纸上。

久之，见诗词献上天祚帝没什么反应，文妃又上诗一首："丞相来朝兮剑佩鸣，千宫侧目兮寂无声。养成外患兮嗟何及，祸尽忠臣兮罚不明。亲戚并居兮藩屏位，私门潜畜兮爪牙兵。

可怜往代兮秦天子，犹向宫中兮望太平。"

此诗一上，天祚帝恼怒，认为是讽刺自己柔弱无能，听由强臣摆布，恼怒之下，下令赐死文妃萧瑟瑟。

不到十年时间，金军势如破竹，连战连捷，接连攻下辽国上京临潢府、中京大定府（今内蒙古宁城）、西京大同府（今山西大同）、南京析津府（今北京）。虽然辽天祚帝保大三年（金天辅七年，1123 年）完颜阿骨打病死，但金灭辽的势头没有丝毫减弱。其弟完颜吴乞买（金太宗完颜晟）联合西夏，马不停蹄穷追本来想逃往西夏的天祚帝。辽天祚帝保大五年（金天会三年，公元 1125 年），在东躲西逃了五年之后，正饿得大嚼地上肮脏冰雪充饥的天祚帝耶律延禧被金将完颜娄室在余睹谷（今山西应县西）抓住。至此，辽国灭亡。

辽国自耶律阿保机称帝，到天祚帝耶律延禧丧国，共历九帝，当国二百一十年。

天祚帝亡国后，辽国贵族耶律大石建立了"西辽"。

进士，皇帝，这两个词语，本来联系不大。皇帝就是皇帝，进士是皇帝属下，科考榜上的幸运儿，和皇帝这个位置完全挨不上边。但中国历史上，还真有这样的人，不仅是进士，还当上了皇帝，而且是威震中亚的会说汉语的大皇帝。

这个人，就是在契丹辽国灭亡之后，率领一支人马千辛万苦抵达中亚地区的西辽皇帝耶律大石。

在滚滚黄沙弥漫之中，耶律大石驰骋在西域和中亚的万里河山，担负起契丹复国的重任，创造了西辽帝国的神话，使得契丹人的大辽王朝又延续了近百年。

耶律大石是辽太祖耶律阿保机的第八代孙。辽天祚帝天庆五年（公元1115年），时年二十九岁的耶律大石考中进士，成为《辽史》记载中唯一的契丹皇族进士。

不过，到耶律大石当上进士的时候，大辽王朝每况愈下，在位的天祚帝耶律延禧极其昏庸无能。当时，女真族首领完颜阿骨打起兵抗辽。短短几年，强悍的女真铁骑已经把辽军打得抱头鼠窜。

如果不是女真部落在几年内对辽国发起了摧枯拉朽般的扫荡，耶律大石这位出身高贵的宗室子弟，应该在辽国南京一带过着诗词歌赋的儒雅翰林生活。如果不是北宋在关键时刻对辽国背信弃义，这位投笔从戎的诗人应该可以继续率领兵马在幽州一带抵御来势汹汹的金兵。

国事岌岌可危，天祚帝仍然执迷不悟，他杀掉皇子晋王耶律敖卢斡和这位王子的生母萧瑟瑟，致使耶律敖卢斡的姨父耶律余睹举兵反叛，率领大批人马归顺金国，而后，合军攻打辽国南京。

天祚帝闻报后心惊胆战，急忙向居庸关逃窜。途中，天祚帝属下五千名卫士全部溃散，身边仅剩下皇室家属和亲眷三百多人。

慌乱之中，天祚帝率领残部逃入夹山躲避。眼见死狗扶不上墙，一群辽臣在辽国南京拥立耶律淳（天祚帝耶律延禧的堂叔）为帝，耶律大石总管南京军事。耶律淳当上皇帝后，自号"天锡皇帝"。这个辽国，史称"北辽"。

当年五月，宋朝以援辽抗金为名在雄州（今河北雄县）集结，真实目的是想攻占辽国的南京。面对来势汹汹二十万宋军，耶律大石率军奋战，最终在白沟河击退宋军，率军追宋军至雄州，获得大胜。

面对江河日下的国势，耶律大石分析当时形势，劝耶律淳向金称臣，同时与北宋结好。但是，北宋君臣认为当时是夺回燕云十六州的好机会，对辽国不依不饶。

不久，耶律淳病死，其妻萧德妃摄政。宋兵趁机来攻，想再次奇袭辽国南京城。耶律大石指挥辽军展开巷战，再次击败宋军，兵心复振。

辽天祚帝保大三年（金天辅七年，公元1123年）四月，耶律大石率军在奉圣州（今河北涿鹿）龙门壁附近抵抗金军，结果失败被俘。当时，金军统帅完颜宗望没有杀死耶律大石，而是用绳索把他绑住，牵在马前，逼迫他带路，去寻找天祚帝的行营，准备突然袭击。

夹山作为契丹辽国反击金军的大本营，山间有六十多里泥泞地带，女真人曾经多次进军，皆因不知详细路途无功而返。

耶律大石本来以为天祚帝有备，想趁带路的机会把金兵引入埋伏圈。结果，隐匿在夹山之中的辽国御林军完全没有防备。金兵杀到之时，天祚帝的儿子秦王、许王以及许多后妃、公主，连带辎重大车一万多辆，全被女真人俘获。当时，幸好天祚帝正在应州（今山西应县）一带游走，躲过了当场被擒的命运。

天祚帝得知老窝被端，派出军队想在半路邀击金军。结果，白水泊（今内蒙古察哈尔右翼前旗东北）一战，不仅没能雪耻，辽军再次被金军击溃，天祚帝另外一个儿子赵王也被俘。天祚帝狼狈逃窜途中，把辽国传国玉玺也弄丢了。

金太祖听说消息后，特意下诏表彰耶律大石，还将先前俘获的耶律大石的五个儿子都交还与他，给他一名契丹美女，把他调到宗室完颜宗翰手下当官。耶律大石韬光养晦，佯装敬服金国。但他内心对于高官厚禄毫不动心，一心想从完颜宗翰营中逃走。而后，在金军西征途中，乘看守不备，耶律大石带着几个儿子逃入深山。

完颜宗翰发现耶律大石逃走，马上逮捕那位契丹美女询问。因敬佩耶律大石的品德，那位女子闭口不言，刚烈不屈。最终，惹得完颜宗翰（粘罕）大怒，用箭将其射杀。

辽军残部听说耶律大石逃出金营，纷纷来投。耶律大石一路之上收拾残军，大概集结了七千多人，前往夹山与天祚帝会合。

不久，天祚帝见到耶律淳的夫人萧德妃后，大为恼怒，马上下令诛杀萧德妃。同时，他责备耶律大石说："我还没死呢，你怎么敢拥立耶律淳为帝?"

当时,耶律大石镇静地回答说:"陛下您拥有全国军力,竟不能去阻挡一下敌寇,长久以来抛弃国家社稷,远遁不已。即使我拥立十个耶律淳,都是我们的太祖子孙啊,岂不强过乞求金人来宽宥我们的性命?"

一席话,说得天祚帝哑口无言。

一直狂逃的天祚帝看到手下人马渐多,忽然开始膨胀,就想趁机攻击金军,收复燕云地区。得知天祚帝如此异想天开,耶律大石深知这是一条死路。思前想后,深恐日后天祚帝以自己曾经降附金军为借口报复,于是,耶律大石准备脱离天祚帝,再寻复国良机。

一天深夜,耶律大石杀掉天祚帝派来监视自己的北院枢密使萧乙薛,率领手下亲信两百多铁骑,离开天祚帝大营,踏上西行之路,准备找机会恢复辽国。

13. 山穷水尽西行记

当时,西域许多部族和契丹关系密切,一直往来不绝。而且,女真的军事力量还没有到达那里,威胁不大。

辽天祚帝保大四年(金天会二年,公元 1124 年),耶律大石一行向北走了三天,渡过黑水后西行,到达了可敦城(今内蒙古乌拉特中旗西北阴山北麓),驻军于北庭都护府。

当地契丹戍军听说大辽故土已经沦丧，都痛苦不已。同时，看到威名赫赫的耶律大石来到，他们顿时转悲为喜。

耶律大石召集七州长官和当地十八部族首领，在可敦城举行会盟。他激励这些人说："我们大辽祖先历经艰难创下大业，迄今已有九代二百年历史。金人作为我们从前的臣属奴隶，兴兵犯上，逼迫我们的皇帝，残杀我们的黎民，想到这些，我日夜痛心疾首。现在，我仗义西行，借助大家的力量，想方设法剪灭我们的仇敌，恢复大辽领土疆域。如果你们众人之中有人顾念痛惜我们的国家，忧虑我们的社稷，思量与我共同救出君父，就请加入到我的队伍中吧！"

众人感奋，纷纷报名。一时间，耶律大石得到精兵一万多人。他设置官吏，准备仪仗器具，大张旗鼓准备复国。

由此，来自辽国的契丹宗室耶律大石，正式在蒙古高原南部的可敦城建立起自己的根据地，成为乱世之中的漠北之王。

耶律大石靠着自己的契丹皇族身份和政治威望，成为可敦城这块飞地的主人。这个要塞，不仅可以控制西部贸易路线，还是广大草原地区的中心，地形险要，易守难攻。

可敦城附近的这些部落武装，都是由周围各蒙古语、突厥语部落兵士构成的，本来先前他们和辽国的从属关系并不密切。但是，在当时蒙古高原各部族心目中，辽国皇帝依旧是他们的大汗。更重要的是，他们当时还不知道他们的大汗天祚帝已经被金国打成了孙子。

利用这种信息不对称,耶律大石终于在可敦城站稳脚跟。同时,他暗中和西夏结盟,准备北伐叶尼塞河,想先降服黠戛斯人。

黠戛斯部落有所准备,一时间很难征服,耶律大石只得率军脱离西伯利亚地区,翻越阿尔泰山,到达叶密立(今新疆额敏),在那里筑城防守,预备经略西域。

这时候的西域,存在着两个大国。一个是新疆东部的高昌回鹘,一个是新疆西部的东喀喇汗国(葱岭西回鹘)。高昌回鹘历来都与辽国友好,但东喀喇汗国一直和辽国叛依不定。所以,耶律大石首先派人联络高昌回鹘,准备征伐东喀喇汗国。这次西征,由于准备不足,没有成功。

不久,高昌回鹘国王毕勒哥从西夏方面得知辽国被金国攻灭的信息,立刻反过头来攻击耶律大石,并把俘虏的辽国部将献给金国讨赏。

这样一来,金国就下决心彻底解决耶律大石。当时,趁着耶律大石在西域,可敦城守卫空虚之际,金国聚集燕云地区的汉人军队组建远征军,翻山越岭去攻击可敦城。

从燕云地区到可敦城,路程三千多里。进军途中,为了避免和蒙古高原各部落直接作战,金军只能绕路走沙漠沿线。结果,仗还没打,搬运辎重的民夫在路上几乎死尽,辎重丧失殆尽。金国这次以燕云地区汉人军队为主的可敦城远征,彻底以失败告终。

耶律大石也意识到可敦城附近地理环境并不适合立国。于是，以新筑成的叶密立城为根据地，专心经营西域地区。

金天会九年（公元1131年），经过几年的经营，耶律大石已经拥有周围诸部四万户人马。群臣拥耶律大石称帝，上尊号为"天祐皇帝"，建元延庆。

登基仪式上，他深情地对百官说："我与你们行程三万里，跋山涉水，横渡沙漠，日夜艰辛前行。仰赖祖宗福佑，依靠你们众人之力，我得登大位，希望日后我能和你们共享荣耀。"

称帝之后，耶律大石即刻宣布去征讨高昌回鹘。

这次，高昌回鹘国王毕勒哥盼不到金国救兵了，大军临城，他只能屈服。于是，耶律大石向高昌国差遣"监国"，总揽高昌回鹘国内大权，国王毕勒哥沦为傀儡。也正是从这时候开始，西辽的"监国制度"开始确立。

这时候，东喀喇汗国的新可汗易卜拉欣，由于控制不了境内康里人和葛逻禄人的四处起兵，情急之下向耶律大石求救。结果，在耶律大石招安下，许多葛逻禄人和康里人加入西辽部队，使得西辽的军事实力骤增。

耶律大石很快收服了东喀喇汗国，开始向东喀喇汗国派遣监国。

接着，耶律大石第二次出征黠戛斯。这一次攻伐，很快就收服了黠戛斯人。而后，中亚北部的康里人本部部众，也公开宣告归顺耶律大石。

有了康里突厥部族的支持，耶律大石着手准备消灭西喀喇汗国。

人在万里之外，耶律大石依然不忘大辽复国的计划。他集结七万大军，以萧斡里剌为元帅，进行东征，想以军事行动克复契丹人的大辽国。结果，这支东征大军一路上补给艰难，牛马多死，和先前金国攻伐耶律大石的情形一模一样。不得已，耶律大石命令撤军。

此次东征之后，耶律大石深知自己在辽国原地复国无望，只能持续在新疆和中亚开拓新的国土。

于是，耶律大石开始倾力攻击西喀喇汗国。西喀喇汗国这时候自顾不暇，内部也不断有葛逻禄人到处展开攻击。没有办法，他们只好向当时的中亚霸主塞尔柱帝国求救。

塞尔柱帝国一度威名赫赫，曾经打败过罗马和波斯的军队。西喀喇汗国忽然前来求救，说最近冒出来一个"契丹辽国"，塞尔柱帝国的皇帝内心非常轻蔑，集结了十万大军，向耶律大石杀来。

这时候的耶律大石，手下只有两三万军队。但是，他手下还有一支重要的盟军，即西喀喇汗国境内最善战的葛逻禄人。

不出所料，葛逻禄人与塞尔柱帝国一向为仇，所以他们在战场上拼死力战。最终，葛逻禄人和西辽联军彻底击溃了塞尔柱帝国大军，阵斩塞尔柱大军三万多人。由此，耶律大石占领了西喀喇汗国著名的都城——撒马尔罕。

经此一役，塞尔柱帝国由盛转衰，其皇帝桑贾尔很快也被土库曼人操控。昔日强大的帝国，就此分崩离析。

塞尔柱帝国被打垮后，东部最强的大国只有花剌子模国了。在耶律大石势如破竹的攻击下，已经吓破胆的花剌子模苏丹阿即思，竟然连像样的抵抗都没有，派遣使者向耶律大石表示屈服，宣布成为西辽的属国。

两年后，耶律大石积劳成疾，因病驾崩。想当初，他从天祚帝小朝廷逃出时，手下仅有二百人跟从。而到他逝世时，却在中亚地区留下了疆土远大于金国的一个大帝国。

耶律大石逝世之后，中亚诸国以及西亚、欧洲等国家，对西辽后代君主皆称"大石"。正是由于耶律大石和他的西辽帝国，"契丹"这个词语，渐渐演变为西方诸国对中国的称呼。

在俄语、阿拉伯语、拉丁语以及古英语中，"中国"的发音，就很类似"契丹"的发音，这都是受历史上耶律大石的影响。而且，阿拉伯兵书还把火药称为"契丹花"。

由于耶律大石精通辽、汉文字，又是进士出身，他把整个辽国制度搬用于西辽，这个王朝的官方文字和语言也是汉字和汉语。而后，西辽男帝女后统治八十多年。大蒙古国兴起后，西辽夹在蒙古和花剌子模之间，又值被成吉思汗灭掉的乃蛮部王子屈出律以驸马身份篡夺了西辽国政，很快招致蒙古大军进讨。1218年，西辽亡于大蒙古国。

遥想当年，契丹族在历史上人口最盛时达一百多万人，金国灭辽后，契丹成为被统治民族。蒙古灭金后，女真、契丹就都变成"汉人"了。

现在，天津宝坻有耶律各庄，村民多姓刘，正是耶律的汉姓。此外，宝坻又有达子庄、哈喇庄，蓟州有科科庄、律家庄等，皆可能是契丹后裔留存于今的踪迹。

西辽建国后，作为贵族的契丹人在统治初期虽然自己信奉佛教，但并未强迫当地的穆斯林放弃信仰。屈出律篡权后，强制推行佛教，很快就遭到当地人与蒙古人的联合打击而灭亡。此后，剩余的契丹人就慢慢融合于当地民族之中。

那么，到底契丹人有族人遗存至今吗？据说，契丹人唯一未被别族同化的族群，可能仅仅是现在的达斡尔一族。但这仅仅是学者根据达斡尔人的日常习俗、传说故事、崇尚风俗以及通婚礼仪等作出的推测，至今不是定论。

第三章

金

第三章 金

1. 女真满万不可敌

说起金国，我们一定要讲一讲一种大鸟——海东青。这是一种大型猛禽，高一米左右，两翅展开两米多长，体重可达六千克。这种学名"矛隼"的猛禽，头部羽毛白色，胸部羽毛褐红色，尾部羽毛纯白色，喙和爪像铁钩一样硬，飞得又快又高，平时喜欢捕食天鹅、野鸭、兔、狍等禽兽。

中国历史上，特别是辽国各代皇帝，每年春天都在鸭子河（今松花江）附近纵放海东青去捕捉天鹅。捕到第一只天鹅后，辽国皇帝就大摆筵席庆贺，名曰"头鹅宴"。而恰恰是这种在女真语中被称为"雄库鲁"的海东青，最终成为辽国灭亡的导火索。

作为当时东北亚地区最强大的政权，辽国一直强迫女真部族称臣纳贡，每年都派出"鹰使"向女真各部落索取海东青。在海东青日渐稀少难捕的情况下，辽国依旧不断向女真人索要这种大雕。这些如狼似虎的辽国使者到达女真地界之后，为所欲为，穷凶极恶，借机横征暴敛不说，还到处勒索财物，强迫女真部族交出未曾出阁的漂亮女子，肆行污辱。最终，忍无可忍的女真首领完颜阿骨打揭竿而起，率领女真各部攻击辽国。

仅用大约十二年时间，女真人完颜阿骨打建立的金国，就将辽国、北宋这两个当时腐败透顶的王朝彻底攻灭。

辽天祚帝天庆四年（公元1114年）六月，辽国的天祚帝耶律延禧派使臣授予阿骨打节度使称号。当时，翅膀已硬的阿骨打派习古乃等人去辽国，索要逃奔到辽国的女真部族酋长阿疏，借此探听辽国内部虚实。女真使者习古乃回来后，向完颜阿骨打报告说辽国天祚帝荒淫自恣，可以攻而灭之。于是，阿骨打修建城堡，修缮器械，准备南征攻打辽国。

得知女真部族蠢蠢欲动的消息后，辽国的天祚帝命令统军萧挞不野率领契丹、渤海兵共八百多人，进驻宁江州防备。

九月间，女真各部向宁江州进军。各部落兵在来流水（今吉林拉林河南岸）会合，共有两千五百人。盟会上，阿骨打率领兵士祭告天地，大行誓师。他举起一根大梃，激励大家说："你们作战一定要同心尽力，战场有功者，奴婢可以升为平民，平民可以做官，原先有官职的，可以按功劳大小依次晋升。倘若有人违反誓言，身死梃下，家属也不能赦免！"

誓师转天，阿骨打军队到达辽界，猝与辽国的渤海军相遇。阿骨打神武，一箭就射死领军的辽国大将耶律谢十。渤海辽兵顿时溃败，几乎被女真军队全歼。十月，女真兵乘胜攻克宁江州城。随后，阿骨打派人招降辽国统治下的铁骊部渤海人和辽籍的曷苏馆女真部族。这次战役下来，阿骨打俘获大量马匹和财物，胜利回师。宁江州战役后，女真兵由两千五百人增

第三章 金

加到三千七百人。

得知辽军大败的消息,辽国朝廷大为震惊,派出辽国都统萧嗣先、副都统萧兀纳二人,在出河店(今吉林前郭县八郎镇塔虎城)集结七千多兵士,对外号称十万大军,准备一举消灭阿骨打的女真军队。

面对人数比自己多一倍的强敌,阿骨打没有丝毫的畏缩和退避,他决定在辽军还没有完全集结之前,出其不意,主动发起进攻。当时正值隆冬季节,天寒地冻。阿骨打装神弄鬼,以女真部族最相信的萨满教梦卜,来稳定和鼓舞军心。阿骨打说:"我昨天晚上刚躺下,就有人摇我的头,一连三次,我得到了神的暗示。他说:我们连夜出兵,必能大获全胜,否则,定有灭顶之灾!"听阿骨打如此一说,女真士兵士气顿长。于是,三百多铁骑乘风踏雪,直扑出河店的辽军。

第二天拂晓,女真大军已经到达出河店近旁的鸭子河北岸。当时大风扬沙,阿骨打马上派精兵猛打正在破坏冰面的辽兵。辽兵完全没有料到阿骨打军队来得这么快,措手不及,在冰面上被打得纷纷溃败。

这一战下来,阿骨打俘获辽军的车马和粮草不可胜数。最重要的是,出河店大捷之后,阿骨打风头大盛,各路女真武装纷纷来归,他手下的女真兵力,已经超过万人。

"女真不满万,满万不可敌。"——这是当时辽国契丹人当中流传的一句话。也就是说,女真人战斗力非常强悍,如果满一万人,就可无敌于天下!这句话,还真应验了。

不久,女真大军连续攻下宾州(今黑龙江宾县)、咸州(今辽宁开原)后,阿骨打的弟弟吴乞买等人,极力拥戴阿骨打建国。辽天庆五年正月初一(公元1115年1月28日),完颜阿骨打称帝,国号大金,建年号"收国"。

金国建立之后,完颜阿骨打自称皇帝,废除了原来的女真部落联盟制度,确立了皇权统治。但阿骨打没有像先前耶律阿保机建立辽国时那样模仿汉制立太子。金国皇位的继承,仍然保留着推选制痕迹,但实际上金国的政权,已完全掌握在完颜阿骨打家族手中。

金收国元年(辽天庆五年,公元1115年)正月,登上帝位后不到五天,阿骨打就率领金兵踏上了攻讨辽国的征程,想一举夺下辽国的黄龙府(今吉林农安),平定辽河流域。

辽国黄龙府守将见金国大军到来,马上下令放弃益州(今吉林公主岭市双城堡镇),收缩战线,集结于黄龙府地区,共同抵御金兵的大举进攻。由此,金兵一路几乎没有遭遇抵抗,顺利进抵黄龙府城郊,把黄龙府团团围住。守城辽兵见金兵士气高昂,不敢接战,派人向辽国天祚帝耶律延禧告急。

天祚帝耶律延禧闻报大惊,马上派出耶律鄂尔多、萧伊苏、耶律章努等大将,统领十万兵马,对外号称七十万大军,屯结于辽国边境,准备前往增援黄龙府。他自率主力屯兵宁江州,想从侧面牵制金兵。同时,天祚帝还派出使者,以同意金

第三章　金

国作为辽国附属国为条件，与阿骨打议和。

完颜阿骨打看完天祚帝的信件，深知耶律延禧胆怯心虚，就提出两个议和条件：一是归还叛逃的女真部族酋长阿疏，二是将辽国的黄龙府迁移到别的地方。天祚帝和大臣们研究半天，只得答应阿骨打提出的条件。这时候，阿骨打就派人告诉辽国方面，表示自己将很快退兵。辽使回到大营之后，阿骨打立即率部分将领登上山坡，瞭望辽军营寨。辽军阵营内的兵将，得知双方议和成功的消息，完全处于懒怠状态。眼见有机可乘，阿骨打命令部队连夜作好准备，五更造饭，天亮时进攻。第二天一大早，金太祖阿骨打已在辽兵营阵前的高地上摆好进攻阵势。此时，辽兵刚刚起床，忽然看见金兵已经在营前列阵，赶紧去报告天祚帝耶律延禧。

天祚帝耶律延禧没想到金兵会突然进击，慌忙指挥辽军结阵，准备迎击。看到金兵摆下左中右三阵，天祚帝手下的辽国大将摆下相应战阵。阿骨打指挥若定，命令完颜宗雄率金兵右翼攻打辽兵左阵。一阵下来，打得左阵辽军溃退而去。

完颜宗雄见此，马上率得胜金兵迂回到辽兵右阵的后面。但辽兵右阵是辽国精锐，任凭金兵左冲右杀，一直保持阵形不乱。金国大将洛索和尼楚赫见完颜宗雄难以冲破辽兵右阵，马上率部加入，但他们也没能冲乱辽军右阵阵脚。这时候，完颜宗翰请求完颜阿骨打让他率金兵中军前往助战。

金太祖一直驻马观战，他觉得，如果金军硬攻，当时就是把中军派上去也无济于事。于是，他派完颜宗干率领几千人马迂回到辽军阵后，吩咐他假装做出进攻辽军大营的态势。完颜宗干领命，挥军而行。辽兵右阵见金兵欲攻其大营，果然分出一部分兵力前往阻击完颜宗干。完颜宗雄见此机会，立即率领所部金军向辽兵右阵发起猛击。此时，辽国最顽强的右阵忽然觉得左右难顾，阵脚顿时被冲乱。

完颜阿骨打指挥金兵乘势掩杀，辽兵抵挡不住，四散溃乱。金兵穷追猛打，一直追到阿娄冈，辽兵伤亡惨重。这样一来，完颜阿骨打"围点打援"计策得以成功。在扫平黄龙府外围后，阿骨打率兵直捣黄龙府。当时的黄龙府，已经被围困数月，辽国守将耶律宁惶惶不可终日。阿骨打一声令下，金军如潮水一般，推着各类攻城器械杀到城下。由于得知已经没有辽军外援，守城辽兵一触即溃。耶律宁见大势已去，赶忙弃城而逃。

黄龙府是辽国重要的资储聚集地，掌控着辽国的经济命脉。金国兵马占据黄龙府，不仅有政治意义，还有着巨大的经济意义。从此之后，阿骨打兵精粮足，有了与辽国一争高下的本钱。

得知黄龙府失守的消息，天祚帝惊恐无限，即刻率领辽国最精锐的十万大军，出长春路：命令枢密使萧奉先为御营都统，领精兵两万为先锋；余下兵马，分五部为正军，辽国诸大臣贵族子弟千余人为"硬军"，扈从皇帝及群臣作为护卫军；以都点检萧胡睹姑为都统，率三万汉军步骑南出宁江州，携带数月粮草，分道而进。

金收国元年（辽天庆五年，公元1115年）十一月，天祚帝耶律延禧进至驼门，又派遣驸马萧特末等人率数万步骑急趋斡邻泺（今吉林大安南查干湖），最终目的是分进合击，企图一举消灭新生的金国政权。

当时完颜阿骨打只有两万兵马，但完颜阿骨打没有畏怯。他认为，辽兵虽然兵多将广，来势汹汹，但都是乌合之众，将庸兵怯，不足为惧。如果金军主动出击，肯定会战胜辽军。

为了鼓舞军心，他在众将士面前仰天大哭，慷慨陈言："当初，我带领你们起兵，是为了咱们不再受辽国欺压，让我们女真人有个属于自己的国家。没料到，这辽国天祚帝不肯容我，亲自率领大军征讨。我们现在只有两条路：一是拼力死战，转危为安。二是你们抓我一个，献给天祚帝，杀我一族，再投降契丹，或许也能转祸为福！"

金国将士们听了阿骨打如此煽情的演讲，无不愤然泣下，继而群情激奋，决定与辽军展开死战。

2. 走投无路的天祚帝

这次辽帝御驾亲征，亲率各宫帐和三京马步军十万，萧奉先为先锋，有具装骑兵两万，另有东部奚人和渤海人签军骑兵五万、步兵四十万（几乎包括了辽国东部所有的男丁），北部各贵族派出的具装骑兵一千、步骑兵十万,南部幽州汉军骑兵三万,总共七十多万人向先前被金国占领的黄龙府进发。可见,这次大战役,辽国几乎所有的骑兵和东部的男丁都参与了进攻。

金收国元年(辽天庆五年,公元1115年)十二月初,阿骨打亲率两万骑兵进至爻剌(今吉林扶余东南),派遣完颜习古乃、完颜银术可镇守达鲁古城(今吉林扶余西北土城子),他自己率领主力在爻剌,筑垒蓄势,准备随时出击。

这月的初十日,忽然传来消息,辽国御营副都统耶律章奴率手下兵马叛奔上京,想拥立当时人在辽国南京(今北京)的辽国贵族耶律淳为帝。

事起仓促,天祚帝耶律延禧大骇,拥有绝对优势兵力的辽帝竟然无心再战,忽然就放弃了这消灭金军的千载良机,命令大军回撤。

十二日,金太祖完颜阿骨打得知辽军撤退的消息,马上率领主力金军轻装奔袭,在护步答冈(今黑龙江五常西)追上辽军主力。辽军将士一门心思往后撤退,忽然回头看到金军已经开始驰冲横杀,顿时大溃。

护步答冈之战,其实先头辽军都没有和金兵产生接触,仗都没打一次,辽国的天祚帝就忽然宣布撤军,使得辽军内部惶惶然不知道发生了什么事情,个个心生猜疑。显然,不仅天祚帝没有军事才能,他手下的文臣武将也少有能人,出现了明显

第三章 金

的军事指挥错误。如果天祚帝撤退前把部队中的汉军步兵留下断后,他自己率领骑兵有条不紊地先退,应该不会让金军歼灭那么多人。最为关键的是,当金军在护步答冈追上辽军开始发动攻击之后,实际上当时的辽军并不处于下风,毕竟辽军人数太多了。金军和辽军有很大的不同,他们人数少,但都是重甲的冲锋骑兵,而辽军骑兵大多是轻装的投射骑兵。如果辽军步兵有足够的战斗勇气,还是能够有效阻止金军重甲骑兵的冲击的。日后南宋岳飞等人率领步兵大败身披重铠的金军连环马和拐子马就是例证。但是,耶律延禧作为皇帝吓得先行逃跑,这对辽军的士气造成了致命打击。更何况,本来辽国的步兵好多都是临时签军的汉人,这些人事先的战斗训练和战斗经验严重不足,所以被金军重甲骑兵一冲,很快就溃败得一塌糊涂,纷纷缴械投降。

　　即使在辽国步兵溃败的情况下,辽国的那些轻装骑兵还是可以击败追击的金国重甲骑兵的,因为只要有条不紊地后撤,有足够的空间让他们在不断后撤过程中用弓箭消耗金国重骑兵,然后再利用有利地形进行反击,那么多的辽国骑兵完全可以把两万金国追兵打败。原本辽国军队也有一套对抗金军的战术,就是利用汉军重装步兵顶住金兵重甲骑兵的冲锋,这是可行的,因为拥盾持矛的重装步兵本来就是克制冲锋重甲骑兵的,相持之间,辽军那些轻装骑兵可以从两翼不断射箭攻击和消耗金兵的重甲骑兵。所有这些战术实施的前提是,辽国军队不能慌乱，不能随意后撤。

但是，最重要的关头，天祚帝作为辽军的精神象征，竟然先跑了，所以辽国军队意志一下子就崩溃了。由此，金军的追击，也就成了一边倒的屠杀。其实，金军在追击过程中，他们没有重装步兵，而且在开始攻击的时候是用重甲骑兵首先从正面中央突击辽军。完颜阿骨打这种正面突击的方式，先前总是吓退首当其冲的辽军重装步兵。但在攻击开始的时候，由于有皇帝在军中，辽军重装步兵非常卖命，顶住了金国重甲骑兵的突击，而且在短时间内还站稳脚跟与金军重甲骑兵力战缠斗。打到这个地步，金国的重甲骑兵其实还是挺吃亏的，因为冲击到辽国重装步兵人群当中，重甲骑兵的冲击优势几乎就丧失了，马周围的辽国重装步兵身披重铠，手拿长矛刀具，完全可以先攻击金军披有铠甲的马匹，只要那些重装金兵摔下马来，他们笨重的铠甲势必让他们只能躺在地上等着被杀。但金军当时在精神方面占据优势，即使陷入与辽国重装步兵的缠斗，他们依旧抖擞精神，继续往前冲杀。

在护步答冈，女真军队杀红了眼，而且还追上了耶律延禧平时最看重的辽国最精锐的中军，杀得血流成河。在那光秃秃的桦树林里面，到处都是辽国军队中契丹人、渤海人和汉人将士的尸体，鲜血把附近的雪地都染成了红褐色，到处都是辽军失去主人的战马，它们拖着缰绳四处乱窜，辽国伤兵的哀号声，响彻当地。

其实，从这一刻起，大辽帝国的基业，等于就葬送在这冰冷的护步答冈。

护步答冈战役一年后，完颜阿骨打的女真军队又打败了趁着辽国统治力丧失而自立为王的渤海人高永昌，攻陷了辽国的东京辽阳府。

完颜阿骨打率领女真铁骑，带着他手下那帮能臣良将，包括完颜娄室、完颜银术可、完颜宗望等人，很快就越过燕山进入富饶的汉地。金军所向披靡，甚至西入沙漠，和西夏的党项人也发生了第一次军事接触。

护步答冈战役之后，辽国天祚帝耶律延禧弃军而逃的速度还真的很快，他一昼夜疾行五百里，仓皇退回长春州（今吉林大安东南塔虎城）。

护步答冈战役是中国古代战争史上以少胜多的著名战役。金太祖完颜阿骨打在敌强我弱的情况下，抓住有力战机，果断与敌决战，重创辽军主力，从局部抗辽转向了对辽国的全面进攻。

此战之后，阿骨打加号"大圣皇帝"，次年改年号为"天辅"。天辅元年（公元1117年），金国大将完颜杲（斜也）率领金兵一万攻取泰州（今黑龙江泰来），大将斡鲁古等人攻占显州（今辽宁北镇）。不久，附近地区辽国的乾、懿、豪、徽、成、川、惠等州，相继投降。

事情发展到这个地步，辽国灭亡大势已定。

听闻金国节节胜利，宋朝派使臣到金营，暗中约定夹攻辽国。此时，辽国也派使臣来和金国议和，天祚帝表示要封阿骨打为"东怀国皇帝"。对此，阿骨打只是一笑，继而对群臣说："辽人屡败，此时遣使求和，只是缓兵之计，我们要继续攻讨！"

金天辅四年（公元1120年）四月，金兵向辽国上京进发。出发之时，阿骨打让辽国使者耶律习泥烈和宋朝使者赵良嗣随军而行。金兵抵达上京城下，阿骨打亲自督战。金军从早晨发动进攻，不到中午，就攻克上京城。辽国上京留守萧挞不野率众投降。金军的这次进攻，给宋朝使者赵良嗣留下了深刻的印象，宋朝得以知晓这些女真族士兵骇人的战斗力。攻克上京之后，金军胜利班师。至此，辽国疆土已被金军攻占过半。

金天辅五年（公元1121年），辽国都统耶律余睹投降金国。从这个辽国投降的宗室口中，完颜阿骨打进一步得知辽国国内混乱空虚，决定再度发兵。

于是，完颜阿骨打命令完颜杲为内外诸军都统，以完颜昱、完颜宗翰、完颜宗干、完颜宗望为大将，统领金国大兵继续进攻。阿骨打非常明确地告知诸将，这次攻伐的目的就是要夺取辽国全部领土。

金天辅六年（公元1122年），完颜杲攻下辽国中京（今内蒙古宁城大名镇），进据泽州（今河北平泉）。

到了这个地步，辽国天祚帝更加进退失据，于是就逃往鸳鸯泊（今河北张北县安固里淖）。完颜杲和完颜宗翰分道向鸳

第三章 金

鸳泊进击。天祚帝又逃往辽国西京。

金兵马不停蹄，很快就攻占了辽国的西京，进而招降了附近的天德（今内蒙古呼和浩特东）、云内（今内蒙古土默特左旗东南）、宁边（今内蒙古准格尔旗东南黄河西）、东胜（今内蒙古托克托）等州，还擒获了先前逃奔辽国的女真纥石烈部酋长阿疏。

说起这个阿疏，有好长一段故事。在辽寿昌二年（公元1096年），当时身为完颜部落酋长的完颜盈哥（完颜阿骨打的叔叔）得知女真部族中的纥石烈部落酋长阿疏准备要跟他对抗，于是他率领手下向纥石烈部落发动攻击，打得阿疏逃亡到辽国首都临潢（今内蒙古巴林左旗），向辽国皇帝控诉完颜盈哥对自己的攻伐。作为宗主国，辽国朝廷马上命令完颜盈哥从纥石烈部落撤退。当时，完颜盈哥手下没有多少军队，只好接受辽国的命令。日后，女真部族羽毛日渐丰满，他们就把辽国藏匿女真"逃犯"阿疏看成辽国对女真部族犯下的最大罪恶。所以，完颜阿骨打和辽国的十多年血战，每次他对部落士兵训话或者派遣使者到辽国问罪，都要把阿疏这个人搬出来，而且两国交往的信中，每次都有阿疏的名字。金国一直坚持说，辽国只有把阿疏交出来，金辽两国才可能和解。辽国的天祚帝基于对大辽手下藩属酋长的责任和义务，每一次都对金国交出阿疏的要求加以拒绝。所以，表面上看，这个女真部族的逃亡酋长似乎成了金辽和战的一个关键人物，好像金国对这个同族有着不共戴天的仇恨。但是，等到辽国崩溃，金国军队真把阿疏抓到手后，竟然只把他按在地上打了几板子屁股，马上就释放了。后来，金国人也爱逗阿疏，问"你是谁啊"，阿疏每次也都幽默地自我介绍说："我叫'破辽鬼'。"

在金军追击下，走投无路的天祚帝只能继续撒丫子狂奔，逃入夹山躲避。

得知金兵大胜的消息，完颜阿骨打在朝中设宴，与群臣大加庆贺。当年六月间，金太祖完颜阿骨打亲自领兵自上京出发，追击辽国天祚帝，一直追到大鱼泊（今内蒙古查干湖）。十二月，阿骨打率领完颜宗望、完颜娄室等部大军，向辽国南京（今北京）进发。这时候，北宋军队自燕京南路配合金军攻打辽国。而在燕京的辽国小朝廷（北辽），刚刚当上"皇帝"没多久的耶律淳病死，他的"皇后"萧德妃仓皇出逃。得知金国大军前来，燕京城内的辽国汉臣赶忙开城门迎降。完颜阿骨打进入燕京城，接受辽国投降官员们的朝贺。

在冷兵器时代，完颜阿骨打初起抗辽的时候，手下仅有八百多人。就是靠着这些人，竟然最终攻灭了契丹辽国这样一个幅员万里的大帝国。

金天辅七年（公元 1123 年），金兵将燕京的工匠和财宝等掳掠一空。完颜斡鲁、完颜宗望等继续追击天祚帝。金太祖领兵回师。同年八月，金太祖在返回上京的路上病死，时年五十六岁。阿骨打死后，其四弟完颜吴乞买（完颜晟）即皇帝位，是为金太宗。

完颜阿骨打非常痛恨辽国，但对宋朝比较和善。攻陷燕京之后，他还按照事前的约定把"燕云十六州"中的燕京、涿州、易州、檀州、顺州、景州、蓟州给了宋朝。其中的景州虽在长城之内，但其实并不属于石敬瑭割给辽的燕云十六州之一。而易州是辽统和七年（公元989年）夺自宋朝之地，也不算作十六州之一。

3. 从金太宗到金熙宗

金太宗完颜晟是金太祖完颜阿骨打同母弟，在金太祖建国过程中，出力极大，曾经力劝完颜阿骨打称帝，建立金国。金太祖建国之后，就委任他为"谙班勃极烈"，这是女真语，翻译过来就是"首席大臣""储嗣"的意思。

继位之后，完颜晟改元天会，以同母弟弟完颜杲为谙班勃极烈，任命金太祖的庶长子完颜宗干掌管国政，以金太祖的次子完颜宗望和宗室完颜宗翰掌管金国军事。

金天会三年（公元1125年），辽天祚帝在逃亡途中被金国大将完颜娄室生擒活捉，辽国灭亡。辽国灭亡之后，西夏转而向金国称臣，由此，金国在西部和西北部不再有后顾之忧。同年十月，金太宗任命谙班勃极烈完颜杲兼领都元帅，率军分两路南下攻伐北宋，诸路金军共围汴京，吓得当时的宋徽宗赵佶赶忙传位给宋钦宗赵桓，自己急忙南逃。宋钦宗继位后，金兵又大败宋朝各路勤王之兵，吓得宋钦宗赶紧割太原、中山、河间三镇之地给金国，还答应增加岁币。心满意足之后，金军退师。没过多久，完颜宗望等人渡过黄河，再围汴京，最终灭亡了北宋。金天会五年（公元1127年）二月，金太宗又扶立张邦昌为傀儡皇帝。

此后，金太宗对南宋的战争连年不断。金天会五年（公元1127年）冬，金太宗派出完颜宗翰等诸将分征河南和山东。同时，金太宗下诏金军将帅马不停蹄地追击在扬州的宋高宗赵构。金天会六年（公元1128年），完颜宗翰派遣完颜娄室攻取陕西。同年二月，金军杀到扬州，吓得宋高宗仓促渡长江，而后步步后退，从建康（今江苏南京）、镇江一路狂逃，最后抵达杭州。金天会八年（公元1130年）三月，完颜宗弼（金兀术）与宋朝大将韩世忠战于镇江，但出师不利，在黄天荡（今江苏南京东北）差点被韩世忠全歼。其后，金太宗命令金军把主要战场转移到陕西地区。完颜宗辅等人的金军在富平大败南宋名将张浚，占领了陕西五路。金天会九年（公元1131年），完颜宗弼进攻和尚原（今陕西宝鸡西南），结果被南宋名将吴玠、吴璘兄弟击败。这一次战役是宋金战争中金方最大的一次败仗。金天会十一年（公元1133年），完颜宗弼猛攻仙人关（今甘肃徽县东南），又被宋朝大将吴玠打败，从此金军不敢再图蜀地。

第三章 金

金太宗当时最终目的就是要灭掉南宋，所以他又派完颜宗辅和完颜昌为左右副元帅，与伪齐刘豫的兵马合兵渡过淮河，准备一举消灭南宋政权。金天会十三年（公元1135年）冬，金太宗病重，不久之后在上京病逝，终年六十一岁，在位十三年。金太宗生前本来想把帝位传给自己的儿子，但立刻遭到金国许多宗室和大臣的反对。金国早先的传统观念非常深刻，金太宗不得已就以兄长金太祖的长孙梁王完颜亶任谙班勃极烈。完颜杲已在金天会八年（公元1130年）病死。

金太宗这个人的长相，根据最早频频前往金国的北宋使节许亢宗记述，特别像宋太祖赵匡胤。北宋和金国当初一起合计灭亡辽国，双方的关系特别不错。作为北宋特使，许亢宗在金国境内餐餐有酒，程程赐宴，到处受到热烈欢迎。在金国上京城中，许亢宗和金太宗喝过许多次大酒，比如"御厨宴""换衣灯宴"，而且金国人特别爱饮酒，能饮酒，从三巡、九巡一直喝到完全断片儿。所以，宋使许亢宗绝对是从最近距离看到金太宗长相的宋朝人。他从金国出使回到宋朝之后，就公开对别人说金太宗的样子非常像宋太祖。当然，许亢宗不可能见过宋太祖活人，但宋太祖的画像我们至今都能见到，而且宋朝的写真非常精妙，金太宗的样子应该和画像上的宋太祖相类似。

北宋灭亡、宋高宗南渡之后，北宋遗民和南宋老百姓也都听过金太宗和宋太祖面容相似这个传闻，而且，似乎宋高宗赵构也没有在南宋境内严禁这个类似政治谣言的传闻。宋朝人根据因果报应理论，就私下认为宋太祖转世成金太宗，就是为了灭弟弟宋太宗的子嗣而报往昔弟弟宋太宗对自己的弑兄之仇。宋高宗晚年因为生理残疾一直没有儿子，又怕自己的父兄徽钦二帝回来和自己争夺帝位，他索性彻底否认了自己这一太宗系的帝位传袭，找了一个宋太祖的直系后代做皇太子。为此，很可能宋高宗赵构也利用了当时民间宋太祖转世成金太宗的这个传闻。

金太宗完颜晟晚年时，改变金太祖完颜阿骨打时期开始的兄弟继承制的惯例，立太祖孙完颜亶为皇位继承人。金天会十三年（公元1135年），金太宗去世之后，完颜亶即位，为金熙宗。金熙宗生于金天辅三年（公元1119年），金天会十年（公元1132年）就已被金国贵戚大臣们确立为储君，当时只有十三岁。

完颜亶继位前的老师一直是汉人文士韩昉，完颜亶能用汉文赋诗作词，平时还喜欢穿着汉族儒服。继位以后，完颜亶也特别喜欢学习汉文典籍，还以唐朝的明君唐太宗为榜样。金熙宗继位的时候还是一个少年，所以当时金国国政其实掌握在几个高级女真贵族手中，他们都出身宗室，在金国地位一直显赫，是具有终身职务的几名"勃极烈"元老。他们之间的派系斗争非常激烈。

勃极烈制度其实是金国初期奴隶制氏族残余形态的贵族议

井陉柿庄金墓中的壁画捣练图,具有浓厚的生活气息

事制度,皇帝依赖勃极烈等高级官员参与的议事会来裁决国家事务。金建国初期,国家疆域很小,勃极烈贵族会议的职能能够得以发挥。随着金国疆域越来越大,勃极烈制度就显现出低效率,而且几个任勃极烈的宗室大臣之间的职责也没有明确的分工,互相掣肘,最终造成国家机器的无序运转。在勃极烈制度之下,国家大事的最终裁决权取决于几个参与勃极烈会议的宗室贵族,经过他们共同点头,一件大事才可以在国内施行,金国皇帝的个人意志在国政中起不到决定性的作用,这种制度大大影响了金国国家封建化的进程。金熙宗继位之初,在手下几个汉化贵族和汉人文士支持下,就颁布诏令,参照唐、宋以及辽国的模式,在金国推行三省六部制。在皇帝之下设三师,

这所谓的三师就是太师、太傅、太保；三师位高无实权，其实是用来安置位尊权重且年龄大的宗室贵族大臣的。同时，在尚书、门下、中书三省之上，又设置领三省事一职，这个职务也没有实权。金熙宗君臣就是想通过这样的改革，把军权和行政权进行分离，把一些势力庞大的军事贵族安插在这种清贵的行政衙门，暗中剥夺他们的军权。由此，可以把金国的军事大权收归中央。

在金国的三省制度中，以尚书省为新的行政中枢机构，中书省和门下省的长官都由尚书省官员兼任。尚书省的最高长官称为"尚书令"，其下设左、右丞相及平章政事。金熙宗天眷元年（公元1138年）八月，金国朝廷正式颁行新官制。经过这一系列的改革，大大加强了皇帝作为最高统治者的权威，同时提高了金国的行政机构运作效率。金熙宗汉化改革前后大概用了十年的时间，对金国的宗庙、社稷、祭祀、尊号、朝参、车服、仪卫以及宫禁等多方面都进行了全面改革。特别重要的是废除了从前女真部族传统的兄终弟及继承方式。金熙宗皇统二年（公元1142年）三月，金熙宗将儿子济安立为皇太子，正式确立了父子相传的金国皇位世袭制。这一革新，对金国皇权的加强有着重要的意义。

金熙宗十三岁被立为储君，当时的他在金国宗室贵族眼中"宛然一汉家少年子"，从服饰到语言，他的汉化程度相当深，而他的汉人老师韩昉也一直在刻意培养这位金国未来的君主。

继位之后，韩昉和宇文虚中两个大臣成为金熙宗班底中的核心人物。从天会年间开始，韩昉对金熙宗的教育内容主要是要这位少年向盛唐的明君借鉴和学习。

《金史·熙宗本纪》里面记载着金天眷二年（公元1139年）六月金熙宗和他老师韩昉的一段对话。金熙宗说："朕每阅《贞观政要》，见其君臣议论，大可规法。"韩昉回答说："（这种情况）皆由太宗温颜访问，房（房玄龄）、杜（杜如晦）辈竭忠尽诚。其书虽简，足以为法。"金熙宗又问："太宗固一代贤君，明皇何如？"韩昉回答说："唐自太宗以来，惟明皇、宪宗可数。明皇所谓有始而无终者。初以艰危得位，用姚崇、宋璟，惟正是行，故能成开元之治。末年怠于万机，委政李林甫，奸谀是用，以致天宝之乱。苟能慎终如始，则贞观之风不难追矣。"由此可见，韩昉灌输给金熙宗的一贯理念，就是作为君主应该"惟正是行"，对臣下"温颜访问"，更重要的还是"慎终如始"。可以想见，刚刚继位的金熙宗确实想成为儒家学说中标榜的治世明君。

虽然从少年时代起就立志要成为治世明君，但金熙宗登基的时候虚岁才十七岁，当时的金国国内高层政治形势使得他根本没有实现政治理想的机会。金熙宗之所以得立为金国的储君，最初主要是因为宗室完颜宗翰的建议。完颜宗翰力劝金太宗不立弟、不立子，而最终立金熙宗为储君，其实他自己是出于私心，就是觉得这位新皇帝金熙宗"幼小易制"，拥立金熙宗就可以在政治上排挤金太宗的儿子完颜宗磐，从而达到他自己专权的目的。金熙宗继位之初，金国朝政基本掌握在完颜宗翰和完颜宗磐两个人手中。但两年半以后，完颜宗磐一系却占据上风。在处决了完颜宗翰的死党高庆裔等人以后，金熙宗又剥夺了完颜宗翰的权力，最终把完颜宗翰软禁至死。至此，完颜宗磐一系开始掌握朝政，作为皇帝的金熙宗的权力并没有增加。又过两年，金天眷二年（公元1139年）七月，完颜宗磐也被杀，从此开始，金国的朝政由金熙宗的养父完颜宗干所掌握。金熙宗对养父完颜宗干感情很深，所以也不好自己拿回权力。过了一年多之后，完颜宗干病死，但金国的朝政又被宗室贵族完颜宗弼控制。所以，金熙宗当皇帝之后的最初几年，基本都是权臣秉政，长期的忍耐和期待使他产生了深深的抑郁。特别是完颜宗弼当权后非常强势，金熙宗由此开始酗酒成性，以排遣巨大的心理压力。

金熙宗在位初年，朝中大臣分成保守派与改革派。在政治上保守的那一派又分为三个小集团，第一个小集团的首要人物是完颜宗翰、完颜希尹，第二个小集团是完颜宗磐、完颜宗隽、完颜昂，第三个小集团是完颜昌（挞懒）、完颜鹘懒。这些人之间争权夺利，互相之间都有矛盾，但他们倒有一个共同的特点，就是都反对以金熙宗养父完颜宗干以及完颜宗弼为首的提倡汉化改革的一派。最终，金国保守派在政治斗争中逐个失败，除了完颜宗翰不是显诛之外，其他几个人都是以谋反的罪名处死的。完颜宗磐、完颜鹘懒是金熙宗堂叔，完颜宗隽是金熙宗亲叔，完颜晕、完颜昌都是金熙宗叔祖。作为皇帝，金熙宗当然清楚这些亲戚肯定不是真正的谋反者，但他们作为政治斗争中的失败者，只得接受被杀的命运。而且，批准处死这些亲族的诏书，还都是金熙宗亲自签发的，肯定会在他心里投下浓重的阴影。

4. 终日醉酒频杀人

金国高层频繁血腥的屠杀和政治抱负不能伸展的压力，使得金熙宗由一个励精图治的青年，最终变成一个终日酗酒、残忍暴虐的疯子。

在政治观点方面，金熙宗从理智上肯定认同完颜宗干和完颜希尹的做法，但从感情上他和完颜宗磐的关系也很不错。金熙宗六岁时就失去了父亲，当时作为金熙宗叔父的完颜宗干就依女真人收继婚的惯例娶金熙宗生母，成为金熙宗的养父。别看是金熙宗的养父，完颜宗干非常照顾金熙宗，对他的关怀远远超过他自己的亲生儿子完颜亮等人。所以，完颜宗干去世之后，金熙宗多次悲不自胜，痛苦不已。而在金熙宗继位初期，完颜宗干为在金国国内推行汉化改革政策，一直忍辱求全，甚至多次当朝被完颜宗磐拔刀相向。对此，当时并无实权的金熙宗也无力出面维护他最敬重的养父。所有这些，都在早期造成金熙宗心理上的愤懑与压抑。完颜氏的宗室亲王，包括金熙宗的诸位叔祖与叔伯，非常顽固地反对金熙宗的汉化改革政策，而且一再在大庭广众之下侮辱金熙宗最敬重的养父完颜宗干，最终也造成金熙宗在内心非常痛恨这些宗室亲王们。实际掌权之后，金熙宗便"屡杀宗室"。

在那些因循守旧的女真贵族眼中，金熙宗自少年时代养在完颜宗干家里，就是"宛然一汉家少年子"，这就导致了金熙宗从青少年时代起就有心理认同危机。在汉人韩昉教育下，金熙宗从青少年时代就认真学习汉人的语言文字、诗词歌赋、书法绘画以及服饰穿着，甚至平时的娱乐，如斗茶、焚香、下围棋、下象棋等，也完全是汉人文士的游艺方式。可是，金熙宗继位之后，进入宫殿朝廷，他面对的却是许许多多宗室权贵竭力保持女真旧俗的大环境。辅政的完颜宗翰曾发布命令强硬地表示："今随处既归本朝，宜同风俗，亦仰削去头发，短巾左衽，敢有违犯，即是犹怀旧国，当正典刑，不得错失。"所以，和日后的清朝一样，金国在汉族聚居地区一度强制汉人改为女真习俗，敢有穿着汉服和不剃发的都要处死。女真旧贵族把金熙宗看成是"汉家少年子"，金熙宗本人心中也视这些宗室贵族为"无知夷狄"，把他们看作是不开化的野蛮人。但金熙宗身上的女真血统，却又使他无法完全在心理和文化上认同汉族。

金熙宗继位后，依汉族的传统观念，君主与臣下之间自然不便再进行类似的游艺活动；女真人虽然不存在这种观念，但却很少有人懂得这些汉族传统的游艺活动,所以,我们看《金史》中金熙宗的一生作为,始终还保持着女真人"春水"的出猎习惯。即使在内心深处蔑视这些女真人的传统,但为了便于自己的统治,他也只能和这些"无知夷狄"们一起用女真的传统方式进行娱乐。所有这些内心深处的矛盾,势必会不断加重金熙宗的心理压抑。

从今天心理学角度看历史上的金熙宗,或许能够理解他当时的好多变态行为。毕竟内心的痛苦无法用娱乐和权力来驱散,也无法向一般人倾吐而得到缓解,他最好的消愁方式就是酗酒。到了金熙宗晚年,他"日与近臣酣饮,或继以夜,莫能谏之"。美酒虽然能够使人沉醉放松,暂时地忘记一切烦恼,但同时却能够极大地破坏人的神经系统,最终导致心理变态。

有一句话叫"有的人以一生来治愈童年",金熙宗也是这样。金熙宗自幼生活在养父完颜宗干家中,虽然养父对自己很疼爱,但毕竟幼年金熙宗一直处于完颜宗干那种一夫多妻的特殊家庭环境中,所以,他的幼年和童年时代应该很难享受到真正的家庭温暖。长大之后,金天眷元年(公元1138年),时年虚岁二十的金熙宗立裴满氏为贵妃,正式开始自己的家庭生活。其实裴满氏早在金熙宗还没有继位之前,就已嫁给他为妻。这对夫妇,开始的时候应该还是生活挺美满,感情很恩爱的。金天眷元年(公元1138年)十二月二十五日,金熙宗又晋封裴满氏为皇后,任命裴满氏的父亲忽达(一作胡塔）为太尉，还追赠裴满氏的曾祖父完颜杲为司空，祖父完颜鹘沙为司徒。金皇统元年（公元1141年）正月初十日，金熙宗接受大臣们给自己上的"崇天体道钦明文武圣德皇帝"尊号，同时册封裴满氏为"慈明恭孝顺德皇后"。金皇统二年（公元1142年）二月二十四日，裴满氏在天开殿生下皇子。此时金熙宗二十四岁，忽然喜得皇子，又是正妻皇后所生，高兴异常，他亲自给皇子取名为完颜济安，同时大赦天下。三月二十五日，金熙宗册封完颜济安为皇太子，同时封裴满氏的父亲太尉忽达为王，赐马牛五百头、骆驼五十匹、羊五千只，可谓加恩极厚。可惜的是，当年十二月二十六日，只有几个月大的完颜济安忽然病重，金熙宗和裴满氏马上到佛寺去烧香，夫妇两个人都痛哭流涕地为儿子完颜济安祈祷平安，宣布大赦方圆五百里内的罪犯囚徒以为儿子祈福。当天夜里，不满一岁的完颜济安还是夭折，金熙宗痛悼之余，下诏给这个儿子以"英悼太子"的谥号。

金熙宗继位之初，金国四处掠地攻伐，但毕竟有几个老臣在，国事顺利，不仅顺利地废除伪齐刘豫政权，还打得南宋请求称臣，金国国内的情况非常稳定，百姓安居乐业。金天眷二年（公元1139年），由于金国国内的政治纷争，以他名义接连杀完颜宗磐、完颜宗隽、完颜昌、完颜鹘懒、完颜晕等宗室亲王，金熙宗内心受到极大刺激。完颜济安的死对金熙宗的精神又造成强烈的刺激。金熙宗和裴满氏恩爱的家庭生活随着完颜济安的死而结束,两个人之间的关系越来越紧张。

金皇统八年(公元1148年),金熙宗的大臣完颜宗弼去世以后,朝中宗亲老臣大多亡故和被杀,裴满氏就开始肆无忌惮地干预金国政事。皇太子完颜济安死后,金熙宗好几年没有再生皇子,主要原因就是身为皇后的裴满氏嫉妒异常,时常干预金熙宗在宫内临幸别的嫔妃,使得金熙宗的宫内生活和家庭生活变得毫无乐趣,更加重了他长期以来的心理压抑。

根据《金史·张通古传》记载:"(金)熙宗自太子济安薨后,继嗣未定,深以为念。裴满后多专制,不得肆意后宫,颇郁郁,因纵酒,往往迷惑妄怒,手刃杀人。"

其实,作为一个女真皇帝,金熙宗喝喝酒,撒撒疯,打碎些东西,于皇帝而言不算大过。可怕的是,他醉酒杀人,杀近侍,杀大臣,杀妃子,甚至连自己的皇后也杀,弄得他身边人人自危。当然,醉人心内醒,金熙宗杀皇后裴满氏,也确实与这个女人干政有关。游牧民族的后族势力一直强大,女真人也不例外。特别是裴满氏醋劲大,时时阻止金熙宗与别的妃子欢好,为这位大金天子所不能忍受。杀裴满氏的另外一个原因,是金熙宗准备纳弟弟胙王的妃子为皇后。他借酒撒疯,一个月间就手刃裴满氏及其他四个妃子。不仅如此,他唯一活着的儿子——贤妃所生的魏王完颜道济,当时还是一个少年,也被金熙宗趁着酒醉一刀刺死了。

金皇统九年(公元1149年),恰值金熙宗养父的长子完颜亮生日，金熙宗就命侍卫大兴国给这位自童年起就一起玩的弟弟送去赏赐之物。当时，裴满皇后还活着，得知是这位倜傥英俊的皇弟生日，她也让大兴国顺便捎带去自己的礼物。金熙宗听说了这件事，心中大不悦，估计也是人之常情的"醋意"，知道自己老婆惦念英俊的兄弟，顿起怏怏之意。于是，他唤大兴国近前，让卫士狠揍了这位近侍一百大棍，并追回给完颜亮的"赐物"。

这引发了完颜亮内心的疑惧。历史上许多惊人大事的缘由，往往是一两件鸡毛蒜皮的小事。

史书讲起金国的完颜亮，总提及他为人臣时所讲的几句话："吾志有三：国家大事，皆自我出，一也；帅师伐国，执其君长，问罪于前，二也；得天下绝色而妻之，三也。"完颜亮对好友高怀贞讲的这些话，恰可与这位俊小伙手中扇面上的两句诗交相辉映：大柄若在手，清风满天下！

完颜亮之所以开始觊觎金国的帝座，一是由畏生恨，二是金国大臣萧裕的撺掇。萧裕对完颜亮说："先太师（指完颜亮之父完颜宗干）为太祖长子，德望如此，人心天意，宜有所属。公诚有志举大事，愿竭力以从！"

有了这些话，完颜亮大喜，他对萧裕数加荐引，使他一直握有两京的军政实权。

虽有完颜亮生日引起的不愉快，金熙宗对兄弟其实不错，不久仍任命完颜亮为左丞相。

但四个月后，又有一件事使兄弟二人关系紧张。金皇统九年（公元1149年）四五月间，金国自然灾害多，时有狂风大作，雷雨交加。古代人迷信，认为这些"天变"是上天示警，金熙宗就命汉人学士张钧替自己起草《罪己诏》，以奉答"天诫"。历代皇朝均有《罪己诏》，其中不少是固定格式，文中一般皆有"惟德弗类，上干天威""顾兹寡昧，眇予小子"等套话。金国的参知政事萧肄为人阴损，又一直抵制汉化，所以他就拿着这份诏书对金熙宗讲："惟德弗类，是指大无道；眇予小子，眇者，目无所见，小子，无知婴孩之称。这明明是汉人托以文字指斥皇帝陛下！"

金熙宗当时一直处于喝醉状态，闻言勃然大怒，立命卫士拖张钧下殿，大棍交击数百，这位倒霉的"笔杆子"命硬，仍旧辗转呻吟不断气。宿醉未醒的金熙宗怒极，亲自下殿，以匕首把张学士的嘴割划至耳边，然后冲着他的脑袋乱扎乱捅，残杀了这位汉人学士张钧。而后，金熙宗怒气冲冲回座，又问群臣："张钧谤讪，谁使为之？"

这时候，一直与完颜亮不和的宗室完颜宗贤回答："是太保（完颜亮）所为！"

金熙宗默然，心中恼怒，马上下诏贬完颜亮于京外，任其为"领行台尚书省事"。

综观各种史书及今人诠释，史臣、学者对上述事情均照猫画虎，没有一个人注意这样一个事实：金熙宗一直是汉人大儒韩昉的弟子，朝臣中汉人、契丹等族通汉文的人很多，他本人肯定精通汉文，怎么忽然连"公文格式"中类似"此致敬礼"这样的套话都看不懂，还需要奚人出身的萧肄给他翻译呢？

究其实也，金熙宗朝内部的政治斗争从来就未停止过，即使后期金熙宗一个人手持皇权，朝中宗室、大臣钩心斗角，相互倾轧，仍旧愈演愈烈，再加上天天饮酒致酒精中毒，才有了残杀学士张钧的那一幕。否则，一边大讲金熙宗汉化，一边又讲述他不懂汉文而以文杀人，那就完全讲不通。

又过四个月，出外为官，正巡视各地的完颜亮接到诏书，皇帝哥哥让他回京任平章政事。本来这是升官返京的好事，完颜亮却疑惧非常，硬着头皮回到京城。

5. 合谋密议弑醉帝

其实金熙宗实无他意，完全出于信任兄弟、忆念旧情而已，但完颜亮回京之后，一直处于惊吓过度的状态，心中逆谋益切。

金廷方面，左丞唐古辩、右丞完颜秉德皆因数次被金熙宗在朝上杖打而心怀怨愤，暗中与大理卿完颜乌达谋以废立之事。这个完颜乌达一直与完颜亮关系好，就把消息泄露给了他。完颜亮马上找来唐古辩，试探性地问："若举大事，当推谁为帝？"

唐古辩开始还真没想到推举完颜亮本人,回答说:"应该拥胙王(金熙宗亲弟)。"

完颜亮摇头。

"邓王完颜奭的儿子完颜阿楞怎么样?"

完颜亮又摇头。

这时候,唐古辩忽然明悟:"难道殿下您有意吗?"

完颜亮拊掌大笑:"果不得已,舍我其谁!"

于是,几个人开始"旦夕相与密谋",准备弑杀金熙宗。时任左卫将军的特思本是裴满皇后亲信,他得到手下密报,说完颜亮等人数相往来,聚众谋反。特思警惕,就通告裴满氏。小叔子人虽英俊,但威胁到老公皇帝的地位,事情非小,裴满皇后当时就告知了金熙宗。

倒霉的是,金熙宗本来一直就讨厌皇后在朝中结党营私,对裴满氏的上告半信半疑,只把唐古辩叫来一番杖刑,怒骂道:"你天天和完颜亮议谋什么?将要拿朕怎样?"

而后,此事也就不了了之。其实,只要金熙宗有心,派人抓住这几个人进行鞫审,案情立马能水落石出。更何况,金熙宗杖打唐古辩,对完颜亮更是打草惊蛇。到了这个地步,弑帝谋逆之事,如箭在弦上,不得不发。

不久,金国河南地方有军士孙进造反,自称"皇弟阿禅大王",金熙宗见到这次造反是打着宗亲旗号开始的,对自己的弟弟胙王完颜元顿起疑心。于是,他诏命左卫将军特思按审此事。审了数日,发觉这位胙王和案件并无任何牵涉。

完颜亮得知此事,深喜此事可以一石二鸟。他跑进内宫,一脸忠心地对金熙宗说:"陛下亲弟,只有胙王完颜元与完颜扎拉,特思希望日后这二人会继位大统,故而对他们不严加审讯,故意宽纵。"

金熙宗天天半醉半醒之间,深忌两位弟弟,觉得完颜亮所说有理,就命唐古辩和萧肄二人重新鞫审。

唐古辩和萧肄虽不属一个派系,但在审案上却拧成一股绳,往死里整特思。大刑伺候之下,左卫将军特思最终诬服,指称完颜元与完颜扎拉长期以来都在准备谋反。金熙宗得知消息之后狂怒,立刻下诏杀掉特思及两位弟弟,先替完颜亮清除了"障碍"。通过此事,金熙宗觉得完颜亮有忠心,对他益加信任。

不久,金熙宗酒癫日甚,以积愤手刃裴满皇后等数人,使得宫中近侍特别害怕被杀。眼见时机成熟,完颜亮便加快了行事的节奏。

要行刺皇帝,结交宫内近侍和禁卫军头目是最关键的一步。于是,完颜亮首先想到的就是因为替皇后捎带礼物给自己而被金熙宗狂揍过一顿的皇帝贴身侍卫大兴国。大兴国,从"大"这一姓氏看,应该是渤海人。此人常在金熙宗左右,每晚皇帝入寝,大兴国都从侍寝卫队官员手中拿走皇宫钥匙才回家。所以,他可以在宫内随便出入。

完颜亮把大兴国邀请到自己家里,"召至卧内,令解衣,欲与之俱卧,意有所属者"。完颜亮不是想与大兴国搞什么同性恋,而是表示与对方的亲近之意,想和对方讲掏心窝的话。

大兴国不傻,他自己虽是金熙宗的贴身侍卫,但职级与身为高级宗室的王爷完颜亮相差万万,哪敢与他共卧,马上应道:"如果有用得着我的地方,惟大王您差遣!"

完颜亮打开天窗说亮话,叙述金熙宗屡杀宗室、朝臣、嫔后等事,并讲:"主上尝讲得空就要杀了你,我和你不久都要死。宁坐待死至,何不举大事!我已与数位大臣定议此事。"

大兴国心中惴惴,他深知金熙宗没准哪天撒酒疯会一刀把自己捅死,就应承道:"如大王所言,事不可缓也。"于是,二人相约十二月九日那天举事。

除大兴国以外,金熙宗宫内卫将额埒楚克、思恭也为完颜亮内应。额埒楚克跟从完颜亮的原因很简单,完颜亮答应事成后把自己的女儿许配给楚克的儿子。至于思恭这个人,少年时代就受完颜亮之父完颜宗干恩恤。有了完颜宗干的提拔,他这个女真穷孩子才有今天皇家禁卫军将的隆宠。起先完颜亮还不敢直言思恭以行刺弑帝之事,岂料,思恭表示:"肌肉之外,思恭我一切皆先太师(完颜宗干)所赐。如大王用得着我,死不敢辞!"

正是思恭、额埒楚克、大兴国这三个皇宫内侍卫应允相助,使完颜亮胜算已达百分之九十以上。

十二月九日夜,恰逢楚克与思恭在皇宫内值夜班,完颜亮便带着他妹夫坦贞（也是禁卫军将），会集完颜秉德、完颜乌达二人齐聚唐古辩家。唐古辩为他们准备酒饭，包括完颜亮在内，众人都害怕得吞咽不下，唯独唐古辩饱食自若。这个人其实还是金熙宗的女婿，只因先前老丈人揍过自己一顿棍子，就深恨于心要杀人。

天交二鼓，一行人夜趋禁宫。本来皇宫大门半夜根本无人能进，但大兴国有符信，守门军将哪敢拦他这位皇帝亲侍。仔细看，又见其身后是帝婿驸马唐古辩，侍卫们不疑有诈，忙大开宫门。

完颜亮诸人随之而入，衣服里面都藏有利刃。行至大殿，守殿门的几个卫士察觉来人有异，刚要喊叫，唐古辩等人皆抽刃加之咽喉，无人敢动。

于是，几个人突入寝殿。睡眼迷离、醉意蒙眬的金熙宗听到了慌乱仓促的脚步声，大声喝骂，一时间众人后退。权力，特别是皇权的威严，在那一个瞬间似乎一下子显现出来，谋弑者们一时之间都止步不敢前。

思恭是个粗人，呵斥众人说："事已至此，不干又能怎样！"

这句话，还真惊醒诸人，他们立刻踹门闯入。

金熙宗本人喜文又尚武，平日床边常置宝刀一口。听见殿门被踹开，数人闯进，他心知不妙，忙趁黑摸索宝刀想抵抗。但是，大兴国在他临睡前，已经把那把刀藏于榻下。金熙宗慌忙摸索之际，额垺楚克一刀就捅入金熙宗的身体，思恭随之又

第三章 金

进一刀，金熙宗不支倒地。

完颜亮猫下腰，狠剁数刀，鲜血飞溅，使得完颜亮满脸满身都是黏稠的红色。从小玩到大的哥们儿（金熙宗六岁入完颜宗干家，当时完颜亮三岁，哥俩同吃同住同学习同玩耍有七八年光景，直到金熙宗被立为皇储才搬离），最终落了个如此结局。

看着血肉横飞、倒亡在地的金熙宗，谋弑者们一时愣住，半晌无言。人生就是解决一个又一个问题的过程。老问题刚刚解决（杀死金熙宗），新问题又来了：谁来顶皇帝这个位子呢？

此时的完颜秉德，论官职比完颜亮还高。皇帝刚死，果真要拥立面前这位手提血刀、一脸狰狞、年方二十七岁的皇庶弟吗？众人僵在原地。

幸亏思恭打破僵局，高声道："开始谋事时就答应事成拥立平章（指完颜亮），今复何疑！"

于是，他第一个奉完颜亮坐于鲜血仍旧淋漓的御榻，跪倒高呼万岁。包括完颜秉德在内，众人随之跪倒，皆向完颜亮称臣。完颜亮拭了拭脸上的鲜血，终于笑了。他扫了完颜秉德一眼，杀人的种子，瞬间埋于心。

弑了金熙宗以后，待天色见明，几个人诈称金熙宗之命，召诸王、大臣入宫，说是要商量立皇后的事情。金国宗室曹国王完颜宗敏正与葛王完颜雍一起欢宴，听闻金熙帝凌晨召他们入宫，怕皇帝酒醉杀人，不敢前去。还是葛王完颜雍劝说道："叔父现在不去，明天又不知要发生什么事。是福不是祸，是祸躲不过！"

完颜亮于正殿端坐。这时候，皇宫内外将校，都已换成他们自己的人。看见诸王、大臣跪伏于殿堂，完颜亮起先还真不忍心杀掉完颜宗敏等人。

完颜乌达走近御座，低声对完颜亮说："完颜宗敏是太祖儿子，对陛下威胁最大，不杀，恐留后患！"完颜亮点头，让思恭下殿杀完颜宗敏。

殿内，这位老王爷左右走避，跑了半天也跑不过思恭。思恭明晃晃的大刀砍下，刀刀见血，杀得这位老王爷的肤发血肉狼藉满地。这么一个直系的女真王爷，就被惨杀于殿堂之内。

看到如此血腥的场面，诸王、大臣皆惶惧伏地，浑身哆嗦，大气也不敢喘。唯独葛王完颜雍（后来的金世宗）强撑起头来，大着胆子问："曹王何罪见杀？"

完颜乌达嚣张地回答："天许大事，尚已行之（指弑帝）。曹王之辈，乃虮虱尔，何足道哉！"

接着，完颜亮下令卫士，把刚刚入殿的宗室完颜宗贤也推出去砍了。可悲的是，完颜宗贤还以为御座上下令要杀自己的是金熙宗，因为事前他反对金熙宗立弟媳为皇后。

至此，完颜亮正式称帝，废金熙宗为东昏王。接着，他大赏同谋，以完颜秉德为左丞相兼侍中，以唐古辩为右丞相兼中书令，以完颜乌达为平章政事，以思恭为左副点检，以额埒楚克为右副点检，以大兴国为广宁尹，并赐给诸人誓书铁券。

然后，他召参知政事萧肄入殿，责问："学士张钧何罪被诛？你何功受赏？"

萧肄惶恐不能对，心想这下子九族要玩完。

殊不料，完颜亮心情好，说："朕杀汝不难，但天下人会以为我报私怨。"于是，他只下诏对萧肄除名并禁锢。完颜亮此举，看似大度，实则是政治手腕：一来表示自己帝德宽广；二来这萧肄文痞一个，又曾力赞金熙宗诛杀政敌特思和金熙宗两个弟弟，对自己来说其实还算"有功"，所以不杀也罢。

完颜亮篡位之后没过多久，觉得先前拥自己坐帝位的完颜秉德有威胁，就也下诏把他弄死，顺便把金太宗一系的皇族全部杀掉。

6. 大柄在手任诛戮

当皇帝之后，完颜亮把嫡母徒单氏和生母大氏都尊为皇太后。

完颜亮的父亲完颜宗干有四个老婆，正室徒单氏是女真人，二老婆李氏是奚人，三老婆是完颜亮生母大氏，是先前的渤海王族，四老婆才是金熙宗的生母蒲察氏。

听到金熙宗遇弑的消息，徒单氏惊骇，对正在和自己说话的金太祖妃萧氏说："皇帝（金熙宗）虽失德，人臣也不能行弑呀。"

后来，完颜亮入宫拜见嫡母徒单氏，徒单氏对自己这个"儿子"称帝没有表示祝贺，态度冷淡。为此，完颜亮内心蓦然生出怨恨。完颜亮生母大氏是渤海王族，但骨子里汉化极深。虽然她自己亲儿子做了皇帝，但出于礼节和规矩，她对完颜亮的嫡母徒单氏态度非常恭谨，真正怀有封建时代那种妾对老公嫡妻的敬畏。

一次恰逢徒单太后生日，同为太后的大氏持酒杯上寿，当时徒单太后正与一堆金国的宗室妇女聊得高兴，而且从前在家中这么多年已经受惯了老公完颜宗干这些小老婆们的拜礼，就没有及时接话茬儿，使得大氏在地上跪了不短的时间。

当时，完颜亮在座，见到生母如此受委屈，愤而离席。宴会后，他把当时与徒单太后欢语的诸位公主与宗妇都召入殿内，下令每人处以杖刑数十下，打得那帮女人鬼哭狼嚎的。

大氏闻讯，赶忙入宫解劝，因为她本人当时并不觉得徒单氏对自己态度过分。但是，身为皇帝的完颜亮怒气不息，对亲妈说："今天儿子已是九五之尊，您怎能像从前一样如此谦恭地去侍奉别人！"

不久，完颜亮忆念起小时候父亲完颜宗干的二老婆李氏对自己总恶言恶语，心生恶意。李氏本为皇族完颜宗雄之妻，完颜宗雄死后，完颜宗干依据女真的收继婚习俗把她娶回家里。完颜亮把这位"二妈"与她的七个儿孙（皆为完颜宗雄子孙）抓起来，杀而焚之，还让人把骨灰丢弃在濠水之中。

可见，在骨子里面，完颜亮依旧残忍和暴横。

至于完颜亮的"功臣"之间，他们也不是铁板一块。完颜乌达的老婆常在府中府外与英俊小伙通奸，声名不佳。完颜秉德倚老卖老，常在大庭广众之下斥喝完颜乌达的老婆是"淫妇"。完颜乌达管不了老婆给自己戴绿帽，却深恨完颜秉德总是当众羞辱自己，隐恨于心。

一次，完颜亮生病，完颜乌达入宫探视，乘间挑拨说："完颜秉德见陛下数日不视朝，问我说：'主上如有不讳（死亡），谁能继统呢？'为臣我回答：'主上自有皇子。'完颜秉德又讲：'孺子小儿岂堪大任，应该是葛王（完颜雍）才行！'"

完颜亮闻言信之，下诏令完颜秉德出京，领行台尚书省事，外贬到地方任职，限他十日内出发。不久，完颜亮对"忠臣"唐古辩也起了疑心，起因非常简单。一次，君臣二人观金国前帝像，看到金太祖时，完颜亮对唐古辩说："这双大眼与你的眼睛很像。"本来是开玩笑，唐古辩却面色大变，如此失态，被完颜亮瞧个满眼，由此他开始怀疑唐古辩对自己的忠诚度。

一个月后，完颜亮忽然下诏，把完颜秉德、唐古辩，连同金太宗的儿子、时任太傅的完颜宗本全部杀掉。

完颜亮先前当宰相时，就觉得金太宗诸子强盛，曾经为此和唐古辩、完颜秉德讨论过。他继位后，对唐古辩和完颜秉德生疑，于是，就与时任秘书监的萧裕密谋，想找碴杀尽金太宗诸子。杀别人好办，诛除如此显赫的宗室，完颜亮一时间不知用什么罪名相加才好。

萧裕出主意:"尚书省令史萧玉和完颜宗本关系一直特别密切,人所共知。现逼萧玉告发诸人谋反,朝内外肯定相信,可按籍诛杀这群人。"

谋定后,以击鞠(马球)为名,完颜亮遣内侍召完颜宗本及完颜宗美等人入宫。完颜宗本等人入宫后,遥见完颜亮在楼上,刚刚下跪行拜礼,军士们一冲而上,快刀斩落完颜宗本、完颜宗美等王爷的脑袋。见完颜宗本已经解决掉,萧裕马上派人把萧玉弄来。

当天,萧玉送客出城,欢饮大醉,不省人事。昏沉之间,他被军士送到萧裕家一间小黑屋子里看管。傍晚,萧玉酒醒,望见自己身处可疑之地,屋外又有军士看守,认定自己是受别人陷害被关入囚牢要杀头,就以头碰壁,大哭大号:"臣未尝犯罪,家有七十老母,可怜可怜我吧。"

萧裕听闻,忙过来看,见萧玉这个孙子样,乐了。他入屋后,附耳对萧玉说:"皇上认为完颜宗本诸人不可留,今已诛之,欲加以谋反之罪,令你上告其事,款状我已让人替你写好,如果你答应,富贵荣华,立时便来!"

萧玉连想也不想,忙不迭地立刻答应。

萧裕忙拉着萧玉入宫,向完颜亮复命。完颜亮大喜,马上下诏,派人驰赴各地,杀掉东京留守完颜宗懿等金太宗诸子诸孙共七十多人。由此,金太宗一系血脉全绝。

完颜乌达得知皇帝已开杀戒，赶忙入宫进言："完颜秉德数与完颜宗本欢会，指斥陛下，并对完颜宗本说皇位最终会归于他。"

即使完颜乌达不说此话，完颜亮也饶不了完颜秉德。金熙宗被杀后，完颜秉德那一刻的神情，已经注定他的宗族会遭遇灭门之祸。于是，完颜亮下诏诛杀完颜秉德宗亲三十余人。完颜秉德不是别人，乃金国开国元勋完颜宗翰的孙子，至此，完颜宗翰一系也绝后。

完颜亮闲不住，对于皇族宗室谁都不放心，接着又大杀皇族宗室五十余人。四年后，完颜亮下诏又杀韩王完颜亭。完颜亭是完颜宗弼的独子，本名孛迭，为人勇猛无敌。他还是个运动冠军，击鞠（马球）技术为金国第一。

完颜亮没当皇帝前，与完颜亭同行游玩，遥见一群野猪，完颜亭就对完颜亮说："看我以铁锤杀之！"言毕，奋锤遥击，洞入野猪肚子，大猪应声倒地毙命。完颜亭当初如此瞎显摆武艺，终于被完颜亮"惦记"上，怕他以后勇武难制，于是派人诬称他谋反，加以逮捕。捆起之后，殿内的禁卫军卫士几个人过来，用脚猛踹完颜亭裆部，使得这位王爷活活痛死。

几年之后，完颜亮仍旧不放心，派人又杀完颜亭的两个老婆和他唯一的儿子完颜羊蹄。所以，完颜宗弼这一系也绝后。

可悲可叹的是，金太宗、完颜宗翰（粘罕）、完颜宗弼三人，都是当年灭亡北宋的当事人。两宋汉人天天讲"复仇雪耻",结果这三人毫发未伤。兀朮,在女真语里是"头"之意;粘罕,在女真语里是"心"之意。最终倒是同为完颜皇族的完颜亮对自己的皇族开刀,击"头"挖"心",不可谓不狠。

除此三人以外,一直在陕西等地逼攻宋朝的金帅撒离喝,也被完颜亮下令族诛。

由于恼怒在宫廷宴会时,金太祖的妃子总坐在自己亲妈大氏的上位,完颜亮就托事杀掉了这位太妃及其儿子任王。

大杀完颜宗室后,完颜亮赏功,以萧玉为礼部尚书,萧裕为尚书左丞,进完颜乌达为司空。而后,他转告萧裕,让他上表,进言自己纳娶各被杀宗室妇女入宫中。萧裕闻此颇为踟蹰:"近日大杀宗室,中外异议纷纭,奈何复为此等事!"身为佞臣,思来想去,最终萧裕还是按照完颜亮的吩咐主动呈上奏疏。

对此,完颜亮真的马上"从善如流",相继纳娶本为他堂姐妹甚至长他一辈的完颜氏同宗妇女入宫,肆为淫乱。

完颜亮为人,颇似隋炀帝杨广(完颜亮被弑后也被恶谥为"炀"),为人善于诈饰。他初当宰相的时候,妾媵不过三人。当皇帝后,逞欲无厌,后宫诸妃十二位,又有昭仪、充媛九位,婕妤、美人、才人各三位,至于宫内其他被临幸美人,不计其数。

此外,完颜亮荒淫无度,各种怪癖,史不绝书。明朝人写的话本《金海陵纵欲身亡》中的内容,还真不是明朝的书商当时找写手胡编乱造的，其中内容大多由正史《金史·后妃传》推演而出。

金天德四年（公元1152年），距离杀金太宗子孙一年不到，完颜亮就派人勒死了他的"功臣"完颜乌达。完颜乌达在完颜亮一朝升官发财，仕途顺利，难免得意忘形。有一次早朝，看外间阴云密布，欲下大雨，他就想皇帝完颜亮肯定不会视朝，就自己先离朝回家了。见左丞相都走了，百官皆随之而去。不料，完颜亮那一天按时升朝，竟然发现朝堂空无一人，顿时勃然大怒。问侍卫缘由后，完颜亮知道是完颜乌达率百官离朝。由此，完颜亮心生厌恶，马上下诏贬其为节度使，离京外任。

不久，完颜乌达生性淫荡的老婆入宫与完颜亮欢会，完颜亮觉得完颜乌达的老婆很会伺候人，就索性派人到外地，缢杀完颜乌达，而后招其妻入宫，纳为"贵妃"。

又过了两年，金贞元二年（公元1154年），完颜亮杀掉了最早与他合谋帝位的"老战友"萧裕。

7. 文才武略兴规模

萧裕还真不是完颜亮主动要杀他，确实是他自己主动请死。完颜亮对萧裕非常好，萧裕在朝中专擅权势，就忧虑完颜亮怀疑自己，害怕皇帝哪天一不高兴把自己也族诛了，他就想先下手为强。于是，他与几个人密约，谋立已经亡国的辽国天祚帝的孙子为皇帝。事情自然未成,很快他就被西北招讨使萧怀忠告发。萧怀忠本名萧好胡,和萧裕同属奚人,所以萧裕曾经派人外出和他联系,打算一起反完颜亮。萧怀忠这个名字,是萧裕事发被杀之后,完颜亮赐给他的。

完颜亮闻知萧裕要造反,惊骇不已,起初根本就不信。逮捕萧裕之后,他遣人按问,萧裕马上承认,表示自己确实要搞事。

至此,完颜亮依旧不相信这位功臣会谋反,亲自把萧裕召入宫内审问。萧裕倒是明快人,对完颜亮说:"大丈夫为事至此,岂能不认!"

完颜亮非常奇怪,问:"朕哪里得罪你,竟然做谋反之事?"

萧裕答:"陛下与唐古辩及为臣我三人共约生死,定下大事,但不久唐古辩以强忍果敢被杀,臣心皆知之,恐自己也不得其死,所以臣才要谋反,以求侥幸免死。此外,太宗子孙无罪,皆死于臣手,臣心一直内疚,如今死亦晚矣!"

完颜亮叹息:"杀太宗诸子,岂是你一人所为,朕出于国家日后大计,不得已为之……我与你自早相识,情好不辍,今可饶你一死。当然,你宰相的职务肯定不能再做了,你可以终身守你们萧家祖坟,静心思过。"

萧裕挺倔强,表示说:"臣久受陛下宠遇,深知错谬,悔恨何及!既犯如此罪逆,何面目见天下人,但愿受绞而死,以戒其余不忠者。"

第三章 金

也就是说，即使完颜亮饶他不死，萧裕也坚持请死。

完颜亮当时落泪，以女真结义风俗，用刀割自己左臂出血，取血涂在萧裕额头，哭言道："你死之后，当知朕根本无疑你之心！"

于是，完颜亮哭送萧裕出门。然后，他下诏诛杀了这位老战友以及此案牵涉的诸人。

先前参与完颜亮弑杀金熙宗的"功臣"额埒楚克，这时候已是一方大吏（太原尹）。他因招算卦人为自己卜命，妄谈休咎，被算卦人上告。完颜亮大怒，下令斩杀这个老粗，焚后投骨于水。至于拥完颜亮为帝并手刃金熙宗的思恭，后来因屡屡拜见完颜亮的嫡母徒单太后，惹起猜忌。恰逢思恭出讨叛乱无功，被完颜亮下诏逮捕，加以族杀。

这样一来，与完颜亮一起弑金熙宗的，只剩下大兴国和完颜亮的妹夫坦贞。大兴国功大，完颜亮后来授其为崇义军节度使，赐名邦基，所以大兴国又名"大邦基"，意为"立邦之基"。他不时得到完颜亮赏给他的黄金宝物，家财无数。完颜亮攻宋被弑后，金世宗继位初，也只是把大兴国夺官，追还赐物。后来金世宗坐稳帝座，念起大兴国旧恶，派人把他在金熙宗陵前碎剐。

完颜亮的妹夫坦贞活得最久。坦贞，在《金史》中有时候也写作徒单贞。金世宗在完颜亮死后继位于中都，还下诏以坦贞之女为皇太子妃，任坦贞为太原尹。在地方任上，坦贞大肆贪污，累赃巨万，终被降官。又隔了几年，金世宗思虑自己和坦贞毕竟是亲家，所以还是委任他为震武节度使，进封其妻为任国公主，赐黄金百两、重彩二十端，还特别赏赐坦贞最好的用于马球比赛的击球马两匹。后来的金章宗，还是坦贞的外孙。

完颜亮继位之初，就有"天下一统"的野心，便想把京城从当时的上京会宁（今黑龙江哈尔滨市阿城区）迁到燕京（今北京）。

迁都如此大事，女真贵族中许多人表示不赞成。皇帝毕竟是皇帝，完颜亮下令在燕京大修宫室，并于贞元三年（公元1155年）迁都于燕，改燕京为大兴府，号中都为中京，会宁府为北京，汴京开封府为南京，而旧辽阳府为东京，大同府为西京如故，并削会宁的"上京"之名。所以，今日北京之盛，肇自当年的金帝完颜亮。完颜亮迁都，意义重大。金国上京偏在一隅，不利于中央政府的统治，南迁燕京之后，金国朝廷可以周知四方之政，免去鞭长莫及之失，又可使物资输送问题借水路得以解决。

之所以离开上京，完颜亮也有摆脱旧时代阴影的企图。女真故地，一直萦绕着被杀皇族的冤魂，作为皇帝，完颜亮本人待在那充满血腥的宫殿中肯定感觉不爽。

迁都，不仅沉重打击了阻碍汉化的女真残旧势力，其实也大大促进了金国向"文明"国家迈进的步伐。为了把事做绝，完颜亮命人把包括金太祖在内的金国"始祖以下十帝陵"（金太祖以上的那些人都是小部落酋长，他们是后来被金国追谥为皇帝的）尽数内迁到燕京大房山（今北京房山区西南），并派人尽毁上京宫室和大族豪宅，平夷其址，耕种为田。这样一来，全然断绝了女真贵族回老家的念头。

此外，由于女真人户的大批南迁，屯田户们计口授田，官取其租，生产关系完全脱离了昔日奴隶制而变为租佃制，大大小小的女真头目变成私人地主，金国的"封建化"过程，得以一蹴而就。

改制方面，完颜亮对中央集权制进一步强化，改金熙宗时代的"三省六部制"为"一省六部制"，只保留尚书省，并由皇帝本人直接掌控。接着，他还废除金国一直存在的元帅府，依辽宋汉制建立枢密院，军权也归于皇帝掌握。完颜亮的官制改革，皇权一统，不能不说是金国政治制度的一大进步。

在此，我也摘述一下女真旧制中的主要官名：都勃极烈，总治官名，犹汉云冢宰；谙班勃极烈，官之尊且贵者；国论勃极烈，尊礼优崇得自由者；胡鲁勃极烈，统领官之称；移赍勃极烈，位第三曰"移赍"；阿买勃极烈，治城邑者；猛安，千夫长；谋克，百夫长；诸纠"详稳"，边戍之官；诸"移里堇"，部落墟寨之首领；乌鲁古，牧圉之官。

完颜亮是个完全汉化的金国帝王，他的统治思想自然也是想以"中华正统"自居。为此，他曾对臣下讲："朕每读《鲁论》,至于(孔子)'夷狄之有君,不如诸夏之亡(无)也',朕窃恶之,岂非渠(孔子)以南北之区分、同类之比周而贵彼贱我也。"于他而言,要把自己"夷狄"身份泯除,只能是一统天下后才能实现。

他读毕《晋书·苻坚载记》也大叹:"(苻坚)雄伟如此,秉史笔者不以正统帝纪归之,而以列传第之,悲夫!"大发不平之意。

此后,一个偏执的念头在他头脑里越来越清晰:"自古帝王混一天下,然后可为正统。"正是此种"宏伟"理念,促使他日后想先灭南宋,再灭西夏和高丽,使天下最后成为"一家"。

当然,羡慕江南繁华,思念高宗丽妃刘氏,史书虽然都记载过,应该都是完颜亮的小想法,这位皇帝毕竟见过大世面,不会因柳永一首词或高宗手下一个美女而发动庞大的战争。

金世宗得位后,组织人编修《海陵庶人实录》,笔杆子自然"愤"笔疾书,大揭前帝"罪恶","海陵(完颜亮)被杀,诸公逢迎(金世宗),极力诋毁(完颜亮),书多丑恶"(元人苏天爵语)。即使是在金国晚期,金臣自己也讲:"我闻海陵被弑,而世宗皇帝立。大定三十年,禁近能暴海陵蛰恶者得美仕。史官修实录,诬其淫毒狼鸷,遗臭无穷。自今观之,百可一信耶!"

宗教方面，完颜亮严加控制，对当时最为流行的佛教大力禁抑。金贞元三年（公元1155年），磁州（今河北磁县）和尚法宝要外出远游，金国大臣张浩、张晖数去寺庙慰问、挽留。知道此事后，完颜亮召三品以上大臣悉于朝堂会集，当廷斥责二张："闻卿等到寺庙，和尚法宝居正座，卿等皆侧坐于旁，又跪拜乞留，殊无大臣风范！如欲拜礼，亦应尊礼张通古这等德高望重的大臣，岂有向和尚屈膝之理！"完颜亮立命卫士抓了和尚法宝上殿，严词诘问。

大和尚虽牛，也知道皇帝杀人不眨眼，战惧不知所为，跪在地上一个字也说不出，只剩下哆嗦。

完颜亮见状大笑说："长老当有定力，你倒怕起死来。"命卫士当廷打张浩、张晖各二十大板，大和尚倒霉，受杖二百。和尚的屁股被打烂，短时间再不能云游四方。

家族方面，完颜亮对母亲大氏至孝。金贞元元年（公元1153年），大氏病重，临终，言称自己以不能见大姐徒单太后为恨事，并要求完颜亮在自己死后把徒单太后从会宁迎至中都奉养。

金贞元三年（公元1155年），完颜亮亲自于中都迎接徒单太后，先命左右持捧两根大杖，然后跪在徒单太后面前说："亮不孝，久失温情，愿痛笞之，不然，不自安。"

徒单太后感动，亲自掖扶皇帝儿子："民间有子克家犹爱之，况我有子如此！"

母子二人，暂归于好。

至于文才方面，完颜亮自是一代大家，恰恰因其身为帝王，字里行间平添常人不能有的雄豪之气。宋人刘祁在他所著的《归潜志》一书中说得比较公允："海陵庶人，虽淫暴自强，然英锐有大志，定官制、律令皆可观。又擢用人才，将混一天下，功虽不成，其强至矣。"

为帝之前，完颜亮的小诗清丽可喜：

孤驿潇潇竹一丛，不同凡卉媚春风。我心正与君相似，只待云梢拂碧空。（《驿竹》）

绿叶枝头金缕装，秋深自有别般香。一朝扬汝名天下，也学君王著赭黄。（《见几间有岩桂植瓶中索笔赋》）

自然挥洒之间，顿见完颜亮青年时代的高洁之志。

小词方面，完颜亮也是情深意切，所作之词意味隽永，如咏雪的《昭君怨》：

昨日樵村渔浦，今日琼川银渚。山色卷帘看，老峰峦。　锦帐美人贪睡，不觉天孙剪水。惊问是杨花，是芦花？

第三章 金

当然，胸中有了篡弑之心后，完颜亮所作诗文就有些肆无忌惮了，其《书壁抒怀》一诗，跃跃欲试之意闪烁其间：

蛟龙潜匿隐沧波，且与虾蟆作混合。等待一朝头角就，撼摇霹雳震山河。

8. 处心积虑一南北

金正隆六年（南宋绍兴三十一年，公元1161年），攻宋前夕，完颜亮在汴京新修的宫殿中赏月，云雾涌天，闭月不见，心焦气躁的完颜亮词性大发，作《鹊桥仙·待月》：

停杯不举，停歌不发，等候银蟾出海。不知何处片云来，做许大、通天障碍。　蚝髯捻断，星眸睁裂，唯恨剑锋不快。一挥截断紫云腰，仔细看，嫦娥体态。

此词之中，不仅流露出完颜亮攻宋前焦灼的心情，挥剑斩云也显示出他作为帝王的豪霸之气。"仔细看，嫦娥体态"，更惟妙惟肖地把主人公"寡人之疾"的嗜好不经意间透露而出。

攻宋战争开始后，伫立于清河口巨型龙船的最高层，谛听钲鼓之声不绝于耳，完颜亮热血沸腾，挥笔写下《喜迁莺》：

> 旌麾初举,正驭骎力健,嘶风江渚。射虎将军,落雕都尉,绣帽锦袍翘楚。怒矟戟髯,争奋卷地,一声鼙鼓。笑谈顷,指长江齐楚,六师飞渡。
>
> 此去。无自堕,金印如斗,独在功名取。断锁机谋,垂鞭方略,人事本无今古。试展卧龙韬韫,果见成功旦莫。问江左,想云霓望切,玄黄迎路。

创作完毕,完颜亮令人抄写,遍赐诸将。可惜的是,女真诸将喝酒吃肉还行,穿汉衣着汉巾也舒服,真正摇头晃脑捧读汉文字的还真没有几个。

无论如何,词中"金印如斗,独在功名取",短短九个字,文字简洁,用典深沉,志向豪迈,已经显示出女真皇帝的词意臻至大妙之境。

此外,完颜亮最为人称道的一首词,当属他的雄浑大作《念奴娇》:

> 天丁震怒,掀翻银海,散乱珠箔。六出奇花飞滚滚,平填了、山中丘壑。皓虎颠狂,素麟猖獗,掣断真珠索。玉龙酣战,鳞甲满天飘落。
>
> 谁念万里关山,征夫僵立,缟带沾旗脚。色映戈矛,光摇剑戟,杀气横戎幕。貔虎豪雄,偏神真勇,共与谈兵略。须拼一醉,看取碧空寥廓。

第三章 金

从词境的雄奇大气方面讲,完颜亮这首词确实作得非常好。

豪犷、横霸、峥嵘、狂傲、遒迈、雄鸷,景色无限的北国风光和雷霆万钧的帝王气势,均在词中宣泄无遗,令人目眩神迷。

可惜的是,由于攻宋失败被弑,完颜亮文稿被金世宗及其臣下销毁殆尽,仅留的几篇诗词,还是因金国的敌国南宋的文人岳珂、洪迈等人在《桯史》《夷坚志》等笔记著述中引用而得以保存。至于完颜亮其他诸多不传的作品,只能从著《渚山堂词话》的陈霆口中得到些许消息:"(完颜)亮之他作,例倔强怪诞,殊有桀骜不在人下之气。"

总之,遍阅宋金词,可以发现,完颜亮作品确实是推陈出新、别开生面之作,其特点在于不落窠臼,用典少,直抒胸臆,没有宋人那种矫饰和书袋气,恰如广袤北国的罡风与落雪,飘飘摇摇,飞舞不羁。

后世人忖度完颜亮诗词为人代写,完全是没有根据的臆度。金国帝王的龙虎气度,绝非常人摹描得来。

金正隆元年(公元1156年),在金国完全坐稳帝位的完颜亮接受群臣所上尊号:圣文神武皇帝。同年夏天,他颁行正隆官制,标志金国汉化的鼎盛期到来。也正是从这一年开始,完颜亮开始"废朝",常常数月在宫中不出。当然,完颜亮不上朝不是因为身体不好,而是在后宫内消磨时光。

当年六月庚辰日，宋朝的钦宗皇帝在五国城（今黑龙江依兰西北）含恨而死，他在金国的封号是"天水郡公"。钦宗赵桓之死，有被戮和病死两说，但他的这一死亡时间距离完颜亮大规模杀戮宋、辽宗室降王时间还有几年，似乎是病死。日后，金世宗下诏公布完颜亮的"罪恶"，指斥他杀害赵桓等人。无论是他杀还是病死，钦宗皇帝都不是那种安死床箦的善终。当然，赵桓之死，金人一直保密，南宋并不知晓。

在这期间，南宋被贬居永州（今内蒙古翁牛特旗东北）的大臣张浚仍旧不忘朝廷和国事，认定金人近期肯定要来攻，便上疏"预警"。书奏，不报。不久，张浚又上书，强烈要求朝廷加强边备。这下可惹恼了宰执万俟卨和汤思退，他们与宋高宗认定金国并无挑衅进攻之意，张浚完全是危言耸听。

于是，宋高宗下诏严禁张浚在永州乱说乱动，斥他为"邀誉而论边事"，乃"腐儒无用之常谈"，"以冀复用"。可见宋高宗君臣，闭目塞听如此。

不过，万俟卨这个人比较"幸运"，转年即病死，没有看到张浚黑色预言成真的那一天。张浚还算好运，也没有被朝廷严罚。这一年，东平（今山东东平）进士梁勋上书，认为金人必定举兵南下，朝廷应该预先防备。宋高宗赵构大怒，下诏把梁勋远贬千里之外的州军，并严诏表示："讲和之策，断自朕志，秦桧特能赞朕而已，岂以其存亡而渝定义耶！近者无知之辈，鼓倡浮言，以惑众听，至有伪撰诏命，召用旧臣，抗章公车，妄议边事，朕甚骇之。自今有此，当重置宪典！"

由此，也道出了高宗赵构才是真正投降派幕后总头子的实情。

金正隆二年（公元 1157 年）春，完颜亮在武德殿忽召吏部尚书李通、刑部尚书胡厉、翰林直学士萧廉，很神秘又绘声绘色地对三人讲："朕昨夜做梦到天庭，殿中之人皆矮小如婴儿。忽然，我听见天帝下旨，授朕天策上将（李世民曾有的封号），命我征伐宋国。朕受命而出，骑马出门，见周围鬼兵无数，朕向空中发一箭，众鬼兵皆大声应诺，服从号令。……惊醒之际，声犹在耳。朕忙派人去厩中看视所乘御马，浑身汗水。又取我箭袋，也发现少一支金箭。如此异梦，是否上天感应，让朕平定江南呢？"

三个人互视片刻，马上齐齐下拜称贺。完颜亮仍旧故作神秘状，诚嘱三人不要把话外泄。

当其时，他攻宋的决心已定，只不过先找几个文臣来，试探一下他们的反应。吏部尚书李通揣知完颜亮之意，接连引荐自己的好友张仲轲与马钦入朝为谏议大夫等职，盛谈南宋富庶多宝物，迎合完颜亮。昔日被金国俘虏的宋朝宦者梁珫也不是省油的灯，每每在内殿向完颜亮提及宋高宗妃子刘氏有倾国美貌，引动皇帝南下。完颜亮心有成算，派人拣选精洁衾褥，连这位美人刘妃日后的铺盖都提前预备好了。

金正隆三年（公元 1158 年）开春，宋朝的"贺正旦使"

孙道夫回国前,被完颜亮召见,完颜亮斥责南宋关押金国逃人,又斥责南宋在边境盗买鞍马备战,还特别指斥南宋自秦桧死后对金国态度不如以前恭敬。这些指斥,百分之百都是在找碴挑刺,是为战争做铺垫。

一日,完颜亮召张仲轲、马钦以及校书郎田与信三个文臣论《汉书》,旁有值卫将校女真人迪实侍立。汉化的完颜亮,读书挺细,他扯起话头:"汉朝封疆,不过七八千里,今我国幅员万里,可谓是广大之国啊。"

张仲轲人精一个,顺接完颜亮话头:"本朝疆土虽大,而天下一分为四,南有宋国,东有高丽,西有夏国,若能天下一统,才真正算得上是泱泱大国。"

完颜亮点头:"欲伐宋国,有何口实呢?"

张仲轲:"臣听说宋人买马修备,招纳山东叛亡之人,以此为罪,正可攻伐!"

完颜亮脸色朗然,捻须笑道:"前些时候梁珫对我说,宋国刘贵妃资质艳美绝人,伐取宋国,一举两得。"顿了顿,好像是自言自语:"江南闻我举兵,肯定慌忙窜逃远地吧。"说这话时,完颜亮若有所思。

马钦、田与信忙附和:"这些南蛮,即使远窜,又能逃到哪里!臣等皆知江南道路、人员虚实,到时定为陛下宣力!"

完颜亮扭头瞧了瞧值班的女真人迪实,问:"你敢打仗吗?"

迪实忙施礼:"受皇恩日久,死又何惧!"

完颜亮很满意,他让迪实落座,问这个军将对于南宋军事方面的判断:"你认为宋国敢出兵与朕对战吗?如果对方出兵,你能冲锋陷阵吗?"

迪实既是女真人,又是武人,拍马奉承来得不是特别快,思虑良久,他回答:"为臣虽驽怯,也敢为陛下出死一战!"

完颜亮又问:"宋国若战,将于何地出兵?"

迪实答:"不过在淮上待我军,应该不敢深入。"

志得意满之余,完颜亮自言:"上天肯定助我成功。"顿了顿,他又说出心中更深的想法:"朕举兵灭宋后,过两三年,再讨平高丽和西夏国。天下一统之后,论功行赏,广赐将士,大家到那时候肯定就不再辛劳了。"

君臣几个人纸上谈兵,已经勾勒出未来的美好蓝图。

不过,金国臣子中也有直言之臣。派往宋国的使臣魏子平入辞,完颜亮试探他说:"你觉得苏州和大名(今河北大名)哪个地方好?"

魏子平当然知道皇帝心意,但他没有附和说什么江南富丽,反而力称大名好:"北地宫室、车马、衣服、饮食皆胜一筹,江南地方卑湿,气候溽热,当然不如上国之地。"

听魏子平这么一说,完颜亮不悦,心中怪这位臣子不解人意。

魏子平这个人不解人意,金国"解人意"的臣子一大把。吏部尚书李通、左宣徽使敬嗣晖皆是阿谀之臣。不久,完颜亮召这两人及翰林学士翟永固、韩汝嘉四人入殿,与他们商议要大修汴京,想从燕京再迁都,以此方便攻宋。

李、敬二人立刻叫好,大称天时地利人和,要大一统。

翟永固、韩汝嘉二学士耿直,劝谏说:"燕京兴营不久,帑藏已乏,民力未苏,岂可再耗费巨亿营建汴京?宋金通好已久,宋年年按时进献岁贡,如果我国兴兵,恐怕师出无名。"

听惯了依从附和之语,完颜亮登时大怒,厉声大喝:"此事非你们所知!"挥袖斥二人出殿。

没过几个月,汴京城中北宋时的旧皇宫发生火灾,完颜亮正好借这个机会,派左丞相张浩、参知政事敬嗣晖(因阿谀而升官)前往汴京重新大修宫室。

张浩渤海大族出身,为人谨慎,劝谏说中都刚刚落成,国内财力困乏,应缓营汴京。完颜亮不听。临行,完颜亮又向他询问征伐宋国的利害关系,张浩不敢正面抵触皇帝,婉言道:"臣观天意,赵氏必不长久,可待其自灭。"

完颜亮闻之愕然:"何以知之?"

张浩言:"赵构天子,以疏属为皇储,他日必祸起萧墙,自可不烦用兵,其国自亡。"宋高宗没有亲儿子可以传位,宋国日后肯定会自取灭亡。完颜亮嘉其言而不能从。

别看这位皇帝平时动不动就以"天"说事,但其实他是个现实主义者,深知"天"是不会凭空帮他灭掉宋国的,只有血与火的征伐才可做到。

9. 浩浩荡荡攻南宋

派出张浩等人去修营汴京，完颜亮不放心，又派心腹太监梁珌去监工。大公公尽心尽责，不计成本，只要最贵最好，不论金银多少。史载："运一木之费至二千万，牵一车之力至五百人。宫殿之饰，遍傅黄金，而后间以五彩，金屑飞空如落雪，一殿之费以亿万计。"（《金史》卷五）

完工之后，梁公公四处审验，稍有不如意，马上命人拆毁重造。面对这位骄横跋扈的大公公，张浩等人只能听之任之。

为了进一步加紧战争步伐，金国于正隆四年（南宋绍兴二十九年，公元 1159 年）突然废罢用于宋金双方商业贸易的密州（今山东诸城）、寿州（今安徽寿县）、蔡州（今河南汝南）、邓州（今河南邓州）等地的榷场，只留下泗州（今安徽泗县）一处榷场，每五日一开。由于事出不意，南北商旅人家觉得可能要打仗，弃物货而逃者甚众，在当时造成了很大的恐慌。

一日，完颜亮上朝，大声对大臣讲："宋国虽臣服，并非真正遵守盟誓。近来，朕听说他们招纳我国亡叛之人，又在边地买马备战，我们不可不防。"

以此为借口，完颜亮下令在金国辖下各族及诸路州县中登记人口充军，大肆扩充军旅，逐渐加速了战争机器的运行。

"金（国）方建宫室于南京，又营中都，与四方所造军器材木，皆赋（敛）于民。箭翎一尺至千钱，村落间往往椎牛以

供筋革（弓弦甲皮），以至鸟、鹊、狗、彘，无不被害，境内骚然。"（《续资治通鉴》卷第一百三十二）

金国罢榷场，营汴京，籍军兵，动静不可谓不大。从金国出使还归的南宋官员国子司业黄中忧心忡忡，劝谏高宗赵构，特别提醒金国在汴京大肆营建，肯定有南下之意，让宋高宗留心。

宋高宗赵构先是一惊，然后释然："金人营汴京，不过是修行宫罢了。"

黄中回言："臣见金人役夫数十万，行事浩大，不可能是只为修行宫。倘若金人徙都于汴京，士壮马健，数日即可驰至淮上，不可不备！"

身为宰执的汤思退等人听说此事，反而怒气冲冲斥责黄中"惊扰圣听"，认定金国不会渝盟生事。年底，金国"贺正旦使"施宜生、副使耶律翼入杭州，南宋吏部尚书张焘接待来使。

金使施宜生是福建人，本是北宋进士，靖康时南逃，后因惧罪在伪齐做官没敢回宋国，再后来就为完颜亮擢用为尚书礼部侍郎。这次，完颜亮就派他为使臣去南宋出使。施宜生当时还推辞："自以得罪北走，耻见宋人。"

施宜生如此力辞出使南宋，遭到金廷拒绝。于是，施宜生硬着头皮入南宋。毕竟心怀故国，他与张焘茶饮时，见身边左右随从少，就打暗语警示张焘："今日北风甚劲！"表面上是谈

第三章 金

天气,实则提醒张焘:"北风"即金国要来攻。他还怕张焘不明白,又大声对身边随从吆喝:"笔来!笔来!"听上去是索取纸笔,实际上告诉张焘金人"比来",即"马上就来"的意思。

张焘聪明人,自然会意,密奏宋高宗赵构,提醒皇帝应该早做战争准备。

其实,这批金使及随从,除施宜生以外,副使耶律翼等人皆是完颜亮认真择选,暗怀任务而来。其间还有不少负有间谍使命的画工,他们沿途详尽绘制自金宋边境到南宋临安(今浙江杭州)一路的地图,包括城郭、山形、地貌等,回去后统一整理,作为金国南下的军事资料。

回去后,完颜亮览见杭州湖山秀美,城郭繁华,非常高兴。他让间谍画工把杭州景色制成屏风,又添画自己着戎装骑骏马立于吴山之上,题诗曰:

万里车书尽混同,江南岂有别疆封?提兵百万西湖上,立马吴山第一峰。

勃勃野心,跃然纸上。

施宜生自以为他和张焘的对话外人不知,但他身边的随从以及混入南宋的金人奸细早已把情况上报。回到金国后,施宜生即遭逮捕,被处以烹刑,全家诛死。施宜生诗文作得极好,使宋期间,参观五代时吴越国王钱镠的一处遗迹,有

感而发,作《钱王战台》诗,诗意看似旷达、阔辽,实则充满感伤与忧愤:

> 层层楼阁捧昭回,元是钱王旧战台。山色不随兴废去,水声长逐古今来。年光似月生还没,世事如花落又开。多少英雄无处问,夕阳行客自徘徊。

字里行间,似乎已经有了某种不祥的预感。反观他青年时代一首《题壁》诗,凌云壮志,挥洒自若,自有满腔壮烈豪情:

> 君子虽穷道不穷,人生自古有飘蓬。文章笔下千堆锦,志气胸中万丈虹。大抵养龙须是海,算来栖凤莫非桐。山东宰相关西将,直把前功论后功。

完颜亮方面,在内部加紧控制,绝对禁止任何反对他攻宋的声音。太医祁宰直谏,表示金太宗时代君明臣勇,尚不能消灭宋国,时移人异,军队素质下降,加之军旅扰民,天时地利人和三方面均不利于南伐。完颜亮大怒,立命卫士送祁宰于闹市公开处决,他的家财全部充公。

杀掉一个太医也就算了,不久,完颜亮的嫡母徒单太后因劝阻南伐,也被杀掉。

先前,徒单太后有一个侍女名高福娘,相貌美丽,入宫

第三章 金

通问时被完颜亮看中,色劲冲天的完颜亮把这个美人强行临幸了。后来,高福娘被完颜亮"发展"为自己的眼线,专门伺察徒单太后的一举一动,无论太后是出去游观还是接见亲戚、大臣,高福娘都会一五一十详细禀告完颜亮。而且,高福娘丫鬟出身,心恨太后,常讲太后坏话,于是徒单太后与完颜亮之间嫌隙日深。

枕边风添油加醋,效果最大。最早参与谋弑金熙宗的思恭,其家宅与徒单太后所居宁德宫相邻。受命兴讨契丹诸部前,思恭拜谒太后辞行,讲出自己对当前大举南伐的忧虑。徒单太后其实也没说什么,只是对思恭所言叹息附和而已。

高福娘在一旁听得真切,她忙入宫见完颜亮,具陈经过,编排说徒单太后与思恭等人暗中密谋,不知道要干什么。由此,完颜亮怀疑徒单太后有异图,顿起杀心,就立命殿前点检大怀忠:"你去见太后,只称皇上有诏,让她跪受,立即杀掉!"

大怀忠与高福娘等人率兵士突入宁德宫时,徒单太后正和宫女玩棋牌。大怀忠高喝"皇帝有诏",命令徒单太后下跪。

徒单太后一时间愕然。以母跪子,已是大悖礼制。没办法,不跪不行,徒单太后刚一跪地,高福娘就从案上操起镇纸猛砸太后的后脑。高福娘毕竟是个女人,气力小,徒单太后被砸倒地后挣扎又起,大怀忠猛冲上前,扯下徒单太后身上的巾带,绞住对方脖子,把太后活活勒死。

杀掉徒单太后,完颜亮仍不解气,命人焚尸,弃其骨于水中，又杀太后左右侍从十数人。事后，完颜亮封高福娘为勋国夫人。

其实完颜亮疑忌徒单太后，也自有其道理。女真部族本来母系势力就强大，汉化之后，从大礼上讲当朝皇帝嫡母太后在政治上处于尊显之位，如果徒单太后真想废掉皇帝完颜亮，还真不是一件特别难的事情，况且完颜亮本来得帝位就不正。杀掉徒单太后，完颜亮最直接的感觉就是终于除掉了心腹之患。

国内大事料理已毕，完颜亮在国内签军，最后合番汉兵二十七万，仿唐制分为二十七军。同时，完颜亮在国内搜括马六十万匹，搜括诸路水手，共三万人。为了攻宋便利，完颜亮用宋朝降将孔彦舟为南京留守。

孔彦舟在靖康年间是北宋的京东西路兵马钤辖，金军进攻，身为宋将的他不仅不抵拒战斗，反而率所部军兵杀掠人民，劫财烧房，渡河南逃。后来，南宋要抓捕他，孔彦舟便率兵投降了刘豫的伪齐，此后数度带兵进攻南宋。伪齐皇帝刘豫被金国废掉之后，孔彦舟为金人卖命，攻城略地，杀人无算，官至兵部尚书、河南尹。孔彦舟不仅大德方面坏，私德也坏，"荒于色，有禽兽行"，见其妾所生的十二岁女儿姿貌秀丽，他竟然把这个亲生骨肉也奸污，而且一直毒打他的那个妾，让她对外声称这个女孩不是自己的骨血，最终让孔彦舟顺利把亲生女儿也纳为妾。如此淫毒乱伦之人，古今罕有。此外，下属官员欠下巨额官钱，只要把老婆送上门让孔彦舟"享用"，高兴之余，他总是大笔一挥，勾销下属的欠款。这样一个绝顶的禽兽坏种，对金国一直"忠心耿耿"。由于渔色过度，孔彦舟很快得了脱阳症，将死之际，他还不忘上书完颜亮，献策"伐宋当先取江南"。

金正隆六年（南宋绍兴三十一年，公元1161年）三月，完颜亮从燕京出发，率大队人马，浩浩荡荡奔汴京而来，自中都（燕京）至河南，所过麦地，被军队和马匹蹂践一空，当地人民大受惊扰。

至此，宋高宗赵构方信金人确实是要进攻，这才下令两淮诸将防备。同时，宋高宗下诏允许被贬罢的张浚"湖南路任使居住"，解除软禁状态。

为了应对金人，南宋朝廷派出使臣到金国，表示说："如果金国皇帝只是排銮驾到洛阳观花，则无须屯兵于两国边境；如果金国迁都于汴京，屯兵于宿州（今安徽宿州）、亳州（今安徽亳州）等地，本国（南宋）不免也要在淮上屯兵。上述举措，不是渝盟，而是为国之道，不得不如此。如果大金皇帝巡幸汴都小住，很快还燕京，本国也不会派一人一骑渡淮河置防。"

金国接待宋使，问清对方来意。这时候，完颜亮知道再遮掩也不是事，就派高景山、王全为贺宋帝生日正、副使臣，并对王全耳提面命："汝见宋王（高宗），可以面数其罪，索要宋国主要宰执大臣及淮、汉之地。如果对方不从，就厉声斥责赵构,宋国绝对不敢杀你。"接着,他又对高景山说:"你们回来后,把王全与宋主的问答,对朕一五一十具奏。"

有了施宜生那档子事,完颜亮对汉人大起提防之心。所以,派出这两个汉人为使者出使南宋,他依旧严加提防,而且在出使前威胁他们。

金使一行到杭州,高宗赵构在紫宸殿正式接见。高景山进国书后,自称口吃,让副使王全代自己替金帝传言。宋高宗点头同意。

10. 提军百万渡淮水

金使气焰熏天,厉声对宋高宗呵斥道:

皇帝(完颜亮)特有圣旨:昨自东昏王(金熙宗)时两国讲和,朕(完颜亮自称)当时虽年小,未任宰执,亦备知得。自朕即位后一二年间,曾差祈请使巫伋等来,言及宗属及增加帝号等事,朕以即位之初,未暇及此,当时不曾允许。其所言亲属中,今则惟天水郡公(钦宗)昨以风疾身故外,所祈请似亦可从。又念(宋国)岁贡钱绢数多,江南出产不甚丰厚,须是取自民间,想必难备。朕亦别有思度,兼为淮水为界,私渡甚多,其间往来越境者,虽严为诚禁,亦难杜绝。又,江以北,汉水以东,虽有界至,而南北叛亡之人,互相扇诱,适足引惹边事,不知故梁王(完颜宗弼)当日何由如此分画来。朕到南京(汴京),方欲遣人备谕此意。近有司奏言,(宋国)欲遣使来贺行幸南京,灼知意甚勤厚。若只常使前来,缘事理稍重,恐不能尽达。兼南京官阙初秋毕工,朕以河南府龙门以南地气稍凉,兼放牧水草亦广,于此坐夏,拟于八月初旬内到南京,当于左仆射汤思退、右仆射陈康伯及或闻王纶知枢密院,此三人内可差一员;兼殿前太尉杨存中最是旧人,谙练事务,江以北山川地理,备曾经历,可以言事,亦当遣来。又如郑藻辈及内臣中选择所委信者一人,共四人,同使前来,不过八月十五日以前到南京,朕当宣谕此事(完颜亮此意是想趁来使之际,把南宋的主要文臣武将先行拘捕)。若可从朕言,缘淮南地理,朕昔在军颇曾行历,土田往往荒瘠,民人不多,应有户口,尽与江南,朕所言者惟土田而已(此意是把人口给宋国,索要淮南土地)。务欲两国界至分明,不生边事。朕以向来止曾经有泗、寿州外,陈、蔡、唐、邓边面不曾行历,及知彼处围场颇多,约于九月末旬前去巡猎,十一月或十二月,却到南京,于差来正旦使处,当备细道来,朕要知端的。于次年二三月间,又为京兆,亦未曾至,欲因幸温汤,经由河东路分,却还中都去(迷惑南宋,表示只是出来游玩巡幸,不久即还燕京)。(《续资治通鉴》卷一百三十四)

自宋金绍兴二次和议以来，两国使臣到对方国家皆彬彬有礼，气氛大体上比较友好。今日，王全傲然立殿，对着宋高宗赵构指手画脚，语气乖戾，惹得宋高宗非常不快，便对王全说："听闻王公您也是北方世家大族出身，怎么这么没有礼貌。"

至此，宋高宗对王全刚才信口滔滔一席话中"天水郡公昨以风疾身故"之语还没有明白过味来。

由于事先受金帝完颜亮一再叮嘱，王全当然要表现蛮横（他本人也怕表现软弱，回去后会被完颜亮烹杀），跳脚高言："赵桓（钦宗皇帝名讳）已经死了！"

闻此言，宋高宗脸色大变，立刻站起身，转身往殿后走。王全不依不饶，依旧肆无忌惮地扬臂高叫："我来商谈两国大事，何以置我于不顾！"

宋朝文臣不敢言，倒是禁卫军军官李横上前喝止："使者不得无礼，有事朝廷理会。"

另一个军官刘炎对宰执陈康伯说："使者还在，应奏免茶酒之礼。"

陈康伯说："你自去陛下处奏报。"

于是刘炎绕过大殿屏风，见宋高宗赵构正在哭泣。赵构虽是千古奸帝，但这些泪水，想必八九成是真。被掳的父兄南返一直是他最大的"心病"，如今，听闻大哥钦宗皇帝也死了，心中大石落地之余，忆念手足情分，也是悲从中来。

第三章 金

强忍怒火,宋高宗的南宋朝廷打发金国使者还国后,立即为钦宗皇帝发丧。至此,金宋两国基本撕破面皮。

七月间,完颜亮自汝州(今河南汝州)到达汴京。南宋诏任大将刘锜为淮南、江南、浙西制置使,节制诸路人马,屯军扬州;又召回被流贬的张浚。虽如此,高宗对张浚仍存成见:"浚才疏,使之帅一路,或有可观,若再督诸军,必败事。"

张浚有人望,这时候召他回朝,宋高宗也是不得已。

另外,南宋朝廷仍一厢情愿地做最后的"和平"努力,派出国使携金帛茶酒前往金国。完颜亮并不接见,只是派大臣宣谕,声称自己要带兵出讨北部造反的蒙古诸族,让宋朝国使即刻回朝,按上次高景山、王全一行使节所称的内容办,宋国必须按期派金国指定的四位文武大臣入汴京见金帝。同时,金国拒绝宋朝使节带来的礼品。宋使惶然离去。

当月,为了消除后患,怕自己大肆兴兵后,从前被掳的北宋、辽国的皇族俘囚被人拥立生事,完颜亮下令杀掉当时还活在人世的宋、辽皇族男子一百三十多人,以此斩草除根,消除隐患。

一切部署完毕,完颜亮大宴群臣。席间,他问左丞相萧玉:"朕欲伐江南(南宋),卿以为何如?"

萧玉马上回答:"不可。"

完颜亮压住怒气,说:"朕视宋国,如掌中之物,何为不可?"

萧玉答:"上天以长江限南北,舟楫非我所长。苻坚以兵百万伐东晋,不能以一骑渡江,由此知伐宋不可。"

大怒之下,完颜亮叱出萧玉。恰巧,尚书令张浩因遣人奏事,被完颜亮责骂,当廷施以杖刑,顺便也把萧玉押出殿外,大棍子伺候了一顿。

听着殿外大杖打在屁股上的声音以及两位大臣的哀号,完颜亮对面如土色的群臣讲:"张浩大臣,有事不面奏于朕,因人转告,行事轻浮,所以要打。萧玉以苻坚比朕,真想把他舌头钉在柱上碎剐了,念其有功(指他当初诬陷金太宗诸子之事),姑且饶他。"

不久,完颜亮杀掉劝谏他不要攻宋的翰林直学士韩汝嘉。至此,金国上下,再无人敢劝谏完颜亮不要南伐了。

金正隆六年(南宋绍兴三十一年,公元1161年)十月,完颜亮分诸道兵为三十二军,留他自己的皇后徒单氏与太子完颜光英居守汴京,张浩、萧玉、敬嗣晖留汴京治省事。他本人戎服乘马,嫔妃皆从,有兵众六十多万,对外号称百万,起兵南下。一路之上,金军毡帐相望,钲鼓之声不绝。

金国大臣李通在淮河上架浮桥,金国军将士卒自清河口入淮东,远近大震。

完颜亮把金军绝大部分主力用于东线他自己的亲征军和浙东金军水军,川陕、荆襄这两个南北交战的传统战场,这一次却成了大战的烘托。他当时的如意算盘是,只要东线主

第三章 金

要战场取胜，金军水陆并举，南宋都城临安（杭州）必为囊中之物。

但是，天时人心不与，完颜亮决定攻宋之前，金国强行征兵的政策，使金国西北路的契丹人不堪其扰，爆发了撒八、移剌窝斡等契丹族农牧民众的起义，咸平府（今辽宁开原附近）原来的金国谋克（百夫长）括里也率军而起，很快攻占柳河（今吉林柳河）、韩州（今辽宁昌图北）等地，直朝金国的东京（今辽宁辽阳）杀来。

后院起火，依理完颜亮应该暂停攻宋，先把金国西北路的那些起义平定才是。但他当时唯一的念头就是天下一统，认为契丹人的叛乱不过是"癣疥小疾"，在派枢密使仆散忽土率兵攻杀撒八的同时，又派东京留守葛王完颜雍率兵去平定括里那帮人。

括里听到完颜雍大军来攻，悔怯之下忙逃奔撒八。撒八眼见数路金国大军杀至，心中胆怯，便想率众投奔辽国灭亡后西逃而去建立西辽的耶律大石。但是，当地大部分契丹民众不愿背井离乡，移剌窝斡乘间杀掉撒八，自立为头领，掉转头攻陷作为昔日辽国都城的临潢府。占据了这块当年作为辽王朝象征的地方，契丹兵民士气大振。

完颜亮派去镇压括里的葛王完颜雍，原名乌禄，是金太祖阿骨打之子完颜宗辅（讹里朵）的儿子，在金熙宗时被封为葛王。完颜亮夺位后，大杀宗室，但对完颜雍未立即下手，把他外放为东京留守。为了活命，葛王完颜雍不停向完颜亮献宝献物，力求在这位新帝面前博取些好感。完颜亮收下稀世珍宝后，又打起了完颜雍老婆乌林答氏的主意，便下诏召这位貌美王妃入宫。完颜雍夫妇感情深厚，闻诏震骇。乌林答氏痛哭一场后，深知自己如不奉诏，丈夫会马上没命，因此劝夫君允许自己赴燕京面见完颜亮。虽不忍割舍，完颜雍也别无他法，如果拒旨，夫妇二人立刻就得死。结果，快到燕京之时，乌林答氏乘看守官员不备，自尽而死。

得知乌林答氏死讯，完颜亮大怒，认定是完颜雍事先指使妻子守节。完颜雍又悲又惧又恨，悲的是如花娇妻为自己而死，惧的是完颜亮很可能生怒而下毒手，恨的是自己太无能，所以他暂时只能咽下夺妻之仇。

为了不让完颜雍安生，完颜亮一会儿改任完颜雍为济南尹，一会儿改任其为西京留守，不久又降其王爵为公爵，并把完颜雍最终改任为东京留守。不仅如此，完颜亮派自己的岳父高存福为副留守，任命心腹李彦隆为推官，让这两个人监视完颜雍的一举一动。契丹部落叛乱时，完颜雍正因母亲李氏之丧在家守孝。完颜亮一面想利用完颜雍镇压契丹人，一面又疑惧完颜宗室会趁他攻宋之际有所动作。而高存福方面，也不停向完颜亮密报完颜雍有反心。

在征讨括里的过程中，完颜雍遇到刚从汴京回来的老部下六斤。六斤告知他完颜亮南行前弑害嫡母徒单太后后，又

第三章 金

杀侄子完颜檀奴以及枢密使仆散忽土，极有可能下一步就要杀尽残余的完颜宗室。骇惊之余，完颜雍的舅舅李石建议择时起事，再不可迟疑。

于是，趁完颜亮已经渡过淮河之际，完颜雍设计杀掉高存福和李彦隆，发动"东京政变"。赶巧的是，形单势孤的完颜雍正愁手下无兵马，从南方战场逃归的金将完颜福寿以及完颜谋衍等人率众来归，他们马上拥护完颜雍为帝，改元大定。完颜雍，就是金国鼎鼎大名的金世宗。

金世宗称帝之后，下诏列出完颜亮十大罪，宣称贬其为"海陵郡王"，这就是史书中完颜亮"金海陵"称呼的由来。

闻知完颜雍称帝的消息时，完颜亮正在长江北岸准备从采石（今安徽当涂西北）渡江。乍闻萧墙祸起，他非常震惊，严命封锁消息。仔细思考过后，他准备招集主要将帅北归平叛，同时准备留下一部分金兵继续攻宋。

11. 智勇双全虞允文

金国大臣李通力劝完颜亮本人不要马上回去，当时他所说的话也不无道理："陛下亲师深入异境，无功而还，若众散于前，敌乘于后，非万全计。若留兵渡江，车驾北还，诸将亦将解体。今燕北诸军近辽阳者恐有异志，宜先发兵渡江，敛舟焚之，绝其归望，然后陛下北还，南北皆指日而定矣。"（《金史》

列传卷六十七）

这席话打动了完颜亮，使他坚定了先灭南宋再北归平叛的决心。但实际上，这个决策最终也成为他的催命符。

李通的原意很好，要完颜亮灭宋后再回去平定政变，由此可以无后顾之忧。但是，他没有料到的是，如果灭不了宋国，金军败绩而归，那又会如何？

倘若完颜亮此时先行北归，倒有百分之九十的可能平灭完颜雍的政变。

李通向完颜亮所献的"大计"，其实给了金国的新皇帝完颜雍一个绝好的喘息整顿的机会。他的臣下独吉义也庆幸地说："陛下此举若太早，则正隆（以年号称完颜亮）还没有渡淮水，如果太迟，那么契丹移剌窝斡贼势肯定过盛。如今正隆已经渡淮，移剌窝斡兵势也不强，真是天助陛下啊。如今我们金国将士都出征南方，他们的家属都留在北地，希望陛下尽快回到中都。"

金世宗听后大喜，马上点头，率领人马一路向金国的中都燕京进军，准备一举占据金国这个最具有象征意义的政治中心。

其实，早在完颜亮起兵前一个月，金国的海州（今江苏连云港）已被当地汉人魏胜起兵占领。宋朝治海提督李宝（岳飞原部将）马上任命魏胜为知州。魏胜原本只是一个弓箭手，听闻金军欲攻宋，他纠结三百多人，兵不血刃北渡淮水，攻取金国的涟水军。金国海州知州高文富派军前往剿灭，竟然被魏胜打得大败。魏胜等人乘势追着金军一路撵杀，直到海州城下。魏胜一鼓作气，在海州城内汉人的配合下，杀守城金军千余人，克复海州。

大喜之余，李宝自率三千名水军，乘一百多艘战船赴海州，与魏胜里外合击，又杀掉万余名正进攻海州的金军。然后，李宝挥水师直杀胶西，在海战中以少胜多，连发火箭，烧毁金舰数百艘，使得金国浙东道水军几乎全军覆没，完全击碎了完颜亮从海路攻取临安的战略计划，确保了临安的水上安全。

西路方面，宋将吴璘抱病指挥战斗，不仅击退了金国将领徒单合喜的金国西路军，还乘胜收复了秦（今陕西华州）、陕（今河南陕州）、虢（今河南灵宝）等州；金将刘萼开始虽攻下信阳等地，但很快就被宋军阻挡，金国的蔡州、邓州等地反而又落入宋军之手，双方形成了相持。

完颜亮所率主力东路大军，在战争初期进展十分顺利，可称是所向披靡，在淮西指挥宋军抵拒的宋朝建康府（今江苏南京）都统制王权纯属草包加混蛋，听闻金军将至，他连象征性抵抗一下都不做，连弃庐州（今安徽合肥）、和州（今安徽和县）等地。

身在杭州的宋高宗赵构闻败讯，"欲航海避敌"，准备开始新一轮大逃亡。幸亏宰执陈康伯以及大将杨存中（即杨沂中）坚持，他才没跑，硬着头皮"御驾亲征"。宋高宗赵构在平江（今江苏苏州）扎营，下诏召李显忠代替王权领军，召回主战派代表人物张浚判建康府。

由于初战克捷,金军迅速由涡口(今安徽怀远)到正阳(今安徽寿县)一线横渡淮河,然后,兵分两路,连下滁州、庐州、扬州等州郡,直杀长江岸边。

当时,宋将刘锜正屯军瓜洲,负责撤离真州(今江苏仪征)和扬州的民众。金军闻知,即刻遣军来争,双方在皂角林(今江苏邗江南)一带展开激烈战斗。刘锜作为南宋老将,在身陷重围的情况下,下马死战,苦拼不已,边打边退,走入本部宋军设伏的丛林中。金兵追入,宋军早已埋伏的弓弩手一时齐发,射死近千金兵。金军见运河岸路狭窄,不利于骑兵驰骋,便鸣金收兵。不料,刘锜又指挥宋军冲锋,大败金军,在混战中杀掉金国统军高景山。不久,由于刘锜忽患重疾,宋军很快撤回镇江,刘锜只以其侄刘汜率一千五百人屯护瓜洲渡口。

金国大军一时间皆于长江北岸集结,一眼望不到边。完颜亮率数十万金军南下,大有"仁义之师"的风采。金军此次行军军纪严明,不烧不杀,不淫不抢,同以前金军入寇截然不同。每攻下南宋州县,金军马上谕民安众,声称"大金皇帝仁德,无须惧怕,各安其业"。有金兵不慎遗丢火把烧毁民房两三间,也被完颜亮亲自下诏斩首,并揭榜于军,重申"军纪"。所以,他的这次南下,假仁假义,和当年隋炀帝第一次征高句丽非常类似。

在庐州,完颜亮见到未及逃跑的当地汉人,亲自慰谕:

"我已下令军人不可乱杀,如有哪个兵士杀南民,就会立即杀掉他。"金帝还赏赐当地近百名百姓每人十两银子,酒食打发。

所以,乍看此次前来的金国大军,完全是吊民伐罪的仁义之师,特别是完颜亮自率的一路,足称得上是秋毫无犯。每次交战之前,金军也以天朝天军自居,不偷袭,不诈取,战前以箭向宋军军营射发"招降书",做足春秋礼数。

为了稳住军心,宋廷派出知枢密院事叶义问至镇江,成立临时军事指挥中心,又派中书舍人兼参谋军事虞允文探视刘锜并询问败军情状。

叶义问是一个文臣,既不知兵,本性又怯懦,他一到镇江就到处抓乡民役使,掘沙为沟,中间栽木枝为鹿角,准备抵抗金军攻上滩头。役夫乡民被逼干苦力,也笑话这位叶公:"叶枢密的见识还不如吾辈农人,一夜潮生,沙沟皆平,树枝也会被水流冲荡全无,这种防御管屁用!"

不久,刘锜的侄子刘汜因骄惰导致军败,叶义问吓得直想马上找山路逃回浙东。诸将气愤喧哗,他才不得已赶往建康。

南宋派出中书舍人虞允文前往采石(今安徽马鞍山)犒劳士兵,离目的地还有十余里,就看见宋军将士三三两两散坐道旁,无精打采,全无军纪。

虞舍人下马临问,军人们皆聚集过来,说:"王节使(王权)在淮西发军令,命我们弃马渡江。我们都是骑兵出身,现在没有了军马,不能打仗,我们都不晓步战。"

虞允文点算王权溃兵,在采石一地仅有一万八千人,数百匹军马。再远望江北的金兵大营,一望无涯,人数众多,帐篷什么的根本看不到尽头。

这时候,虞允文的随从劝他回建康,说:"事势如此,皆为王权等人所坏,您被派至此地是犒军,不是派来督战,何必为别人担当败责。"

虞允文虽为书生,却胆气奇豪。他马上设立军帐,把宋朝溃军的几位将校张振、王琪、时俊等人召入,激励说:"金兵如果过江,汝辈逃又能逃到哪里?今前控大江,我军有地势之优,不如死中求生,面水一战。朝廷养汝辈三十年,难道不能一战报国吗?"

军将们纷纷表示:"大伙都想打上一场硬仗,但谁来当总指挥?"

虞允文说:"正是王权指挥失误,才陷汝辈如此败境,朝廷已经派李显忠接替王权。"

众人皆知李显忠的大名,齐声说:"朝廷选对了人!"

虞允文又说:"现在李显忠还未到达,大敌当前,我当身先赴死,与诸军勠力一战。朝廷出内帑金帛九百万缗,又有节度、承宣、观察使告身(空白委任状)在我身上,只要军将士卒有功,马上赏银授官!"

众人闻言皆拜:"今即有主事,我们愿为虞舍人一战!"

虞允文，字彬甫，隆州仁寿（今四川仁寿）人，七岁即能写文章，绍兴二十三年（公元1153年）进士及第。虞允文虽然是个文人，但姿貌雄伟，身高六尺四寸，慷慨磊落有大志。绍兴三十年（公元1160年），他作为宋朝贺正使出使金国。双方互使，一般都有宴乐射箭的招待节目。金人接待一方给虞允文弓箭，要他"露一手"，实则想看笑话。虞学士看似彬彬之士，硬弓随挽，一发破的，当时诸座皆惊。在金国期间，虞允文仔细观察，发现金国各地都急匆匆运粮造舟，就已经明白完颜亮肯定要进攻南宋。回国后他立即向宋高宗汇报，不断提醒朝廷备战。

如今大战在即，完颜亮自和州至采石，途中拜谒西楚霸王祠，感叹道："如此英雄，不得天下，诚可惜也！"布置妥当后，他又临江筑坛，刑马祭天，以猪羊投江祷胜。然后，他对金将富里珲说："舟楫皆备，可以渡江了。"

富里珲一脸难色："臣观宋军舟船甚大，我军舟小又慢，恐怕过不去。"

见这么一个老将如此怯懦，完颜亮大怒："你从前跟随梁王完颜宗弼追赵构入海，难道当时有大船吗？明天一早，你与都督完颜昂第一批渡江！"

富里珲唯唯诺诺，当面答应完颜亮，但完颜昂心中悲惧，深知此战凶多吉少，当夜差点舍军逃走。

转天一大早，金军布阵已毕，大风吹起。完颜亮以皇帝之尊，自执小红旗，指挥金军战船从杨林口（今安徽和县东长江边）出发，一艘接一艘，首尾相衔。

渡江之初，完颜亮没料到对岸有宋军步兵。战前，他问军中老将："当年梁王宗弼如何渡江？"有人回答说："梁王自马家渡（今江苏江宁西南）过江，江南虽有宋军，望见我军即溃奔，我军舟船着岸，宋军已经跑得空无一人。"

完颜亮闻言非常高兴，自语道："我这次渡江也应该类似。"

结果，完颜亮的金军水军行至江中，忽然看见岸边冒出不少宋军士兵。金人大惊失色，但当时是欲退不能。由于风大，金船七十多艘已经被吹至岸边，金兵从船上跳下，直杀宋军营阵。乍一交手，宋军因心怯还有些不支。

虞允文身在最前线往来巡视，见将军时俊正观察战况，他抚其背激励道："将军你以勇敢名闻四方，现在却立于阵后，怎么像个无胆的女人！"时俊回头，一看虞学士在自己身后，热血沸腾，立刻跳出工事，手舞双刀，奋不顾身杀向金军。

12. 身死江南留遗恨

混战之中，宋军越战越勇，被风吹至江边的金船上的金兵很快都被杀死。更有利于宋军的是，金军满载士兵的大战船因船身太重，底阔如箱，驾驶大船的金兵又不熟悉采石当地水文情况，几乎都停于江中，前后左右行不得。

第三章　金

关键时刻，虞允文派出海鳅小船，在布满江面的金军巨舟之间来回冲荡。金军水师每船只有十几名弓箭手，本来就只准备在无人抵挡的状态下渡河的，根本没有水上作战的准备，其中还有不少人非常晕船。他们在大船上零星射出数箭，连宋军毫毛都伤不着。

即使如此，海鳅小船上的宋兵凭弓箭和刀枪也伤不到大船上的金军，而当时统领宋军大战船的蔡、韩二将畏战，始终龟缩在港内不出。

正当金军兵将扒着船舷呆望之际，忽见小船上的宋兵搬出一堆上圆下尖的东西，放在船内支稳后，用火点着，只听得"砰砰砰"乱响后，忽然声如雷霆，怪东西自下蹦起，射向金军战船，纷纷落在金军大船上，轰然爆裂。在引起大火的同时，圆形物内又有大量白石灰，金军多眯眼不能视物，想救火都来不及。

这种秘密武器，被宋军称为"霹雳炮"，是世界军事史上最早把火药用于战争的武器。当然，从今天看来，宋军的这些"霹雳炮"不过是高级一些的特大号"二踢脚"，底端装发射用的粉状火药，顶部置入石灰和爆药，点燃引信后，这种大号"二踢脚"升高，烧炸后开裂，引燃金军大船。

以现在人的眼光看这些东西，会觉得这些粗制滥造的"秘密武器"简直就是儿戏。但在八百多年前，这些原始火箭的威力大得惊人，不仅烧毁了无数艘金国军船，金国军将也被这些天上掉下来的东西吓破了胆。

如此一来,金军大败,船上人大多被烧死或掉入江中淹死,败回上岸的,又被怒极的完颜亮下令全部斩杀。

此时,金军仍旧有不少战船在北岸,犹豫不决之际,宋朝有淮西溃卒三百多人乘船自蒋州(即光州,今河南潢川)撤退到此,虞允文忙派人截住他们,授以旗鼓,让他们溯江而上,迷惑金兵,使之以为宋援军来到。

完颜亮心慌,真以为宋军增援水军赶到,忙下令撤军,退回和州。然后,金军又奔往扬州,准备重新选择瓜洲渡江。

可见,此次采石大捷,完全是虞允文指挥得当,用计用谋,在敌我兵力悬殊的情况下,取得水上大胜。这次水战,宋军水军主力战舰一直龟缩未出。战后,虞允文把水军指挥韩、蔡二将各处以鞭刑一百。

听闻金帝完颜亮率军趋淮而去,虞允文对已经率兵赶至采石的大将李显忠说:"京口(今江苏镇江)我军人少,我准备前往,能否分兵与我助一臂之力?"

李显忠对面前这位文人佩服得五体投地,马上分一万六千兵士及战船随虞允文到京口。虞允文至镇江,探视刘锜病状。卧床不起的老将抓住虞允文的手说:"我的病有什么可说的,朝廷养兵三十年,最后大功出于君辈书生之手,真使我辈军人惭愧死!"

一语成谶,刘锜惭愧之余,不久病逝。

第三章 金

金帝完颜亮采石大败，金军的元气并未深伤，最后，他在瓜洲镇龟山寺设御营，准备倾力一战。他当时认为，只要金国大军过江，宋朝的国祚也就差不多走到尽头了。

但是，此时的京口，也有宋将杨存中和成闵的二十多万宋军集结。渡江求胜，只是完颜亮的美好愿望而已。即使金军果真成功渡江，胜败也不好说。

虞允文思虑周密，深恐宋军舰船数量少不足用，他下令试造新船，修补原先的旧船，极大地增强了宋朝水军的力量。新船造好后，虞允文又怕不实用，就拉着大将杨存中临江巡视。当时，宋军战士踏车船在河中上下游荡，三绕金山，回转如飞。金军如临大敌，排列如墙，举弓持满，严阵以待。其实，宋军只是试船，在他们即将靠岸的时候，掉头忽回。这次宋朝水军的"特技表演"，使得金军骇愕不已，他们从未见过行动如此迅速的船只。

完颜亮闻报，披挂骑马，临高观看。亲眼看到宋军船只如此神奇，金帝虽心中惊惧，但表面上还很镇静，笑着对诸将说："这些船这么轻快，肯定是纸做的，打起仗来不堪一击。"

忽然，诸将中有一人出列，跪奏道："南军有备，不可轻敌，此处水面、地形对我军也不利，希望能回军驻屯扬州，力农训兵，徐图进取。"

一听此言，完颜亮震怒，自拔佩剑，上前就要杀人。诸将赶忙解劝，那个说话劝谏的将领自己也不停叩头求饶，完颜亮才稍稍息怒，命令把此人打了五十军棍后放掉。

咬牙切齿之际，完颜亮深知在此耗下去对自己很不利。特别是完颜雍在东京称帝后，跟随自己外出打仗的金军逃亡者一天多似一天，假如总是胶着在此地，日久必会生变。

于是，他指示诸将转天就要渡江，下死命令说："军士敢有临阵逃跑的，杀蒲里衍（小队长）；蒲里衍有脱逃的，杀其谋克（百夫长）；谋克有逃者，杀其猛安（千夫长）；猛安有逃者，杀其总管！"

完颜亮如此死命令一下，全军上下人人危惧。汹汹疑惧之下，不少军将走入金国兵部尚书、浙西路都统耶律元宜帐中计议。耶律元宜是契丹人，当初他父亲耶律慎思窝里反，帮助女真灭辽，被赐姓"完颜"。完颜亮篡位后，在天德三年（公元1151年）下诏令凡赐姓者皆复本姓。元宜也复其姓耶律。由于自己手下兵士逃亡不少，耶律元宜深恐完颜亮清点人马后杀自己立威，心中七上八下。

众人叹息发愁之余，一个名叫唐括乌野的猛安表示："如果明天出战，我们这些人不是战死就是掉入江里淹死，只要遇败，想逃也逃不回去，不如大家共力齐举大事（指弑完颜亮）。"

众人附和，耶律元宜也赞成，并约召他的儿子、时任骁骑都指挥使的耶律王祥，准备凌晨时分趁那些护卫完颜亮的禁卫军换班时突然袭击。

有众将支持，还需士兵配合。于是，耶律元宜集合本部兵

第三章 金

士,骗他们说:"皇帝有令,命你们皆弃马渡江,游过去和宋军冲杀。"

士兵们听耶律元宜如此说,都开始大声喧哗,大叫"如果这样,我们肯定送死无疑"。

见火候已到,耶律元宜说:"新天子(完颜雍)已在辽阳继位,不如我们共行大事,然后举军北还,既可安全归家,又可到新皇帝那里请功邀赏。"

听耶律元宜如此说,众士兵齐声允诺,欢声雷动。

但是,要弑杀完颜亮还真不是很容易。在完颜亮身边,一直有五千名金国最精锐的兵士护卫,这些人皆万里挑一,精于骑射,尤其是他们的射艺,皆百发百中。这些特别禁卫军的标志是用茸丝联甲,紫茸为上等兵,青茸为下等兵,所以他们对外统称为"紫茸军",又称"硬军"或"细军"。

在金国国内的时候,完颜亮经常观看这些人比武,常对大臣们讲,攻取江南,有这五千人就足够了。其实,这些金国的禁卫精兵从不临阵战斗,平时他们最重要的任务就是环卫完颜亮,充当皇帝的贴身扈从。

到了傍晚时分,耶律元宜派人骗这些禁卫军的军将说:"江东的子女玉帛皆聚于海陵一带,现在皇上有诏,让你们马上赶往袭取。"

听说有这么大的好处,又是皇上面前红人兵部尚书耶律元宜派人传令,这些人不辨真假,一哄而去。如果有这些人坚持守卫御营周围,完颜亮的御营根本不可能攻入。

到了黎明时分,耶律元宜父子与唐括乌野等人率所部兵士向完颜亮的御营发动袭击。听到喊杀声起,完颜亮开始还以为宋军偷营。穿衣亮烛之际,忽然有一箭射入帐内,他俯拾细观,发现竟然是金军箭矢,愕然说道:"是我们自己人谋反啊。"

危急时刻,他的贴身侍卫大庆善劝说:"事态危险,陛下应该马上离开此地避一避!"

完颜亮苦笑一声:"跑又能跑到哪里去!"

说话间,他摘下壁上挂弓,准备临死一搏。嗖嗖声中,帐外弓弩射击不停,完颜亮刚一转身,就有一支箭穿胸而过,完颜亮倒地抽搐。起事的金将冲入,当胸就剁了已经倒在地上的完颜亮一刀;见其手足犹动,后面攻入的兵士们蹲下,以弓弦把完颜亮勒至断气。

混乱之中,弑杀皇帝的金军将士争抢完颜亮御营内的器物,一时间抢个精光。接着,他们放火烧毁完颜亮的尸体。

眼见事情已经成功,耶律元宜自封为左领军副大都督,派人把完颜亮嫔妃、近侍以及撺掇他南下的李通、梁珫、大庆善以及郭安国等人杀个精光。郭安国不是别人,正是先叛辽又叛宋最终率金军灭北宋的辽国汉人郭药师之子。

为了向新帝完颜雍邀宠,耶律元宜弑完颜亮后,一不做二不休,即刻派人赶往汴京,杀掉完颜亮唯一在世的儿子,即太子完颜光英。

第三章　金

太子完颜光英是完颜亮的皇后徒单氏所生，姿仪俊秀，本是一名文武全才的少年。说起徒单氏，这可是金国的一个大部族，也是与完颜皇族一直联姻的部族。金国九位皇帝中，就有三位皇帝以徒单氏女子为皇后，包括被完颜亮杀害的他的嫡母徒单氏，也是和完颜亮的皇后徒单氏出自一个大家族。

完颜亮本人的行为做派虽恶劣，教育孩子倒有一套，他曾对侍臣讲："上智不学而能，中性未有不由学而成者。太子宜择硕德宿学之士，使辅导之，庶知古今，防过失。诗文小技，何必作耶。至于骑射之事，亦不可不习，恐其懦柔也。"听说父皇完颜亮弑其嫡母徒单太后，时年十二岁的太子完颜光英正读《孝经》，便问教习的老师："《孝经》讲三千大罪，莫大于不孝，何为不孝？"老师回答："如民间儿子辈赌博饮酒，不养父母，就是不孝。"太子默然良久，才说："此岂足为不孝耶？"其实这个少年心中对父皇杀嫡母一事很感不平。

完颜亮御驾亲征前，这位少年可能预感到某种不祥，抓住父皇的衣带号啕不已，使得完颜亮当时忍不住落泪，温言劝抚说："别哭，我很快就会回来。"岂料，这父子一别，最后竟然在黄泉路上再相见。担任卫护太子任务的太子少师讹里耶，竟然也是虎狼之辈，他接到耶律元宜的文牒后，知道完颜亮已死，立刻入宫，亲手掐死了十二岁的美少年完颜光英，以此来向新皇金世宗宣示效忠。

13. 时不再来诚可惜

金世宗完颜雍得知完颜亮被弑的消息，立刻率领人马趋入燕京。耶律元宜入见金世宗，得拜平章政事，封冀国公，接着又被赐姓"完颜"。后来，这个契丹人又为金国主持平灭契丹部落反叛事宜，最后"光荣"退休，善终于家。但后来史家修金史，仍旧把此人纳入"逆臣传"。

得知金帝被弑、金军撤离的消息，一直准备脚底抹油开溜的宋高宗赵构终于喘口气，携皇子赵玮北上建康，上演"御驾亲征"的高潮部分。

金军这一次忽然大撤退，南宋又艰难度过一次灭国之难。经过几十年折腾，高宗赵构自觉身心交瘁，便于绍兴三十二年（公元1162年）夏禅位给皇太子赵玮（改名赵昚），即南宋孝宗。其实，当时赵构才五十六岁，除了有生理缺陷以外，吃嘛嘛香，干嘛嘛行，身体好得很。赵构之所以让宋孝宗独当一面，是想退于幕后安享清闲，大事决于己手，又不必为细事劳心。

太上皇这个位子，赵构一坐就是二十五年，享尽荣华富贵。宋孝宗是宋太祖七世孙，出自太祖少子赵德芳一系。宋室南渡后，宋高宗赵构自己的儿子病死，又再也生不出儿子，便从宗室中挑选继承人。所以，自宋孝宗起，赵氏皇脉转回到了宋太祖一系。

由于金世宗继位后他手下文人对完颜亮的集体抹黑，加上

第三章 金

明朝市井小说对完颜亮"淫"字当头的编排，使得他在历史中一直贴着"金海陵"和"海陵王"的标签，以一个恶人的形象展现。其实，完颜亮作为一代帝王，具有雄才大略。

完颜亮是金王朝封建化真正的建立者，正是由于他的悉心经营，最终根除了金国奴隶制色彩浓厚的部落制。金宋百年对峙其间，真正努力争取南北统一而且能够真正施行的帝王，只有完颜亮。可惜，当时金国后院起火，完颜雍在金国国内搞事情，而完颜亮部下将帅的家属都在中都，故而造成完颜亮忽然急躁，非要强行过江，以破釜沉舟之志，想先击灭南宋。由此，他手下的将帅进退失据，深怀恐惧。在这样的情况下，只有弑杀完颜亮这一条出路。

完颜亮登上帝位之后，从1149年到1156年，用了不到十年时间，通过封建化改革，确立了中央集权制度，但却忽然之间中魔一般，一统天下的执着念头开始缠绕着他，在大兴土木的同时，仓促攻伐南宋，其间有更深层次的原因。

首先，完颜亮登基，是在弑杀了堂兄的情况下完成的，得位不正。为此，想要女真贵族和大臣们从心底服从自己，完颜亮就必须建立不世之功，由此来为他自己的合法性背书。

其次，金国当初崛起得过快，瞬间就吞辽灭北宋，成为中原和塞外的主人，其实面临着不能消化胜利果实的危机。中原江山没有坐稳，金国在草原地区就面临着更加野蛮的邻居的威胁，塔塔儿等草原部族，一直对金国虎视眈眈。对于这些草原部族，逐渐封建化和汉化的金国最终只能送钱给东西才能暂时安抚。特别是完颜亮做皇帝时期，塔塔儿部族不时派出骑兵南下攻掠金国。在这样的背景下，完颜亮迁都中都，悉心经营中原，攻伐南宋，就是想积攒力量，先易后难，最终完全解决来自草原部族的威胁。

第三，完颜亮大举伐宋，还能够在战争过程中彻底拆分女真顽固贵族们固有的关系网，同时依据军功来赋予一直拥护他进行深刻汉化的改革派兵权，彻底击溃保守派势力。

第四，自从完颜亮的堂兄金熙宗改制以后，金国日益抛弃女真旧制，已经开始了全盘汉化的过程。其实也正是在这个交替的节点，女真人的勃勃尚武精神开始退化。所以，完颜亮必须把握住这个历史关口，必须趁着金国女真人还没有完全退化之前，以强大的军事力量把南宋灭掉，而后以江南和中原的物质力量和军事力量，击灭高丽和西夏，从而一统天下。当时的南宋，其实综合国力是在金国之上的。但是，由于从北宋时期开始多年的文恬武嬉，加上北宋刚刚亡国的惨痛遭遇，以及宋高宗君臣的投降主义，南宋当时的这种综合国力没能及时转换成军事实力。对此，完颜亮应该有比较清醒的认识，如果再不出手的话，等到过一些年，南宋经过持续的经济和人口增长，越来越强，女真金国势必会完全丧失优势，甚至南宋会反过来碾压金国。

第五，完颜亮本人是一个高度汉化的女真皇帝，他很想彻底摘掉自己头上"夷狄"的帽子,成为真正的堂堂中华之君。可惜的是,苻坚的遭遇和隋炀帝的衰运,全被他赶上了,不仅在他出兵之时就有当时旧辽国的力量开始反叛,而且还祸起萧墙,连同为皇族的完颜雍也乘机而起,给了他致命一击。

完颜亮被杀后,金军匆忙撤退,几乎是向北一路溃逃。

与此同时,金国内部在完颜亮起兵的前后一直起义遍地。当时辛弃疾参加的耿京领导的汉人起义就发生在济南附近,很快就有几十万人参加。在完颜亮大军到达淮甸(今江苏淮安淮阴一带)时,耿京就派人联络南宋。后来,这支起义军的大部在辛弃疾率领下投奔南宋。除此以外,金国当时还有大名府的王友直起义,这次起义遭到完颜亮手下金国都统完颜斜也的残酷镇压,完颜斜也率领金军屠杀当地居民三十万口,族灭了一千七百余家。起义失败后,起义领导人王友直率余部投奔南宋。金国内部不仅汉人起义,也爆发了不少契丹人的起义。从正隆五年(公元1160年)起,处于漠北边境地带的契丹人怕全民丁壮被征发之后,留守当地的老弱妇孺会被漠北蒙古部落袭击,就拥戴撒八为首领聚众反金。契丹起义军一度还攻克了韩州和咸平府。完颜亮派大军镇压,撒八打算率众投奔西辽,但他手下绝大多数契丹人不愿意离开故土,撒八的部下移剌窝斡将撒八杀死。虽然,撒八起义最终失败,却也严重动摇了金国在蒙古边境的防线。不久,金国的东京辽阳附近又发生了契丹人括里领导的起义。而恰恰是留守东京的女真贵族完颜雍借平定括里起义之机开始调兵,最终在辽阳聚集了三万五千人。有了这些军事力量以后,完颜雍在十月七日于辽阳正式称帝,改元"大定",并下诏,宣示完颜亮的罪恶,废黜完颜亮帝位,贬其为海陵王,后又宣布废完颜亮为庶人。

完颜亮被杀后,完颜雍还没有坐稳帝位,从前线回撤的金国大军一路溃退,金国确实处于风雨飘摇之中。南宋老臣张浚当时就给宋高宗赵构上密奏,希望宋高宗能趁机恢复故土。时任殿中侍御史的陈俊卿则认为,当时南宋军队出击之后,即使得到故土也守不住,不如先从对金国称臣纳贡的名分方面加以争取,尽可能减少付给金国的岁币。而当时担任平江签判的梁克家还写信给陈俊卿表示说:"敌虽遁,吾兵力未振,不量力而动,将有后悔。"而当时担任礼部侍郎的金安节给赵构呈上了进取、招纳、备守三种策略,其实以备守为进取和招纳的基础。也就是说,金安节认为当时还不是进取的好时机,希望宋高宗保守一点。而殿中侍御史吴芾和张浚则上疏劝宋高宗御驾亲征。虞允文上书陈述收复两淮三策,但这封疏奏没有被送到高宗面前。次年正月,宋高宗委任虞允文为川陕宣谕使。临行前,虞允文向宋高宗谏言应该趁此机会恢复大宋江山。可见,南宋朝中有人认为应该趁机恢复故土,也有人持保守意见。

最终,金军溃退之时,南宋君臣没有趁机大举反攻金国。最主要的原因,就是作为最高决策者的宋高宗赵构始终没有恢复之志，他最大的愿望就是维持现状，保持他自己的皇权稳定。同时，当时的南宋确实缺乏将帅人才。此前和完颜亮打仗的，不是刘锜这样的老将，就是虞允文这样的文臣，军事人才非常匮乏。完颜亮南下一开始，南宋淮南和江北之间的土地就迅速遭到金军占领。出乎意料的是，完颜亮仅仅在两个月之后就在兵变中被杀，南宋对这个突发事件根本没有任何心理准备，最终南宋坐失了恢复故土的最大良机。

14. 善于守成金世宗

金世宗完颜雍的父亲是完颜宗尧（初名完颜宗辅），是金太祖完颜阿骨打的第三子。完颜宗尧是早期女真皇族中非常有头脑的一位王子，当年完颜阿骨打率领诸子出征时，完颜宗尧就主张以汉制对汉人，相比完颜宗翰等人所推行的杀戮政策，完颜宗尧要温和得多。金天会十三年（公元1135年）完颜宗尧去世时完颜雍只有十二岁。他的母亲李氏出身于辽阳渤海大族的汉族，对完颜雍教导有方。

青少年时代起，完颜雍相比别的女真王子，性格沉静明达，善于骑射。金熙宗皇统年间，完颜雍被封葛王，为兵部尚书。完颜亮继位之后，一直猜忌完颜雍，因为完颜亮知道完颜雍能文能武，在女真贵族中威望也高，对他一直不放心。由于完颜雍的王妃乌林答氏经常劝完颜雍多向完颜亮进献珍异，所以在完颜亮执政期间，完颜雍虽为重要宗室，但一直免遭诛身之祸。后来，完颜亮南下，天怨神怒，完颜雍在东京设计击杀高存福等人，在众人推立下登基为帝，是为金世宗。完颜雍继位后，改元大定。从此开始了他二十九年的帝王统治。

完颜雍之所以在金帝完颜亮还活着的时候就能顺利地登上皇帝宝座，绝非偶然。作为女真王子，他一直有着治理地方的经验，深知吏治之得失。而当时完颜亮的伐宋战争极不得人心，金国从上到下都反对这场战争。而这些，都为完颜雍的继位提供了条件。

完颜雍虽然顺利继位，但当时的金国也是内忧外患，让人头疼，内有金国贵族互相争权夺利，外有金国各地各族人民的起义。完颜雍登上帝位之后，一反先前金熙宗完颜亶和海陵王完颜亮滥杀女真宗室贵族的做法，马上表示维护宗室贵族的利益，而且对完颜亮先前手下的高官采取宽容大度的政策。同时，他还下诏历数完颜亮先前杀徒单皇太后、金太宗及完颜宗翰、完颜宗弼子孙，以及平毁上京等几十条罪行，给被完颜亮弑杀的金熙宗完颜亶除掉东昏王称号，加谥号为熙宗，改葬思陵；同时下令修复被完颜亮毁掉的会宁府宫殿，对外恢复金国上京称号。而后，他还多次下诏令给那些被完颜亮无辜杀戮的大臣及其家属恢复名誉，派人到各处访求那些被杀大臣的遗骨，最终由官府以礼收葬……金世宗的这些措施，对安抚和笼络女真宗室贵族起到了巨大作用,他甚至对那些原来反对过他但人品好、有才能的人也既往不咎,仍然重用。比如完颜亮时的尚书左丞、右领军大都督纥石烈志宁,在完颜雍继位前,曾率领手下军马准备去攻打完颜雍。完颜雍在东京继位后派使者争取他们归附,纥石烈志宁却忠于完颜亮,不但不肯归顺,还先后杀死完颜雍派去的使者九人。完颜雍用武力征服纥石烈志宁之后,不但没有杀他,还对他委以重任;日后与南宋打仗,正是纥石烈志宁率领金军取得符离(今安徽宿州东北)大捷。正是金世宗这种不计前怨的任人政策,使得先前完颜亮手下的不少女真贵族和官员纷纷前来投奔,所以他很快就稳定了自己的统治。

称帝之后,金世宗完颜雍整顿内政,发展经济,巩固皇权,与民休息。金大定二年(公元1162年),他把来自中原参加南征的步军都遣返回家,派官员到汉人起义密集的山东地区,招抚完颜亮时期因苛重的兵役和劳役而起义的农民,而且颁布法令,表示说只要先前起义的农民及时归农,罪名一律赦免。金大定三年(公元1163年),对那些移住中原的女真人户,但凡父兄子弟俱在兵伍的,也遣放一丁回家进行农耕。金大定六年(公元1166年),对宋战争一结束,双方签订合约之后,他下诏放还大部分仍在军旅的兵士,在宋金边境仅留六万兵士戍备。在经济方面,完颜雍积极发展农业生产,招收流亡无地的农民开垦土地,减轻农民的负担;在他统治期间,金国的税收不及什一,号称"两税之外,一无横敛",使得许多汉族百姓真心归附。同时,金世宗本人躬行节俭,不尚奢华。他不仅严于律己,还严肃地管束金国的王公大臣。为此,在金世宗统治下,不到数年,金国国库充实,民间殷富。完颜雍继位时,金国的全国人口只有三百多万户,二十年后增至六百七十多万户,等于是翻了一倍还多。金国九代皇帝中,只有完颜雍享有"小尧舜"的美称。

当然,金世宗被后来的皇太极、康熙、乾隆等清朝皇帝极大推崇,就是因为他在金国国内推行封建化的同时,一直反对全盘汉化。他当时清醒地认识到,女真贵族不加辨别地吸收过多的汉文化和习俗,会导致女真族丧失尚武本性。为此,金世宗曾向右谏议大夫、契丹人移剌子敬流露过自己的想法:"亡辽不忘旧俗,朕以为是。海陵(完颜亮)习学汉人风俗,是忘本也。若依国家旧风,四境可以无虞,此长久之计也。"金大定十一年(公元1171年)以后,金世宗频频强调维护女真旧俗,他亲自去巡视金国的上京会宁。金大定二十四年(公元1184年)三月,金世宗又亲率诸皇子皇孙回上京会宁寻根,在太祖完颜阿骨打起兵之地建立大金得胜陀颂碑,大力弘扬女真精神。直到转年九月,金世宗一行才返回中都。

作为一位女真族传统的坚定捍卫者,金世宗为保存女真文化可谓殚精竭虑。他还禁止女真人改汉姓或穿汉服,大力提倡节俭、率直、骑射、力田等所谓的"女真旧俗",同时明明白白地反对奢华、狡诈、游逸以及不事生产等"恶习"。

金世宗大力倡导女真人学习和使用女真语、女真文。他兴办女真字学，创立女真进士科，还下诏让大臣们用女真大小字翻译儒家经典。特别是女真进士科的创立，不仅是为了保全女真文化，其实金世宗还有把女真文化发展为一种能与汉文化匹敌的文化体系的意图。从金大定四年（公元1164年）开始，金世宗下诏翻译汉文典籍，先后译出《周易》《尚书》《论语》《孟子》《春秋》《孝经》《老子》《文中子》《刘子》《史记》《汉书》《新唐书》《贞观政要》等；而后，他下令将这些译著作为女真字学的教科书颁行到全国各地。以女真文字来翻译汉人的儒家经典，最能体现金世宗的文化主张。他认为，女真人朴实无华的传统美德与儒家的价值观念非常契合，从这个角度看，金世宗很乐意接受儒家文化，其真实目的在于要把儒家的伦理道德观念移植到女真文化中去，而不是让女真人抛弃本民族文化来全盘接受汉文化。

金国国内除了女真的全盘汉化问题，还有女真的贫困化问题。这个问题关系着金国自身立国的依靠力量，解决不好的最直接后果就是金国军队素质日益下降。女真贫困化的原因其实很尴尬，因为金国击灭北宋太突然了，连他们自己都想不到那么快，没有任何统治汉地的心理和政治准备，所以，他们就不像后世的清朝那样一开始就圈地。刘豫的伪齐建立之后对于汉地人民的抢掠行为逐步减少，当金国把女真移民送到汉地之后，忽然发现汉人已经占据了大量土地。这些后来的女真居民不可能像先前征伐北宋的时候那样对占领地汉民强行掠夺，因为从法律上讲这些汉人也是大金子民，所以，他们只能硬着头皮去开荒。真正干起活来，这些女真人才发现自己的农业知识太缺乏了，所以大量的女真居民日益贫困化。因为金国女真人是统治民族，所以金世宗不可能让自己的同族面临经济崩溃，便对汉民进行括地，以国家名义强行收购，甚至掠夺汉人土地，然后再租给女真人耕种。金世宗时期人口没有那么多，土地问题还有弹性，但到了金章宗以后，括地不断扩大，汉人土地被大量强行掠夺，最终激起红袄军起义。

当然，金世宗完颜雍毕竟只是一个金国的封建君主，他在位期间，还是或多或少在金国国内对汉族、契丹族等民族实施歧视与压迫政策，一直还是推行"女真为本"的所谓国策。比如为了照顾女真人的生计，他下诏一再拘括汉人的土地给女真族的猛安谋克户，从而导致了河北等地汉人与女真人之间积怨甚深。金世宗手下的尚书右丞唐括安礼是一个汉化女真人。当时，金世宗为救济女真屯田军户就想签汉人佃户入军籍，从而把汉人所佃的官田分配给女真人，唐括安礼就进谏说："猛安人与汉户，今皆一家，彼耕此种，皆是国人，即日签军，恐妨农作。"金世宗听后大怒，厉声责骂唐括安礼说："朕谓卿有知识，每事专效汉人……所谓一家者皆一类也，女真、汉人，其实则二。朕即位东京，契丹、汉人皆不往，惟女真人偕来，此可谓一类乎?"(《金史》卷八十八)从金世宗这些和他认定的"自己人"言论中,就可知骨子里他其实并不一视同仁地把汉人和契丹人当成"国人",反映出他内心偏袒女真的狭隘民族情绪。

不仅对汉人防备,金世宗完颜雍对契丹人也深怀戒备。契丹问题是完颜亮时代留下来的,金世宗后来其实也没有处置好。在金国初期,契丹和奚人虽然是金国二等公民,但当时的契丹一直是女真的最可靠朋友,在征服北宋时出力甚多,发挥过很大作用,所以当时的女真和契丹关系很好。但是,因完颜亮南下而闹出了边境地区契丹农牧民起义,这就标志着契丹和女真的决裂,而金世宗继位后虽然号称剿抚并用,其实总体来说对起义的契丹人一直是大肆屠杀。从此以后,契丹就成了女真金国的死敌,这种情况一直持续到蒙古铁骑的到来。

金世宗平定契丹起义后,对契丹一直采用铁腕的镇压政策,甚至限制契丹成年人用马,规定契丹人只有六十岁以上的人才能用马。由此,契丹人对女真金国充满怨恨,成了一颗定时炸弹。

金国防范契丹的另一个隐患,就是从此之后金国军队除了女真以外再没有合适的游牧民族成分。所以,蒙古崛起之后,金国不得不开始使用纠军(辽金以边地部落组成的军队)。作为草原旁的一些小部落,诸纠军和先前契丹的实力和号召力完全不是一个档次,由此金国逐渐丧失了完全控制草原部族的军事能力。

金世宗在位的近三十年间，金国国力确实增强，而且国内矛盾相对减少，特别是允许女真和汉人通婚，从实际上开始相信而且利用汉族地主的力量。金世宗在国内近三十年的善政，也使得金国中后期不少汉族人对金国建立起比较强的国家认同感。

15. 诗文圣手金章宗

金章宗完颜璟，小名麻达葛，是金世宗完颜雍的孙子。他的父亲完颜允恭本来是金世宗时太子，但得病早死，被追谥为金显宗。金世宗任命完颜璟为尚书右丞相，立为皇太孙。金大定二十九年正月癸巳日（公元1189年1月20日），金世宗驾崩，完颜璟于同日在灵柩前继位，这就是历史上的金章宗。次年，金国改年号为明昌。

金章宗青少年时代生长于祖父金世宗执政的"大定之治"时期，从小就对祖父的文韬武略耳濡目染，而且一直由宿儒教诲，对于儒家文化融会贯通。他继位之后，极力效法北魏孝文帝的全盘汉化改革，不再因循金世宗时期的民族本位主义。

金章宗聪慧好学，喜好文学，崇尚儒雅，所以他在位期间那些执政大臣多是文采斐然的大儒，可以说是政治清明，文治灿然。当时应该是金国最为繁荣兴盛的时期，经济持续发展，人口不断增长，府库充实，天下富庶。根据金泰和六年（公元1206年）的人口统计，金国总人口超过五千六百万。秦汉唐最盛时，全国的人口总数也就是和这个数字差不多。不过，到了金章宗在位后期，金国的中原地区水旱蝗灾频频发生，又发生了三次黄河大决堤，两岸农民流离失所，中原农业遭到严重破坏，致使中央财税大受影响，严重损害了金国经济。当时的南宋权臣韩侂胄见金国国势衰退，就开始匆忙北伐，最终一败涂地，宋金双方最后在金泰和八年（公元1208年）议和，史称"嘉定和议"，宋国尊金国为伯，岁币增至银三十万两、绢三十万匹，向金国纳"犒军钱"三百万两，金国也归还了南宋失地。虽然从南宋这边占了便宜，但北方蒙古诸部忽然兴起。金章宗曾派兵到蒙古部落实行减丁政策，诱使蒙古诸部互相残杀，但最终收效不大。最后，成吉思汗统一了蒙古诸部，成为金国最后的掘墓人。

金章宗身为太平天子，生活奢靡，金国的官僚机构也日益膨胀，金国官员数量比金世宗时期激增三倍，加上赈灾、河防和军费，金国财政日益窘迫。为弥补财政亏空，金国开始滥发交钞，造成严重的通货膨胀。金章宗完颜璟在世时，一万贯交钞只能买到一个烧饼。金章宗崩逝两年之后，有一次给一部军队发军赏，竟然动用了八十四辆大车来装运交钞。

金章宗末期，宠爱妃子李师儿（后封元妃），信用李师儿的两个兄弟等李氏外戚，还任用经童出身的胥持国管理朝政。

这些人互相勾结，在朝中营利干政，使得金章宗后期的政风逐渐下滑。

李师儿貌美如花，声音清亮。金国宫中有一个规定，每年都会选清纯的少女入宫当宫女，然后再择优选一些聪明伶俐的宫女接受宫教，以便选择出最出众的美女侍奉皇帝与后妃。宫教时，老师用青纱作为障蔽与被教的宫女隔开。金章宗时，在金国宫中教宫女读书的老师中最著名的一位叫张建，官职是翰林文字。有一天，张建正在给宫女们上课，金章宗恰好赶来，就询问这批宫女中哪位出众。张建和宫女彼此间一直隔着帷障，所以他与这些学生都没有真正见过面。即使如此张建还是回答说："这些人中哪位声音清亮，就最值得一教。"于是，张建问了一个问题，马上就有一个清脆悦耳的声音飘过隔帘，金声玉振般传入金章宗耳中。金章宗被这声音吸引，马上唤这女子出来面君，这个女子就是李师儿。从此，美女李师儿就受到了金章宗的宠幸。相传，金章宗在宫内的昭明观后面特意为李妃修建一个梳妆台，这个梳妆台不是现在的梳妆台，而是一个高台建筑物，金章宗经常与李师儿在妆台观景赏月。有一天，章宗皇帝拥着李师儿，随口吟出一联："二人土上坐。"李师儿应声对曰："一月日边明。"男欢女爱，诚为千古绝对。可见，李师儿不仅相貌好，善解风情，而且慧黠过人，通文识字，诗词歌赋也很精通，金章宗对她更加爱幸。爱屋及乌，她已逝的父亲被追赠金紫光禄大夫、上柱国、陇西郡公，两个哥哥都成为金章宗的近侍,权倾朝野。金章宗的钦怀皇后去世后,中宫之位久虚,金章宗很想立李师儿为皇后。但金国的先前所有皇后都出自唐括、蒲察、徒单等女真名门望族,李师儿出身寒微,又是汉族,所以遭到多数宗室大臣的反对。为此,金章宗只好作出让步,晋李师儿为元妃,其实是宫内实际上的皇后。

金章宗子嗣匮乏,先前的钦怀皇后蒲察氏与其他妃嫔先后给他生了几个皇子,但都是年幼即亡。临幸李师儿之后,她竟然怀上龙种,让章宗皇帝欣喜若狂。皇子刚刚满月,就被加封为葛王,当作准皇储来对待,赐名忒隣。谁料想,皇子在两岁时候病死了,章宗皇帝与李师儿为此痛不欲生。

金章宗之所以宠信李师儿,应该还是和他的高度汉化有关系。嫔妃之中,唯独李氏诗词歌赋样样精通,深得金章宗心仪。金章宗自幼接受女真文化和汉文化双语教育。作为金世宗的皇太孙,他能够和祖父用女真语交谈,也能写女真文字,所以才深受金世宗的喜爱。但是,他同时又是金国诸帝中汉化程度最深的皇帝,女真族的全面汉化也最终在他当朝的时代宣告完成。他在位期间,和宋朝一样,非常尊崇孔子,下令修缮金国国内的孔子庙学,施以雕龙石柱,极尽壮观。他下诏全国州县修建孔庙,还要和避帝王名讳一样避孔子名讳。同时,金章宗还在金国完善科举制度,增设制举宏词科,以至于儒风大盛。另外,他派人参考唐宋沿革,议定礼乐,健全礼制,还开始祭祀三皇五帝和禹汤文武,这表明金国已继承汉族王统。完颜璟下诏禁止称女真人为"番",本人也宛然一名汉家天子。

金章宗雅好汉族士人的书画作品,他本人还是一位大文学家、大书法家。他所作《宫中》绝句:"五云金碧拱朝霞,楼阁峥嵘帝子家。三十六宫帘尽卷,东风无处不扬花。"意境宏大,用词浓艳,自有帝王气魄。特别是他的书法,学得一手惟妙惟肖的宋徽宗瘦金体,以致后人难分彼此。现藏大英博物馆的顾恺之《女史箴图》古摹本,图卷左端书有《女史箴》一则,明清以来,几乎所有的画谱均认定是宋徽宗手书,后来经过日本学者外山军治仔细辨识,发现文中"恭"字缺笔,由此认为其应出自金章宗完颜璟之手,因为金章宗父亲是完颜允恭,为了避其名讳,所以才缺笔。如果是宋徽宗所书,这个恭字不可能缺笔。宋徽宗的瘦金体特别难学难写,金章宗却把这种笔体学得神形兼备。元朝文人陶宗仪就说,自古帝王知音者五人,分别是:唐玄宗、后唐庄宗、南唐后主、宋徽宗、金章宗。

金泰和八年(公元1208年),章宗皇帝身染重疾。这时候,他还是没有儿子存世。皇宫中有两个承御(嫔妃),一个姓贾,一个姓范,两位美人都已经怀孕,但可惜金章宗已经等不到她们临盆生子的时刻了。自己死后,金国的皇位给谁呢?弥留之际的金章宗非常矛盾。于是,他唤来卫王完颜永济。完颜永济是金章宗的叔叔,金章宗一直十分敬重这个叔叔,有意要卫王完颜永济嗣位。卫王完颜永济当时一听,又惊又怕,坚

第三章 金

辞不肯领命。金章宗流泪呜咽，感慨地说："叔父不欲做主人，遽欲去耶？"当时，李师儿正在金章宗身边侍候，心如刀割，就劝皇帝道："此非轻言者。"这样立储君的大事，哪能这样轻易就说出来呢？挨到年底，金章宗实在不行了，陷入弥留状态，李师儿就和宫内宦者召平章政事完颜匡共议大事。完颜匡曾是金章宗父亲的侍读，也是金章宗最亲近的重臣，他也同意立卫王完颜永济。

金章宗临死，似乎有所遗恨，就留下遗嘱说："朕内宫有二人现在怀孕，如其中一个生男，当立为储贰。如二人都生男孩，择可立者立之。"如此一来，等于就把接替自己皇位的卫王完颜永济当成了一个皇帝临时工。

卫王完颜永济继位之后，显现出他不厚道的一面。他和完颜匡定谋，诛杀了李师儿和她的兄弟，然后又杀了马上要临盆的金章宗妃子贾氏，又强行令范氏堕胎，逼这个女人落发当了尼姑。而完颜永济杀李师儿的名目，竟然是诬称她与一个叫李新喜的宦者合谋，诈称宫人怀孕，伪造皇嗣，篡夺大金社稷。其实，如果看金章宗的遗嘱，他两位嫔妃怀孕都是白纸黑字写在诏书上的，根本就不是李师儿自己伪造瞎编。但是，宫禁秘事，充满迷雾，金章宗所托非人，被这位皇叔一直以来的假厚道给骗了。其实这也怪金章宗，他自己没儿子，即使选接班人，也要像南宋皇帝那样从自己的同辈或者下一辈选，哪能选自己的叔叔辈接任自己帝位？

金大安元年（公元 1209 年）正月，金国朝廷给金章宗上谥号"宪天光运仁文义武神圣英孝皇帝"，庙号"章宗"，葬于道陵。

16. 懦弱之君卫绍王

接替金章宗继位的完颜永济，自幼懦弱，平庸无能，但先前在金世宗和金章宗两朝，都表现出一副持重老成的样子。根据《金史》记载："卫王长身，美髯须，天资俭约，不好华饰。"他继位后，就立自己的儿子胙王完颜恪为皇太子。

完颜永济继位的时候，金国面临内忧外患。早在金泰和六年（公元 1206 年），铁木真已经统一了蒙古各部，建立大蒙古国，称"成吉思汗"。

后来，成吉思汗出兵进攻臣属金国的西夏，西夏向金国求援，作为宗主国皇帝的完颜永济竟然坐视不救。为此，西夏不得不向蒙古屈服。成吉思汗手下的蒙古兵兵势日炽。金大安三年（公元 1211 年）春，蒙古部族准备入贡，这时候完颜永济想趁机歼灭势头正盛的蒙古部族，暗中派遣重兵分屯山后，想等蒙古入贡的酋长贵臣进场时全部予以袭杀。但是，本来臣属于金国的纠军中的将领暗中给蒙古人报信，最终完颜永济的计策没有实施，还与成吉思汗结下了更大的仇怨。

随着蒙古部族的势力日益强大，成吉思汗就不再向金国进贡，反而对金国先发制人，正式起兵攻打。在蒙古军强大的攻势面前，完颜永济君臣束手无策，竟然相对哭泣。可以想见，完颜永济确实不是一个有魄力的帝王。

金崇庆元年（公元1212年），成吉思汗率领大军再次亲征金国，蒙古军一度包围金国西京大同府。同年，金国国内的契丹人耶律留哥起兵反金，数月之间发展到十余万人。不久，耶律留哥向蒙古表示投附，而后在迪吉脑儿（今辽宁昌图附近）击败金兵。至此，金国的处境更加不妙。

金至宁元年（公元1213年）八月，成吉思汗率大军又逼近中都。这时候，负责防守中都北面的金国大臣是右副元帅胡沙虎。两年前蒙古军南下时，胡沙虎竟然临阵怯逃，丢弃西京，逃回中都。但是，完颜永济对胡沙虎没有治罪，反而仍任他为大将。这一次蒙古军逼近中都时，胡沙虎仍然一味游猎，根本不理防务。完颜永济得知消息后非常生气，就派使臣到军营严词督促，惹得胡沙虎恼羞成怒。当时，胡沙虎正在喂鹞子，大声说："我胡沙虎向来是我行我素，谁想干涉我的行为，这只鹞子就是下场！"说完将鹞子摔死在地。此时，胡沙虎凶相毕露，其实已经露出要弑君谋反的端倪。使臣回宫之后不敢怠慢，马上把胡沙虎的言行加以禀报。岂料，作为皇帝的完颜永济竟然未对胡沙虎采取制裁措施。

金国皇帝软弱可欺，都城外面又有蒙古大军，手握重兵的胡沙虎于是觉得有机可乘，更坚定了谋反弑君的决心。经过密谋，金至宁元年（公元1213年）八月二十五日的晚上，胡沙虎兵分两路开进中都城，一路进攻章义门，一路进攻通玄门。胡沙虎先骗开了城门，用计杀死了守城的左副元帅徒单南平和他的儿子刑部侍郎徒单没烈，把他们所属部队收归己有。接着，他就率兵包围皇宫。到了东华门，胡沙虎命军士火烧东华门。刹那间，烈火腾空，东华门变成了一片火海。宫内守门军士见势不妙，纷纷逃跑。胡沙虎命人搬来云梯，亲随护卫斜烈乞儿、春山二人率军从云梯上翻进宫城中，砸开大锁，从里面打开东华门。接着，胡沙虎率军一拥而入，解散了禁卫军，全部换上了他自己的亲兵。宫墙坚厚，宫门紧锁，身为皇帝的完颜永济竟然连脸都不敢露，可见这个人懦弱到了什么地步。这时候，完颜永济以皇帝之尊，若能登楼一呼，向禁卫军或者胡沙虎手下的兵士们喊话，还有很大的可能会逆转形势。

入宫之后，胡沙虎自称监国大元帅，要求礼部令史张好礼为他铸造一颗监国元帅的大印。张好礼是个汉人官员，挺倔强，回答说："非法铸印，实难从命，要杀要剐，将军请便。"胡沙虎也拿张好礼没有办法，只好将他赶了出去。活捉完颜永济之后，第二天一早，胡沙虎就派亲兵把皇帝赶出宫门，押送到他原先的王府软禁起来了。然后，胡沙虎派宫内的黄门官到内宫去取皇帝玉玺。黄门官到存放玉玺的房内，看到护玺的郑夫人正坐在玉玺旁边。黄门官向郑夫人说明了来意。别看郑夫人是一介女流，但却义正词严，把黄门官痛骂了一顿。黄门官赶忙回去向胡沙虎报告，胡沙虎听后，气势汹汹地来到郑夫人所在的殿内。郑夫人冷眼看了他一眼，端坐不动。胡沙虎恼羞成怒，就要上前去抢玉玺。郑夫人猛然站起，而后她双手高举玉玺，厉声说道："如果你再往前走一步，我就把玉玺砸碎，让你什么也得不到！"胡沙虎其实也是一个纸老虎，如今被这位郑夫人给吓住了，再也不敢往前走了。无奈之余，胡沙虎命人在宫中搜出了另一颗刻有"宣命之宝"的金印，而后假传皇帝圣旨，把他的几十个同党全部封了高官，掌握了金国的内外大权。胡沙虎又派宦官李思中到卫绍王府，以毒酒杀死了完颜永济。

完颜永济只做了五年金国皇帝，就被叛臣胡沙虎废杀。后来，金宣宗继位后，把卫王完颜永济降为"东海郡侯"，四年后又追谥为"绍王"。所以，卫绍王虽然当了五年金国皇帝，却没有皇帝的位号，不是金国的什么"宗"，时人和后人，皆以"卫绍王"称之。由于金宣宗后来毁掉了卫绍王时代的所有"实录"和"起居注"等重要文献，所以完颜永济在位的五年几乎就是历史空白。

除了对传位给自己的侄子金章宗不厚道以外，卫绍王完颜永济的人品，应该还算不错，这可以从曾经在他手下干事的贾益谦的言语中一览大概："卫王为人勤俭，慎惜名器，较其行事，中材不及者多矣。"（《续资治通鉴》卷一百六十一）

杀掉完颜永济之后，胡沙虎本来打算自己登基做皇帝。但是，当皇帝这样的大事，他自己也犹豫，就亲自到当时的尚书右丞相徒单镒家去探问，想听听这位声望极高的大臣的意见。徒单镒一点也不害怕，从容地对胡沙虎说："金国皇帝，历来都是完颜氏来做，现在你杀了皇帝要取而代之，天下的人绝对不会愿意。如果天下的人都来反对你，你的皇帝能当长吗？依我所见，翼王是章宗皇帝的兄弟、显宗皇帝（就是金章宗的生父，未登基病死，追谥为显宗皇帝）的庶长子，众望所归，元帅您应该决策立他为帝，可立万世功劳。"

胡沙虎思来想去，确实觉得自己当皇帝没有谱，于是就率领手下一帮人到彰德（今河南安阳）迎立当时的翼王完颜珣，这就是日后的金宣宗。

由于胡沙虎当时拥立有功，金宣宗继位之后，封他为太师、尚书令、都元帅，监修国史，封泽王。朝堂之上，为了证明自己弑帝有功，胡沙虎请废完颜永济为庶人。为了名正言顺，他还下令三百多朝臣商议此事。当时，太子少傅奥屯忠孝、侍读学士蒲察思忠等人支持胡沙虎，认定完颜永济败坏金国，应该废其为庶人。户部尚书武都、拾遗田庭芳等三十多人，主张把完颜永济降为王侯。但胡沙虎不依不饶，固执前议，就是要把完颜永济废为庶人。最后，刚刚登基的金宣宗听从多数大臣建议，下诏降封完颜永济为东海郡侯。后来，术虎高琪杀掉胡沙虎，金宣宗下诏，追复完颜永济为卫王，谥曰"绍"，所以后世称他为卫绍王。

第三章 金

金国这边换了皇帝,政局不稳,蒙古军队不停来攻。当时,金国元帅右监军术虎高琪屡战不利,在都城附近不停打败仗,身为权臣的胡沙虎就派人警告他说:"你连吃败仗,如再战不胜,当以军法从事。"

术虎高琪又一次出战,果然又败。得知消息后,胡沙虎咬牙切齿,对左右说要处理术虎高琪。术虎高琪害怕被杀,他手下又有兵,于是突然入京,包围了胡沙虎的家。胡沙虎完全没有防备,大刀一闪,人头落地。术虎高琪杀了胡沙虎,就提着他的首级到朝廷请罪。金宣宗一看,这事儿也不错,反正胡沙虎也不是什么好人,于是下诏赦免术虎高琪,任命他为左副元帅;为了安慰众心,与他一起击杀胡沙虎的将士也都各有封赏。

金国到了金宣宗时代,已是江河日下,昔日马上英气勃勃的女真人在蒙古人的铁蹄声中只有颤抖的份儿。

入居中原之后,昔日耐饥忍渴的女真战士渐染华风,至金世宗时代,相当多的女真人不仅完全改变了原有的民族习性,甚至渐渐自己主动改为汉姓,与汉人相互通婚。所以,在蒙古人征服过程中,女真人已经被算入"汉人"类别。《金史·国语解》中,记载了下列女真姓为汉姓的例子:

完颜,汉姓曰王。乌古论,曰商。纥石烈,曰高。徒单,曰杜。女奚烈,曰郎。兀颜,曰朱。蒲察,曰李。颜盏,曰张。温迪罕,曰温。石抹,曰萧。奥屯,曰曹。孛术鲁,曰鲁。移剌,曰刘。斡勒,曰石。纳剌,曰康。夹谷,曰仝。裴满,曰麻。尼忙古,曰鱼。斡准,曰赵。阿典,曰雷。阿里侃,曰何。温敦,曰空。吾鲁,曰惠。抹颜,曰孟。都烈,曰强。散答,曰骆。呵不哈,曰田。乌林答,曰蔡。仆散,曰林。术虎,曰董。古里甲,曰汪。其后氏族或因人变易,难以遍举,姑载其可知者云。

金人在灭亡北宋之初,疑虑中原汉人有二心,多次从东北把女真人大量移民于中原地区,人数多达几百万,以优等民族自居,监视汉人。同时,关内汉人也有七十多万户被迁移至东北地区。

本来金国统治者一直以"猜防"的心态对待汉族和其他民族,但最终女真上层贵族自己也全部淹没于民族融合的滚滚大潮之中。

大致来讲,金国的民族融合分为三个时期。

第一个时期大概是1115年至1150年。灭辽灭北宋之后,金国上层纷纷改取汉姓汉名,特别是迁居中原后,女真人在服饰和饮食方面也逐渐汉化。政治制度方面自不待言,1126年金太宗已经逐步改变"勃极烈"制度,至完颜亮时金国政治制度已经全然汉化。

第二个时期是1150年至1208年这一时间段,以金章宗崩为结束。随着租佃制的普遍采用，金国国内汉、女真之间的民族冲突日趋减弱，女真人已经全然接受儒家文化，两族之间大量通婚，汉文化日益普及，女真贵族上层都已经是具有高度汉文化修养的"上等人"。

第三个时期，是指1208年直至1234年金国灭亡。这一阶段内，金国统治者连阻止"全盘汉化"的行政命令都懒得发布，在其原本辽阔的多民族国土之内，汉语成为第一语言。南宋许亢宗曾写道：

> 自黄龙府六十里，至托撒孛董寨。府为契丹东寨。当契丹强盛时，虏获异国人则迁徙杂处于此。南有渤海，北有铁离、吐浑，东南有高丽、靺鞨，东有女真、室韦，东北有乌舍，西北有契丹、回鹘、党项，西南有奚，故此地杂诸国风俗，凡聚会处，诸国人语言不能相通晓，则各为汉语以证方能辨之。（《奉使行程录》）。

在金国后期，中原地区的女真人基本都只会讲汉语。金章宗时，不少女真人竟然称他们本民族的女真语为"番语"。如此，岁月迁延，待到蒙古人"收拾"中原时，他们发现这一广大地区居住的契丹人、女真人、奚人、汉人，无论是语言、文化、服装还是生活习俗，基本上都一模一样。所以，蒙古人就不再按原来的族群细分，而是把这些人统称为"汉人"。

17. 一误再误金宣宗

金天兴二年（南宋绍定六年，公元1233年）五月，金国南京汴梁，城池内外，烟焰渐息，士兵冲锋的喊杀声也渐渐沉寂下来，只有昔日坚城残破的楼橹和随处可闻的腐尸味道提醒活着的人们：这里刚刚经历过一场地狱般的浩劫。

初夏，本来应该是北方大地最怡人的季节，微风拂面，阳光温暖而不灼人，天空往往蓝得让人有身处梦境之感。忽然之间，汴京的开阳门轰然大开，没有平素森然的羽仪，没有金帝出行的喝呼清道之声，但见一辆又一辆的象辂、革辂、耕根车、重翟车、金根车鱼贯而出。此种礼仪用车，明眼人一看就知是金国皇族的专用车辇。

各种车辂均帘盖紧闭，全无往昔的庄严和威赫，不时有男男女女压抑不住的悲泣声从车中传出。车辂的前后左右，站满了蒙古军队的战士，他们神情紧张而兴奋，特征鲜明的扁平大脸黑得发亮，手中的兵器不自觉地握得很紧。

金国皇族专用的十数辆大车过后，又有二十多辆新造的大敞篷车，每辆车中均有数十人，从他们的穿戴上看，都是金国宗室男女。再往后，就是一大群步行人，大多是释、道、儒三教的掌门人，医官、卜士、工匠、绣女，他们失魂落魄，深一脚浅一脚地被蒙古兵一路驱赶前行。

所有这些人中，包括金国的太后王氏、皇后徒单氏、梁

第三章 金

王完颜从恪、荆王完颜守纯（金哀宗的二哥）以及金国皇宫内有位号的嫔妃美女，共有车三十七辆，宗室男女五百多人，僧道、工匠、绣女无数。这些人的最终目的地是蒙古都城和林（今蒙古国哈拉和林）。

当然，并非所有的人都能有命活着到达和林。一行人刚刚出城不久，蒙古攻汴的主帅速不台就已经高高踞坐于汴京城外五里的青城高台之上，命令士兵从车辆中一一认真甄别出梁王完颜从恪、荆王完颜守纯等所有金国皇族男子。点数验身后，这些大金王朝的男性宗室贵族们，被蒙古军人在路边全部屠杀，一个不剩。

然后，蒙古军队各级将领踩着遍地的鲜血，嗷嗷狂叫着，冲入已经吓得没魂的金国后妃所乘的车辆中。他们把剩下的女人作为蒙古士兵攻占汴梁的奖赏，光天化日之下，这些面无血色的美女们的命运可想而知。

转天早晨，有幸挨过残虐蹂躏留下半条性命的金国皇室妇女和绣女们才被押送上路，送往和林，在道艰楚万状，尤甚于徽钦之时。

从公元1128年到公元1233年，时光流逝了一百零五年，仅仅一个世纪多一点，在同样的地点，竟然又上演了同样悲惨的一幕。只不过，一百多年前的悲剧主角是北宋皇族，而现在的悲剧主角正是当年的胜利者女真皇族的后代。而包围着这些女真皇族的那些持刀林立的圆脸兵将，是来自并不遥远的大草原的蒙古人。

金国的灭亡,主要基于金宣宗的"三大误"。

蒙古灭金的战争,大概时间是从金卫绍王大安三年(公元1211年)到金哀宗天兴三年(公元1234年),前后才仅仅二十三年。蒙古作为昔日金国的"附庸",一路刀砍斧剁,就把曾经那么不可一世的大金国送进了历史的深渊之中。

蒙古诸部散处于金国的西北方向。自唐末以来,阴山一带的蒙古诸部就已经与中原王朝发生关系。宋太祖、宋太宗二位英主在位期间,蒙古诸部为了"打秋风",还常常派人向宋朝贡献些羊肉、草药等。随着辽国的不断强盛,这个马上民族又臣服于契丹人。当时的辽国虽然接纳了这些草原部族的"贡奉",但对他们怀有深深的戒心,特意在边境地带设立了许多哨卡。

金国兴起后,蒙古人自然又当了女真人的顺民。接受封爵之余,蒙古人常常向金国进贡马匹和牛羊肉等物。金国和辽国一样,对蒙古人很戒备,从来不让蒙古使者进入金国境内。所以,金国使者往往在塞外受其礼币后就打发他们走人。与昔日辽对金相似,金国对蒙古也一样,强征暴敛,设立"三部招讨司",一直以军事力量控制蒙古诸部。

但蒙古部族本性强悍,时不时也纠集数部进入女真人属地大肆抢掠,然后就带着财物跑回原地。

金国初建时,金兀术(完颜宗弼)本人曾率八万精兵进讨蒙古，可打了几年也奈何不了对方，最后只好与蒙古诸部议和，并把西平河（今蒙古国克鲁伦河）以北二十七个团塞（军事堡垒）所辖之地尽割于蒙古部落，每年还"赐"给对方牛羊米豆绵绢。金兀术之所以这样"屈尊俯就"，也是因为当时金国忙于南宋和西夏两面的攻略，不想再在西北方又招来一条大狼觊觎自己。

完颜亮时代，蒙古诸部渐强，已经成为金国的"边患"，时不时对金国武装骚扰和袭击。

金世宗时代，蒙古已发展成为金国的边境"大患"，金国每隔三年就要派出大量军队在与蒙古诸部接壤的地带主动进攻一番，攻杀日益强盛的蒙古诸部，当时称之为"减丁"，目的就是想控制这些草原"狼群"部族的数量。

自然，女真军人拣软柿子捏，凡遇到不甚强盛的蒙古部族，必定大杀丁壮后抢掳财物与妇女童弱，然后当作牲口一样卖到中原地区为奴，换取金钱。蒙古部族与金国女真之间的矛盾越来越大，他们对金国"怨入骨髓"。

金章宗时代，蒙古塔塔儿部特别强大，女真大部队就集结主力前去征剿。当时，蒙古乞颜部头人铁木真与塔塔儿部有杀父之仇，就主动充当金国前锋，配合女真人灭掉了塔塔儿蒙古部族，他自己也被金国授予"察兀忽鲁"的官称。

其实，铁木真的祖先俺巴孩汗，先前正是死于女真人之手。对于这种"深仇大恨"，他当时还不敢报，对女真人低眉顺目，装得特别好，每年都亲自到金国边境的专门地点向女真人贡奉礼品。当然，铁木真装得再驯顺，金国官员仍旧不让他入境，赏骨头一样"赐予"他一些金银绸缎就打发他回去。由此，铁木真心中仇恨的怒火日炽。

金国卫绍王继位后，还不知道先前的"忠臣"铁木真已经是蒙古诸部的"成吉思汗"了，仍旧派使臣去蒙古"宣诏"。

听说金国现在是卫绍王为帝，铁木真不但不跪拜接诏，嘴里还怒骂道："一直以为大金皇帝是天上人才做得，卫王如此歪瓜裂枣的品相，也能为帝？"言毕，纵马而去，把金国使节晾在原地。

铁木真从前在某种场合确实面见过卫王，但他以对方"怯懦"和面相不好不受诏，完全是借口。

卫绍王听金使回朝叙述因由后大怒，想把铁木真诱骗入金国境内杀掉，结果自然不成。成吉思汗也不再向金进贡，反而对金先发制人，统率蒙古诸部生力军，浩浩荡荡杀入金国。金大安三年（公元1211年）夏，蒙古军队一路夺城下寨，连下抚州（今河北张北）、宣德（今河北宣化）、居庸关。到金崇庆二年（1213年），蒙古大军竟然在围困金国中都的同时，又腾出手来分出三路军，攻取河北、河东、山东诸郡邑，杀得金国的女真军队胆战心惊，惶惶不可终日。

不久，金国的卫绍王被大臣胡沙虎弑掉，金宣宗继位。面对蒙古攻破九十多郡、杀戮数百万人的凶猛势头，他赶忙派出

金宣宗为了与蒙古和谈以解中都之围,公元 1214 年将金帝完颜永济的女儿岐国公主(图中左边马上的人物)送给成吉思汗和亲。(拉施特编《史集》所载蒙古伊尔汗国时期彩绘)

使节,向昔日的"附庸"蒙古部族乞和。

此时的铁木真还没见过"大世面",如此辉煌的胜利,让这个蒙古部族头目出身的人自己脑袋都发晕,便同意议和,为此向金国勒索"公主及护驾将军十人,细军(禁卫精兵)百人,从公主童男女各五百,彩绣衣三千件,御马三千匹,金银珠玉等物甚众"(《大金国志》卷二四)。

人、财、物金国都有，金宣宗自然一口应承，忙把先前被胡沙虎弑杀的金国皇帝卫绍王完颜永济的女儿岐国公主连同其他金银男女器物一并送去，很快与蒙古签订了和约，并派丞相完颜承晖亲自将蒙古大军送出居庸关。这些草原兵将，如今是兵精马壮，满载而归。

蒙古军士在金国国境之内的行为极其残暴："两河山东数千里，人民杀戮几尽，金帛、子女、牛羊、马畜皆席卷而去，屋庐焚毁，城郭丘墟矣。"(《两朝纲目备要》卷十四）出关之前，蒙古人把在山东、两河地区所掠的金国数十万少壮男女皆杀死，原因很简单，这些人暂时用不着，还不用他们在攻城时填壕沟或当苦力、挡箭牌，他们活着就是"浪费"粮食，还是杀掉省事。

当时的金国朝廷，弑卫绍王的胡沙虎已被大将术虎高琪杀掉。去一贼出一贼，术虎高琪也不是好人，他利欲熏心，结党营私，与金宣宗君臣二人各怀鬼胎。

蒙古人虽然退走，但金国的河北、山东许多地方仍处于蒙古军控制下，他们随时会再次兵临城下。畏惧之余，金宣宗决定迁都，要率六宫和诸大臣逃到汴京躲灾。这一举动，就是金宣宗的第一大错误。

18. 北边损失南边补

　　金国有五个国都，分别称之为上京、东京、西京、北京和中都。上京在会宁府，是完颜阿骨打陵墓所在的地方，位于今天的黑龙江阿城县城南。后来完颜亮当皇帝的时候南迁，上京即成为一个象征性的都城，主要与金国祖先的祭祀有关。每年皇帝北狩的时候都要去上京，在上京象征性处理一下政务。东京为辽阳府，也就是现在的辽宁辽阳，辽国称此地为南京，金天会十年（公元1144年）更名为金国的东京。设置东京的目的在于管理高丽地区事务。金国的西京是现在的山西大同，当时称为大同府。辽国也以大同为西京。在金大定五年（公元1165年），金世宗在那里营建宫室，修建金太祖庙。西京大同府的营划类似于中都，在四个金国陪都之中地位最重要。大定府是辽国的中京，到了金国就改成了北京，这个地方在金国陪都里面地位最不重要。中都，则是金国的政治中心。中都原名燕京，辽国时期叫南京。金国的海陵王完颜亮做皇帝的时候，认为"燕"是国名，不适合当作京都的名号，所以把"燕京"更名为"中都"。中都在金国五个都城里面是最靠南的。它和另外四个金国都城的名字不同，称为"都"而不叫"京"，说明其他四个城市只是陪都，中都才是金国正式的国都。

　　听闻金宣宗要把都城从中都迁到汴京，左丞相徒单镒马上进谏："銮辂一动，北路皆不守矣！今已（与蒙古）讲和，聚兵积粟，固守京师，策之上也。南京（汴京）四面受兵，辽东（金国的"北京"）根本之地，依山负海，其险足恃，备御一面，以为后图，策之次也。"（《金史》卷九九）

金宣宗当然不听，他留下平章政事、都元帅完颜承晖，左丞抹撚尽忠等人，助太子完颜守忠留守中都，自己则率后宫及满朝文武仓皇逃往汴京。

这时候，休整已毕的成吉思汗听闻金宣宗南迁，大怒。他重新找到攻击金国的借口，认定金国迁都等于违背盟约，于是立刻重整蒙古大军向金国杀来。

金宣宗行至良乡（今北京房山区东南），松了一口气，就下令命扈从的纠军把先前发放给他们的精甲精骑都还送回来。纠军大怨，众人谋议后忽然发难，杀掉忠于金国的纠军主将素温，推立斫答等三人为头目，大肆杀人抢物之后，纵马逃走。

金国中都的完颜承晖闻变，率兵在卢沟（今永定河）一带阻击这些叛军，却被斫答所率的纠军击败。得胜后，叛军一路往北，竟然投降了蒙古军。

纠军原为辽国的护卫精兵，在辽国九个帝王当政期间，都跟从皇帝亲征并担当关键扈卫职责。辽国被金人灭亡后，相当多的纠军向北逃亡，或随耶律大石建立西辽。没跑掉的契丹纠军则为金国留用，主要在边境防御蒙古诸部的攻击。所以，金国的纠军，基本上是由先前辽国与契丹族源相近的草原族群组成。

第三章 金

后来，由于金国女真人自己的猛安谋克们逐渐堕落退化，纠军就成为金国战斗力最强的兵种之一。早在1204年，净州一带的"纠军杂人"就有不少向蒙古投降，受到成吉思汗的大力任用。

从良乡叛走的纠军投降蒙古军队之后，中都守城的许多纠军不堪抹撚尽忠的猜疑杀戮，也发起兵变，冲出中都城与良乡叛军会合，很快都成了蒙古军队最得力的鹰犬，并在中都攻城战中担当主力，成为把金国老主子送入坟墓的第一梯队。昔日被女真人征服的契丹族群，终于在百余年后反戈一击。

后来，随着蒙金战争的不断扩大，纠军被散编入契丹、女真、汉军之中，作为集体编制的纠军才慢慢消失掉。

听闻蒙古军盛，金宣宗大惧，要招自己的太子完颜守忠回汴京。有大臣谏劝金宣宗应效仿唐明皇当年留太子在灵武（今宁夏灵武）的故事以系天下之心。金宣宗不听。加上权臣术虎高琪猛劲儿撺掇，金宣宗召回了太子。金国太子一走，中都军民更加疑惧。

金贞祐三年（公元1215年），蒙古大将木华黎向金国的北京（大定府）发动进攻。当时金国有二十万大军守卫北京，但金国主将银青不久被部下所杀，接任的寅答虎连像样的仗都没打过一场，很快就开城投降。由于金军曾抵抗过，依据蒙古的屠城"惯例"，要把如今投降的二十多万军人和城内人民全部杀死。

当时,蒙古将领萧也先劝说木华黎:"北京为辽西重镇,如果他们投降了还要全部杀掉,以后金国哪里还有人敢投降呢?"木华黎当天心情好,就没有下令大屠杀。萧也先,从名字就可以看出,肯定是一个投附蒙古的汉化契丹人。

不屠杀这招真灵,示范效果特别强。不久,金国的金州(今陕西安康)、顺州(今北京顺义)、成州(今甘肃成县)、懿州(今辽宁阜新)、通州(今北京通州)相继降于蒙古。金贞祐三年(公元1215年),金国中都失陷。

中都城破前,完颜承晖与抹撚尽忠见面,劝他与自己一起"共死社稷"。抹撚尽忠虽然是进士出身,熟读儒家经典,但在关键时刻露出他怯懦之辈的本色,不同意现在就死。大怒之下,身为金国右丞相的完颜承晖返回自己家中,仰药自杀殉国。

数百留在中都未及撤走的金国嫔妃宫女听说守城主帅抹撚尽忠要弃城而走,连哭也来不及,急忙简单收拾行装在通玄门集结,都很想与抹撚尽忠一起逃走。望着这些吓得面无人色的嫔妃宫女,手中握有大军的守城主帅抹然尽忠骗她们说:"诸位娘娘,我领军先出为你们开路,你们随后再行。"

这些嫔妃宫女还真信了,傻傻地都立于寒风中等着出发的号令。抹撚尽忠带着自己的爱妾和一些亲信先出城,而后脚底抹油逃个没影。

蒙古兵很快就攻入中都,吏民死者甚众,而后,他们焚毁宫室，大火月余不灭。至于那些未及逃跑的嫔妃宫女，自然重复那个时代的悲惨命运。花容月貌，一夕凋零。

金国大将抹撚尽忠跑到中山（今河北定州）才喘口气，他对身边的随从亲信说："如果那些嫔妃宫女与我们一起逃，蒙古军队肯定穷追不舍，我们哪里有命逃得出！"

抹撚尽忠抵达汴京后，金宣宗竟然释而不问，还是让他担任平章政事的原有官职。几年后，抹撚尽忠与术虎高琪争权，遭受排挤。郁闷之下，他和他的兄长想重演先前胡沙虎弑杀卫绍王完颜永济之事，不料事发，被金宣宗下诏诛杀。金宣宗死前回忆国事败坏的缘由，曾讲："坏天下者，高琪、豕多也。"高琪，指术虎高琪；豕多，就是指抹撚尽忠。

金宣宗的第二大错误是进攻南宋。

南宋宁宗嘉定七年（公元1214年），成吉思汗派来的使者曾由淮水渡入南宋，送来文书及绢画地图等物。

当地的宋朝官员羁留这三个人，秘密上报朝廷。宋廷当时不想惹起事端，因为他们对蒙古部族处于基本不了解的状态，只知道蒙古与金国交战正酣。于是，为了保持中立，宋朝濠州（今安徽凤阳）官员没有接收蒙古来使试探性的文书，并把几个蒙古使者驱逐出境。同时，为了避免金人找借口生事，宋廷下诏诫告边吏，以后有类似蒙古使者到来，应一概驱逐不留。

表面如此，南宋私下已经察觉金国的虚弱，就以战乱阻隔为名，有两年时间没有及时向金国缴纳岁币。

金宣宗君臣焦头烂额之际，自然特别在乎南宋应该缴纳给本国的大量银帛。打仗就是拼消耗，眼下最缺的就是经济来源，于是，金国连续几次派特使入南宋催讨岁币。

为此，宋廷内大臣分为两派，一派是以真德秀为首的多数派，一派是以乔行简为首的少数派。

真德秀本人曾任使节入金国祝贺金宣宗登基，因蒙古攻金不得不半途折返。由于他深悉金国处于分崩离析的边缘，就向朝廷献三策：上策是趁金人疲弱之时出兵灭金，报仇雪恨；中策是停止向金输贡岁币，保证南宋内部安全；下策是继续与金国保持友好，助其纾灾解祸。乔行简则以唇亡齿寒之喻，认为应该输岁币与金，保证金国的存在，可以使对方成为宋朝与蒙古之间的缓冲和屏障，使"昔我之仇"，变为"今吾之蔽"。从当时形势看，蒙古人把女真人打得连首都都南迁，战斗力肯定非常强。南宋连金国都打不过，又怎么可能在以后面对一个比金国更强的对手呢？

乔行简的声音虽然微弱，却是明智之思。但在南宋当时"愤青"遍国的情况下，乔行简之议自然被认为是卖国行径。

宋宁宗折中之后，采纳了真德秀提出的"中策"，即停止向金人输贡岁币。当然，为了试探金方态度，宋宁宗先派贺生辰使到金国，希望金国同意减少岁币的数量。金宣宗自顾不暇之余，还特别坚持"原则"，绝不答应减数。

第三章 金

使节回朝后,宋朝上下很恼怒,就以运河枯涸无法运输为名,断绝了对金国的岁币输出。其实,此举也属太早意气用事,果真有远见的话,宋廷大可与金国虚与委蛇,口中应承,实际不给,在以战争为借口的同时,坐观女真、蒙古二虎相争,任其自相残杀。

金宣宗对南宋停输岁币十分愤恨,权臣术虎高琪添油加醋,劝金宣宗要抓住宋人不纳币这个理由,对宋国发动进攻。这样的话,北边损失南边补,可以在南方拓广疆土。

经过商议,金国不少将领也认为金军实力比蒙古不足,比宋军却绰绰有余。金宣宗乃一庸主,耳朵根子软,架不住文臣武将一番"劝说",便于金兴定元年(南宋嘉定十年,公元1217年)夏天发动攻宋战争。宋朝对此次金国来攻倒没怎么感到意外和惊惶,宁宗皇帝马上下诏表明断绝两国的"友好"关系,双方开打。

甫说,战争开始,金军依恃从前对宋朝逢战多胜的心理惯性,打得英勇,运气也不错。信阳之战,金帅完颜赛不开战取捷,一路连克光山(河南光山)、罗山(河南罗山)、定城(河南潢川)等数城,斩杀宋军近两万人。同时,金军数道皆出,在樊城(今湖北襄阳)、枣阳(今湖北枣阳)、光化军(今湖北光化西北)、大散关(今陕西宝鸡西南)以及西和(今甘肃西和)、阶州(今甘肃陇南武都)、成州(今甘肃成县)等地对宋军展开猛烈攻势。

19. "封建九公" 在河北

没过多久，战争形势开始对金军不利，许多城池得而复失，宋军从各处开始了激烈的反攻。这时候，见战争过程远远不如原先预想的那样顺利，金国统治集团内部又纷纷冒出与宋国讲和的声音。当时的金国，在蒙古大军的挤压下，势力穷蹙，真正的统治地区局促于河南一地，而且西北的西夏国因金章宗时蒙古伐夏金国见危不救，也开始与蒙古联合，不断在边境地带对金国发起进攻。同时，山东地区由汉人武装势力组成的红袄军声势日大，四处开花。除此以外，在金国原先统治比较稳固的辽东地区还有契丹人耶律留哥和蒲鲜万奴的反叛。

烽火燎原，烟尘遍地，金国可以说是四面受敌。

为此，金国想要以战逼和。金兴定二年（南宋嘉定十一年，公元 1218 年）年底，在对宋取得小小优势情况下，金宣宗主动向南宋伸出橄榄枝。出乎意料的是，这一次南宋政府的抵抗态度非常坚决，连金使也不让入境。恼羞成怒之下，不顾自己国内重镇太原城刚刚被蒙古人攻陷，金国在兴定三年（南宋嘉定十二年，公元 1219 年）春兵分三路，向南宋发动新一轮军事进攻，西起陕西，东至江淮，金军凭恃余勇而来。东路方面，金军打得不错，连下濠州（今安徽凤阳）、滁州（今安徽滁州）、麻城（今湖北麻城）、六合（今江苏南京北）等地，

第三章 金

金兵的尖刀部队也已经抵至采石杨林渡（今安徽和县东长江边）一带。

金军大胜，宋廷大恐。关键时刻，原属金国国民的李全率领汉人红袄军斜刺里杀出，四处击杀金军。本来战线就长，金军没料到会有李全插这么一脚，大慌之际，赶忙收缩战线。结果，金军主力纥石烈牙吾塔部在化湖陂（今安徽怀远以北）被李全打得大败，被迫撤退时又遭追击，损失惨重。西路方面，金军也是先胜后败，在洋州（今陕西洋县）被宋将张威截击，被杀数千人，最后只得狼狈北逃。中路方面，金军大将完颜讹可率数万金军围攻枣阳，大战两个多月，皆被宋将孟宗政击退。金军师老兵疲之余，宋将赵方派出生力军忽然从枣阳城外向金军发起攻击，守将孟宗政又开城出击，夹击之下，金军被杀三万多人，完颜讹可仅以单骑逃走。

从此以后，宋廷一扫昔日对金兵的畏战、怯战心理，双方又撕破了脸皮，你攻我杀，宋金和平完全成为过去时。

特别是金国，偷鸡不成蚀把米，本想堤内损失堤外补，岂料损兵折将不说，又多出南宋这么一个一直怀有不共戴天之仇的敌国。

金宣宗的第三大失误，就是封建九公，也就是把汉地的九个军阀封为公爵，割据一方。

金国自中都南迁汴京后，河北一带陷入了战争连年的境地。当地的汉人纷纷结社组军自保，各择主人。这些人身处乱世不仅想活命，也想趁机割据一方。蒙古方面，近期最大的收获在于收降了史秉直、史天倪父子和张柔等汉人武装。南宋方面，暂时也把李全的红袄军收纳为官军。

金国思前想后，知道对于河北、山东等地反正再也不能进行实际意义上的直接统治，便做顺手人情，选出九个势力最大的地方武装头目，全部封为公爵。

封建九公的大背景，就是金国当时的情况确实是内忧外患，可以说是四面楚歌，国事十分危急。金兴定三年（公元1219年），金宣宗眼看太原不守，河北州县也不能自立，就召集百官商议如何应对眼前的危局。当时，翰林学士承旨徒单镐等人就分析说："制兵有三，一曰战，二曰和，三曰守。今欲战则兵力不足，欲和则彼不肯从，唯有守耳。河朔（指黄河以北地区）州郡既残毁，不可一概守之，宜取愿就迁徙者屯于河南、陕西，其不愿者许自推其长，保聚险阻。"（《金史》卷一一八）也就是说，徒单镐等人认为，金国如今既然主动出击打不过蒙古，那就只能固守城池了。

既然金国定下了以守代攻之策，那么怎么才能有效实施呢？要知道，金国朝廷的兵马钱粮也是很有限，南宋又不送岁币了，和蒙古再也打不起消耗战了。于是，刑部侍郎奥屯胡撒合等人建议说："河北对于河南属于唇亡齿寒的意义，蒲

第三章 金

州（今山西永济）、解州（今山西运城）于陕西也有关键作用，如果我们把当地人民都迁走，那肯定是自撤藩篱防御。所以，我们应该宣令诸郡，选几个才干高、众所推服的人出来，只要这些人能够主动去河南或晋安（今山西太原西南）、河中（即蒲州，今山西永济）以及各地险隘为国出力的，就量给之食，授以旷土，使尽力耕稼。然后我们置侨治官职来安抚这些人，从这些百姓中选取强壮的人教以战斗之法，他们肯定可以为国尽忠。"

对此，当时的兵部尚书乌林答等二十一个大臣也表示同意："河朔诸州，应该从当地汉人当中选择那些曾经给我们大金当过官的又有才能的人，让他们亲民掌兵。但凡遇到蒙古兵马来攻，让他们出去守卫险关打仗，平时无事的时候，则可以率领当地百姓耕种备战。"

金国宣徽使移剌光祖等三人也同意，附和说："看如今太原之势，虽然我们暂时丢掉了这座城池，很快应该会得以恢复。所以还是招募当地有威望的汉人，授予他们坐镇一方的威权，如果能够率领当地百姓克复一道境土，即以本道总管官职授之。如果能捍卫州郡，就以州郡长官职务授之。由此，必能各保一方，使百姓复业。"

可见，当时的金国大臣们都意识到，随着金国军事力量的不断衰竭，北方那些地方土豪和金国的汉人遗民纷纷结堡建寨，自立名号，肯定会守土抗蒙。如今呢，金国自身兵力战力不足，既无力抗御蒙古军队的进攻，又不能制驭这些地方武装，所以，他们就共同想出了一个不得已而为之的办法，就是仿效东汉末年的州牧和唐朝中期的藩镇，对这些人封以爵位，加以羁縻，让他们作为金国的藩篱，成为金国汴京与蒙古部队之间的隔离带。他们天真地认为，这些金国先前的汉族地方豪强武装为保卫自家故土必定竭心尽力，如此一来，朝廷可以不费兵饷养兵，还可增强地方上抵抗蒙古军队的军事实力。

讨论到这里，可以想见，当时的金国多数大臣都建议对河北的汉人守臣赠位、开府、授三公爵位来进行笼络。金宣宗当时也是沉吟久之，犹豫不决。这时候，金国御史中丞完颜伯嘉进言："宋人以虚名笼络了红袄军头领李全，等于把山东实地收归己有。如果当地有人能够为我们大金统众守土，即使授予他们三公的爵位，又有什么舍不得呢！"

由此，金宣宗下决心对河北的汉人土豪和地主实施笼络政策，也将恢复金国河北领土的希望寄托在了这些地方武装身上。金兴定四年（公元1220年）二月，金宣宗下诏，分封九名地方豪强为公爵，并称"九公"。这九公可以总率本路兵马，署置官吏，征敛赋税，但凡赏罚号令，可以根据实际情况自己决定。分封九公如下：以河北、山东地封沧州经略使王福为沧海公，封河间招抚使移剌众家奴为河间公，封真定经略使武仙为恒山公，封中都东路经略使张甫为高阳公，封中都西路经略使靖安民为易水公，封辽州刺史、行元帅府事郭文振为晋阳公,封昭义节度使完颜开为上党公,封平阳招抚使胡天作为平阳公,封山东安抚副使燕宁为东莒公。

由此一来,金国就在河北形成了一道弧形地区,成为蒙古与金国之间的隔离带。河北的九公就自动成为本路兵马统帅,他们可以自署官职,自立赏罚号令,收复邻近州县后,还可以自行管辖。金宣宗的这一举措,使得金末地方割据局面正式形成。

这种分封诸侯似的九公封建,恰恰暴露了金国统治的虚弱。且不说这九公良莠不齐,各怀鬼胎,即使他们当中真有人最终抵拒蒙古成了气候,金国也不一定能控制他们。后来,九公在抗元斗争中也并没有起到多大的作用。

至于拥立金宣宗继位的权臣术虎高琪,嫉贤妒能,滥权营私,扰乱纲纪,残害忠臣,却一直占据相位。直到金兴定三年(公元1219年),金宣宗才找借口把他诛杀。但金国的政局已经江河日下,再也不能挽回。术虎高琪对金国最大的伤害,就是撺掇金宣宗与南宋开战,从此给金国更添一个仇敌,加速了金国的灭亡。

金国的汉人文士刘祁在金国灭亡之后对金宣宗南迁后的政局有过详尽细致的描述和分析。"(金)宣宗喜刑法,政尚威严,故南渡之在位者,多苛刻(好杀)。"(《归潜志》卷七)

在金宣宗时期,金国大臣徒单思忠有"麻椎(槌)相公"的外号,因其好以麻槌杀人;雷希颜在蔡州一次就杀当地土豪五百人,有"雷半千"之称;李特立爱杀人立威,外号"半截剑";冯璧外号"马刘子",特喜以马裂人为刑……凡此种种,不一而足。

而且,金宣宗还宠信宦官、外戚,特别是他最宠爱的三个妃子,都是出身低贱的女人,有"头巾王、过道史、白酒庞"之称,而王美人、史美人、庞美人她们身后那些穷出身的外戚家族,阔起来后奢侈尤甚,权势熏天。

金宣宗南渡汴京的大臣班子中,个个昏庸:"为宰执者往往无恢复之谋,上下同风,止以苟安目前为乐。凡有人言当改革,则以生事抑之。每北兵压境,则君臣相对泣下,或殿上发叹吁。已而敌退解严,则又张具会饮黄阁中矣。每相与议时事,至其危处,辄罢散曰:'俟再议。'已而复然,因循苟且,竟至亡国。"(《归潜志》卷七)

上述描绘,如果我们不看前后文,还以为是描写南宋末年或明朝末年的朝廷。更可笑的是,金国宰执大臣临事,往往不置可否,低言缓语,互相推让,还自称这是"养相体"。如此昏怯荒唐,真让人不敢相信金国朝堂上这些雍容华贵"养相体"的大人们的祖先是百余年前金戈铁马的女真族。

至于金宣宗身边的太监近侍,更是谄谀成风,每当有四方灾伤或兵败的消息传至,这些人大多将章奏压下不报,相互"劝慰"道:"不必报知皇上,以免陛下心烦!"

结果,茫茫来日愁如海,发昏毕竟当不了死。

20. 国之将亡继帝位

金宣宗最后的两年里,虽然起用了几位抗蒙有功的将领,使得金国西北地区的抗蒙战争曾一度出现转机,但是,并没有从根本上改变金国在对蒙古战争中所处的被动地位。

金元光二年(公元 1223 年)十二月二十二日,金宣宗完颜珣在宁德殿内病死,终年六十一岁,临终遗诏,由太子完颜守绪继位。

金哀宗原名完颜守礼,后来改名完颜守绪,是金宣宗第三子,泰和年间,得授金紫光禄大夫。金宣宗称帝后,进封其为遂王。

本来,金宣宗把长子完颜守忠立为皇太子,可完颜守忠从中都逃回汴京后,因惊吓过度和旅途疲劳,不久就发病而死。金宣宗便立完颜守忠的儿子完颜铿为皇太孙,谁想到这孩子命软,没过多久也病死了。此时,身为遂王的完颜守绪上面还有一个二哥,即英王完颜守纯。但遂王完颜守绪母亲是金宣宗宠爱的皇后,姨妈元妃也得金宣宗恩宠,子以母贵,遂王便被立为皇太子。当然,他的二哥英王完颜守纯不得立的另外一个原因,也在于他常常饮酒误事。

金元光二年(公元 1223 年)年底,金宣宗弥留之际,英王完颜守纯第一个闻讯,首先入宫"侍疾",并关闭了东华门。时为太子的完颜守绪听说二哥已经入宫,怕他再弄出什么矫诏改立太子的事情，立刻派东宫兵卫三万余人包围了皇宫，然后叩门入见。

守门的驸马都尉徒单合住见来人是皇太子，不敢怠慢，连忙开门。入宫后，遂王完颜守绪马上遣几个兵将把二哥抓起来软禁于旁边的小屋子里。

当夜，金宣宗崩，完颜守绪继位，是为金哀宗。金哀宗即位后，并没有杀掉鲁莽的二哥完颜守纯，还把他从英王晋封为荆王。不久，荆王被人告发谋反，金哀宗要杀他，得亏慈圣皇太后说好话，完颜守纯才留得一命。不过，荆王一直处于软禁状态，直到蒙古破汴京后才被蒙古人杀于汴京附近的青城。

金哀宗完颜守绪继位后，改元正大。他上朝第一天，在隆德殿的宝座上刚刚坐稳，外面忽然刮大风，把端门城楼的巨瓦吹掉数块。满朝文武心中疑惧，皆以为是不祥之兆。此时又有人入报，说宫外有个男子披麻戴孝，望着承天门又哭又笑，还大声嚷嚷："我笑，笑将相无人；我哭，哭金国将亡。"

听说有这么一个"乌鸦嘴"，入贺新皇登基的群臣都劝金哀宗把那个人抓起来当街杀掉。金哀宗却厚道地表示说，自己希望朝外的百姓能直言政事，即使是语涉讥讪也不应该加罪。金国的法司见皇帝这样说了，就不好对那个男子处重典，只以"君门非哭笑之所"为理由，打了那个人几棍子就放他走了。

第三章 金

金哀宗继位后的第一个好消息,是西夏献宗派人来求和。当时(公元1124年),成吉思汗自率大军征西域,西夏献宗一面阴结漠北诸部族准备抵御蒙古,一面派使臣与金国议和。金哀宗马上答应,而且再不敢以附庸视西夏国,两国改为兄弟之国,西夏以兄事金,各用本国年号。至此,金夏又结成了联盟。可惜,这一和议来得太晚,西夏献宗此举,更是加速了西夏的灭亡。

在金宣宗死的那一年秋天,南宋的宁宗皇帝也病死了。自韩侂胄死后,大奸臣史弥远一直把持朝权。当初参与除掉韩侂胄的皇子赵询被立为皇太子,但在南宋嘉定十三年(金兴定四年,公元1220年)病死。当时,由于宋宁宗还未生出儿子,只能从宗室后代中选了两个人入宫,一个是赵贵和,一个是赵与莒。宁宗皇帝喜欢赵贵和,便为其改名赵竑,立为皇子,进封济国公。史弥远推荐的赵与莒改名赵贵诚,也接进宫内抚养。为了双保险,杨皇后为赵竑娶太皇太后吴氏的侄孙女为妻。赵竑不知韬养之计,他不仅冷落杨皇后为自己娶的吴氏,还特别恨史弥远,对着一位为自己弹琴的侍女大骂老史是奸臣,声言以后自己继位为帝,第一件事就要把史弥远流放于荒蛮之地。

偏偏这位善抚琴的侍女是史弥远派到赵竑身边的卧底,她立即向史弥远汇报。为此,史弥远急火攻心之余,加紧暗中活动,准备推拥赵贵诚在宁宗皇帝死后接班。

宁宗皇帝崩前之夜，史弥远秘召心腹入宫，矫诏数道，立赵贵诚为皇子，赐名赵昀，同时，矫诏封赵竑为郡王，出判宁国府。史书上讲，杨皇后起初不同意史弥远的废立之谋，最后被她娘家人劝说才勉强同意。其实，种种记载皆表明，阴谋家杨皇后一直与史弥远有奸情，二人在开禧年间诛杀韩侂胄后，已经成为床上和床下的亲密"战友"；否则，她也不可能在如此重大的、涉及灭族的问题上与史弥远搅在一起。

早朝上，朝官宣布宁宗皇帝崩讯和赵昀继位的诏令，皇子赵竑一时愣住，以为是朝官念错了名字，连跪拜新皇的礼仪都忘记了。史弥远的老帮凶夏震当时是御林军大头目，硬是按着赵竑的头让他向新君行礼。

由此，赵昀为帝，便是宋理宗。他能继位为帝，全赖史弥远、杨皇后的宫廷政变所赐。宋理宗继位后不久，废拘于湖州的赵竑和他的儿子都被史弥远派去的爪牙杀掉。

宋理宗称帝时已二十岁，仍然不敢张扬，在史弥远和杨皇后的阴影下小心翼翼"扮演"皇上这一角色，直到绍定六年（公元1233年）史弥远病死后，他才敢亲理朝政。可叹的是，史弥远如此坏人，死后竟被追封为王，赐谥"忠献"，编写《宋史》的元朝史臣也未把他列入《奸臣传》，真是令人疑惑。

当然，于宋理宗而言，史弥远对自己有拥戴之恩，他特意在其死后下诏不让群臣再揭这位"恩相"的阴事。

第三章 金

那位险毒狡狯的杨皇后活得也不错,绍定五年(公元1232年)才死,时年七十一岁,长寿荣华,安死宫内,谥号是"恭圣仁烈",死前的尊号是"寿明仁福慈睿皇太后"。

金国方面,金哀宗继位后,并无太多的振作之举,金国仍旧按照惯性往前发展。尤其是金哀宗继位后的前几年,蒙古正忙于消灭西夏,对金国的逼迫明显有所减缓。

西夏在金国初兴、灭辽击宋时期捞得了大便宜。好事不可再,这一次便不好过,蒙古人第一个要消灭的正是西夏。西夏这个小国地理位置非常重要,它控扼中原与西域、漠南与漠北的数条交通干线,也是东西方经济文化的汇集地和中转站。由于西夏东接金国,北邻蒙古,因此,蒙古灭金首先要解决西夏这一金国的"友邦"。如此,则可完全消除蒙古的后顾之忧,也可以防止在蒙古攻金的关键时刻自己老巢被西夏偷袭。

此外,西夏也是漠北进入中原地区的交通要地,"龙城故道"由龙城(今蒙古国鄂尔浑河西侧和达木湖一带)至居延(今内蒙古额济纳旗东南),北方民族进攻中原一般必经居延,而这里恰恰由西夏筑建了庞大的军事堡垒——黑水城,夏人视之为关键的北部大门,长年有重兵守卫。

金大安六年(公元1209年),成吉思汗已经成功夺取黑水城,完全控制了漠北通往中原的枢纽。而且,蒙古军队还打通了西夏东部边境的一条通道,自阴山渡黄河,经鄂尔多斯大草原南下到夏州后才率军而西,过黄河后进入河西走廊。

两路大军齐发,又是成吉思汗亲征,西夏灭亡之日不远。

蒙古垂涎西夏的另外一个原因,还在于河套地区与河西走廊的物资财富。如果灭亡了西夏,蒙古就可以得到更多的兵马和粮草,以战养战。更为主要的是,蒙古人虽在西征中取得重大胜利,攻灭花剌子模等王国的都城,但对中原城市缺乏攻伐经验。西夏成为蒙古人灭金亡宋的演兵场。蒙军尽锐攻之,在突战中不断提升攻击战术和杀人技巧。

金正大三年(西夏乾定四年,公元1226年),成吉思汗再攻西夏,屠肃州,屠甘州,破西凉府,势如破竹。西夏献宗竟然被活活吓死(其父太上皇西夏神宗当年早些时候也已病死)。

两个皇帝暴崩,西夏大臣就拥立夏献宗的侄子崲名睍为帝,是为夏末帝。而后,成吉思汗自西凉一路直进,破应里(今宁夏中卫)、夏州,进围灵州。西夏国派出最后的十万精兵迎击,最终苦战不支,被蒙古人杀败。成吉思汗的部队自盐州川往北进攻,把西夏的都城中兴府团团围住。

金大正四年(西夏保义二年,公元1227年春),成吉思汗留部分蒙古军继续围城,他本人率军渡河,攻陷积石州(今青海循化),冲入金国,又破临洮、洮州、河州、西宁等地,每克一地皆大肆杀戮一番。最终,至当年夏天来临时,西夏除首都中兴府以外全部沦陷。屋漏偏逢连夜雨,弹尽粮绝、死伤惨重之余,西夏又发生了大地震。夏末帝觉得是天要亡夏,就遣使出城乞降。

第三章 金

弥留之际，成吉思汗已经立下他深谋远虑的政治遗嘱："金精兵在潼关，南据连山，北限大河，难以遽破。若假道于宋，宋金世仇，必能许我。则下兵邓、唐，直捣大梁。金急，必征兵潼关，然以数万之众，千里赴援，人马疲弊，虽至弗能战，破之必矣！"（《元史》卷一）

21. 金国也有忠良将

金哀宗继位后，不仅与西夏修补关系，同时向南宋派出使臣主动讲和，并在宋金边界地区张榜表示日后"不再南伐"。而且，金国罕有地没有继续坚持"原则"，再不想以"伯侄""叔侄"关系居大。

世易时移，金宋关系虽有些缓和，但宋朝只是在两国边境地区停止了大规模的战事，仍旧拒绝金国使者入境。

其实，早在南宋嘉定十三年（公元1220年），南宋已经派人与蒙古大帅木华黎有过接触。南宋嘉定十四年（公元1221年），南宋正式派使节到达当时的西域铁门关，并受到了成吉思汗的接见。此后，蒙宋双方交往日频。即使如此，当时蒙宋两国并无联合灭金的正式盟书。

蒙古在南宋嘉定十五年（公元1222年）进攻金国凤翔（今陕西凤翔）时，曾遣一部军越过牛岭关进入宋朝的四川境内进行过抄掠。而后，金大正四年（南宋宝庆三年，公元1227

年），蒙古军又有一部攻克南宋的阶州、成州、凤州（今陕西凤县）等地。不久，恰值成吉思汗病死，蒙古军才从这些地方撤出。所以，对于蒙古军队，南宋一直不敢掉以轻心。

窝阔台继承汗位后，严格执行成吉思汗"借道灭金"的临终遗嘱，软的不行就来硬的，后来还强行"借道"，攻下宋朝的兴元府（今陕西汉中）和沔州（今陕西略阳）等战略要地，直入四川腹地，并于南宋绍定四年（金正大八年，公元1231年）渡过汉水，攻入金国的邓州一带，在钧州（今河南禹州）三峰山大败金国主力。

南宋绍定四年（金正大八年，公元1231年），是蒙古决定灭金的关键一年。窝阔台兵分三路，右路军由拖雷自宝鸡南下，借道宋境，相约转年开春会师大梁（今河南开封）；左路军由斡陈那颜统领，直捣济南；中路军由窝阔台本人掌统，经河中直杀洛阳。

由此，就发生了金国亡国"三部曲"之一的"三峰山之役"。

金哀宗当皇帝后，不仅要与昔日两个"附庸"西夏和南宋低三下四打交道，还得向势力旺盛的蒙古大爷献上谄媚之脸。可笑的是，一向往死里讹诈宋朝岁币的金国只是装孙子还不行，蒙古大爷现在派遣使者向金国"责岁币"，乾坤颠倒，百年河东，百年河西。所以，金哀宗坐上龙座后，金国"尽弃河北、山东、关陕，惟并力守河南，保潼关"。

金人在自洛阳、三门、析津，东至邓州的东西两千多里范

第三章　金

围内，设立四个行省，调二十万精卫以抗蒙古。

成吉思汗去世后，蒙古军于金正大五年（公元1228年）春首先进攻大昌原（今甘肃宁县东南），金国平章政事完颜合达以完颜陈和尚（完颜彝，小名陈和尚，字良佐）率忠孝军为先锋迎敌。

完颜陈和尚勇猛，以四百骑大破蒙古八千劲骑，史书记载："盖自有蒙古之难，二十年间始有此捷，奏功第一，名震国中。"（《续资治通鉴纲目》卷十九）金国为了表彰他的战绩，马上授予完颜陈和尚"定远大将军"位号，世袭谋克。

金大正七年（公元1230年），金国先前九公之一的恒山公武仙降蒙后复叛，杀掉蒙古将领史天倪，率领人马与史天倪之弟史天泽在贝州（今河北清河）激战。此时，完颜合达率金兵来援，又击败蒙古军。但是，良好的开端，对金国而言，绝非成功的一半。这年年底，蒙古大汗窝阔台率大军入陕。

本来，蒙古已经派出使臣到金国军营和谈，金将移剌蒲阿则把蒙古使者软禁。庆阳大捷后，移剌蒲阿志骄意满，对蒙古使臣说："我军兵精粮足，你回去告诉你们大汗，敢与我战就来！"

这一来，大大激怒了窝阔台大汗，他即刻点兵，与其弟拖雷率众入陕西，在京兆（今陕西西安）、同州（今陕西大荔）、华州（今陕西渭南华州区）一带杀来荡去，破毁金国的军事堡垒六十余座，直趋凤翔。听到蒙古大军由窝阔台御驾亲征，完颜合达与移剌蒲阿赶忙把行省移至阌乡（今河南灵宝）以防守潼关。

金大正八年（公元 1231 年），当蒙古兵猛烈围攻凤翔时，先前牛哄哄的移剌蒲阿和完颜合达心生怯意，逗留不进，上奏说：蒙古军势盛，不可轻进。

金哀宗着急，遣使晓谕："凤翔被围既久，守军就要招架不住，可以领军出关与蒙古军稍稍交手一番，以减缓凤翔方面守军的压力，牵制一下蒙古军。"

二人得诏，硬着头皮领兵出关，象征性地与蒙古军打了一小仗就收军入关，根本不顾凤翔金军的死活。很快，凤翔被蒙古军攻陷。值得一提的是，金军也有小小战果，名将完颜陈和尚在倒回谷（今陕西蓝田东南）以少胜多，竟然打败了蒙古大将速不台。

相持之间，金国降将李昌国给拖雷出主意："金国迁都汴京快二十年，他们所依恃为安的，正是潼关人守和黄河天险，如果出宝鸡、入汉中，不到一个月即可赶到唐州（今河南泌阳）和邓州，如此，则金国可灭。"

拖雷马上把李昌国的建议讲给哥哥窝阔台听，二人一拍即合，做出了三路攻金的决定。

金正大七年（1230 年）底，蒙古拖雷一军已经攻入饶凤关（今陕西石泉西北），由金州（今陕西安康）向东，准备杀向汴京。金国宰执大臣闻讯向金哀宗建议："北军冒万里之险，历二年之久，方入武休（今陕西留坝县南），其劳苦已极。为吾计者，应以兵屯睢（今河南睢阳）、郑（今河南郑州）、昌武（今河南舞阳）、归德（今河南许昌）及京畿诸县，以大将守洛阳、潼关、怀（今河南沁阳）、孟（今河南孟州）等处，严兵备之。京师积粮数百万斛，令河南州郡坚壁清野。彼欲攻不能，欲战不得，师老食尽，不击自归矣。"（《续资治通鉴》卷一六五）

这种计议，确实有一定道理，但还是属于退缩怯懦之计。

金哀宗听罢朝臣们的议论，叹言："国家南渡二十年以来，所在之民破田宅，鬻妻子，以养军士。今敌至不能迎战，徒以自保，京城虽存，何以为国！天下其谓我为何等人！朕思之再三，存亡自有天命，只要不负国民就好！"于是，他下诏金将屯兵襄州（今湖北襄阳）、邓州，并未允许坚壁清野之策。

金哀宗"觉悟"虽高，毕竟救不了国家。依据金哀宗诏旨，金正大九年（公元1232年）初，完颜合达、移剌蒲阿率诸军入邓州，完颜陈和尚、武仙等人率军与这两个人会军，出屯顺阳（今河南淅川）。

听闻蒙古拖雷率大军渡汉江，金国诸将商议对策，有的讲半渡击之，有的讲待其过江后再打。议论未定，蒙古大军已经安然渡江。至此，完颜合达和移剌蒲阿才着慌，忙赶至禹山，分据地势，列步兵于山前，列骑士于山后。

奇怪的是，蒙古兵见金军立阵后，并没有上前迎战，反而不慌不忙地绕过山脚，出金国骑兵之后，分三队杀来。双方接战，蒙古兵远来疲惫，不久即退。

见此，完颜合达认为："蒙古军号称三万，运护辎重的人就占三分之一。今相持二三天，令其不得进食，如果乘其退却而进击，肯定得胜。"

移剌蒲阿表示不同意："蒙古人退路是大江，而黄河又没封冻，他们深入重地，又能跑去哪里，不必速战速决。"

由此，金军没有乘胜逐北，丧失了绝好的机会。

转天大早，金军忽然发现一个蒙古兵也找不到，经过骑兵侦察，才知蒙古军已隐入光化（今湖北随州东南）对岸的枣林之中。他们鬼鬼祟祟，白天炊食，夜不下马，一直在里面待了四天。蒙古人在林子里面休整，金兵却已经绝粮，于是诸将商议后准备率军入邓州就食。等金军行军到了林后开阔地，一直饱食待发的蒙古兵忽然出击，金兵慌忙迎战。拼杀之中，蒙古精骑百余突出，邀击金军的辎重运送队伍，打得金兵顿时不成军列。

于是，边打边跑，半夜金兵才得入邓州城。可恼的是，完颜合达和移剌蒲阿隐其败迹，上表金廷说又打了一个大胜仗，百官表贺，诸相置酒。这时候，本来躲入军事堡垒的金国乡民也麻痹大意，晃悠回村舍打理家务。未隔数日，蒙古游骑突至，金国百姓多被俘获。

忧惧之余，得悉蒙古军分几路趋汴京而来，金哀宗忙召群

第三章 金

臣商议拒敌之事。有人建议应乘蒙古兵远来疲惫之时迎击，平章政事完颜白撒不同意，他想出一个怪招儿，遣金将完颜麻斤出率兵民万人出城，在汴京城四周围起短堤，然后掘开黄河，灌水入围，想使汴京城外形成一圈"天然"的水阻地带，以护卫城市。同时，又派金将率三万兵护卫在黄河边挖掘江堤的兵民。他出这个主意的时候可能没有细想，虽然蒙古骑兵一时攻不得进，时间一久，河水也会把自己的城墙泡松。

此时，蒙古的窝阔台大汗自河中府由清河县的白坡渡黄河，并约拖雷率军会师于汴京城下。蒙古人忽然出现在黄河之上，下船登岸一阵猛杀，完颜麻斤出本人及万余兵民猝不及防，皆被砍死，只有三百人逃回城中。至此，窝阔台自己入郑州扎御营，遣速不台率军攻汴京。

水拒蒙古军不成，金军只能商议汴京城守。可笑的是，当初金宣宗南渡汴京后，权臣术虎高琪见南京城方八十里，四阔难守，便又出馊主意，于城内筑子城，周方四十里，工役大兴，毁坏民舍甚多。花费巨亿不说，还累死了不少老百姓。结果，当蒙古兵真正来到时，众臣又认定只要外城一失，子城绝不能守，最后决定在外城守御。所以，当初费工费钱修筑的四十里坚固城墙，一丁点儿用也没有。

汴京外城土脉甚坚，非轻易能克。城壕虽固，汴京城内兵员确实不多，满打满算，金国最终聚结了四万军士，两万青壮年居民。所以，金国汴京之守，完全指望城外的援军。

拖雷所领蒙古军队自禹山之战小胜后，散漫而来，所过州县，无不降破，蒙古军自唐州直趋汴京。

完颜合达、移剌蒲阿接诏，率金国仅存的十五万精锐自邓州出发，赴援汴京。蒙古人不慌不忙，只派出三千骑兵尾随，但并不主动出击。被蹑随好一阵子，完颜合达等人商议："敌兵只有三千骑，我们只行不战，是示弱的表现，应该扭转身消灭这三千人！"

未待金军安排布置好，蒙古兵尾随到钧州沙河，忽然不战而退。金军喘了口气，下令在当地扎下营盘休息。刚刚支好帐篷喘口气，蒙古军忽然来袭，金军惊惶，连忙弃帐迎击。由此，金军不得休息、饮食，且行且战。

22. 暂时逃过一大劫

金军走到黄榆店（今河南禹州南），距钧州还有三十五里，天降大雪，军不得行。正想扎营休整，汴京方面送来急诏，要立刻赴汴京集结。无奈，金军只得在大雪天开拔。此时，自北渡黄河而来的蒙古兵愈聚愈多，他们与拖雷部蒙古军会合，前后遍砍大树塞堵金军通路，准备包围金军一口吃掉。当时，幸亏金将杨沃衍力拼杀出一条血路，金军又能往前走出一段路。

到了三峰山后，金军才敢扎营喘口气，军士不少人三天都没有吃上一口饭。此时，两部蒙古军已经合兵，从四面把

第三章 金

十五万金军团团包围，轮番进攻。一半蒙古军冲杀时，另一半蒙古军燃柴烤肉大吃大喝。然后，杀累的蒙古军回来吃肉饮酒，体暖肚饱的蒙古军又冲上去杀敌，"更迭休息"，这些蒙古人，打仗倒像是打猎。

金军可怜，走了好几天路，许多人肚中无食，又赶上大雪奇寒，连举兵器的气力都没有，勉强支撑。眼见已经杀死金兵数万，蒙古军故意让开通往钧州的一条路。纵放金败兵逃走的同时，蒙古军又在道路两旁埋伏不少生力军，趁金兵败走之时突出砍杀。金军完全陷入伏击圈，很快全线崩溃。十万多金兵鬼哭狼嚎，动静确实吓人。在所有金军高级将领中，只有武仙率三十余骑侥幸从竹林中逃脱，杨沃衍等人皆在混战中被杀。金军统帅完颜合达与移剌蒲阿失去联系，只得由完颜陈和尚保护着率数百骑拼死逃入钧州。至此，金军十五万人基本上都成为蒙古军人刀下之鬼，精锐尽失。

在郑州的窝阔台听闻拖雷与金军交战，又派出数将来援，于是众军合攻钧州。钧州城破，完颜合达逃入窟室中，为蒙古兵搜出，被当即砍下脑袋。于是，蒙古兵派人持完颜合达的脑袋绕汴京宣威："你们金国所依恃的，唯有黄河与完颜合达。现在，黄河为我们占据，完颜合达被我们杀掉，不降何待！"

名将完颜陈和尚本来躲在隐蔽处可以逃脱，他怕死于乱兵之手无名，又怕自己乱中被杀，有负国家，便在蒙古人杀掠稍定后自己走到蒙古帅帐，称自己是金国大将，有话要说。看到这个浑身是血的金将，蒙古军如临大敌，数人把他围起，押往拖雷处。

完颜陈和尚见拖雷不跪，朗声言道："我乃大金忠孝军统领完颜陈和尚，大昌原、卫州、倒回谷之胜，皆我为之！我如死乱军中，人将谓我负国家。今日明白来死，天下必有知我者！"

蒙古人爱惜英雄，劝陈和尚投降，这位金国英雄摇头不肯。由此，惹得蒙古军人暴露出残暴本性，他们推陈和尚于地，用粗棍生生打折他的两条腿，又用刀把这位金国英雄的嘴划开，一直割到耳际。

完颜陈和尚喋血而呼，至死不屈。如此金国忠烈，其实也是汉文化"忠孝节义"涵养而出，他每每在军中习《孝经》《论语》《春秋左氏传》等儒家典籍。

见到金国有这样的忠勇之士，连蒙古将领也被感动，以马奶酒洒地祝祷："好男子，他日再生，当令我得之！"

至于那位金国统帅移剌蒲阿，最终也被蒙古军活捉。此人虽多误军事，却是个气节之臣，宁死不降，最终被蒙古军杀掉。

三峰山之战是金国亡国"三部曲"之一，汴京之战则是金国亡国"三部曲"之二。

金开兴元年（公元1232年）三月，蒙古军已经攻入饶风关。金国大将徒单兀典统十一万大军尽撤秦州等地关备，从虢州（今河南灵宝）入陕，同时，又聚军粮十多万斛，准备皆以关船装载，顺流东下。正忙乎着，蒙古骑兵杀至，金军粮食刚刚装了几船，只能弃于当地不顾，两百多艘空船跑得也快，瞬间无影无踪。金将非常恼怒，强迫当地州民用人力运输储于灵宝和峡石（今河南三门峡陕州区）的仓粟。

在此期间，蒙古游骑自由驰骋，遇见运粮的金国民众，打猎一样，杀掠甚众。不久，金军潼关守将李平降蒙，使得关中门户大开。金国大将徒单兀典吓得立即点集阌乡军兵逃跑，由西南径入大山冰雪中，部将多有叛去。

蒙古军闻讯，立即派数百精骑尾随追击。山路积雪，随军妇女加上所弃掷的老幼，哀号盈路。如此疲弱的十多万兵民，逃的逃，死的死，被蒙古兵最后全歼于山中，徒单兀典本人也被擒杀。

到了四月，蒙古集大军猛攻洛阳。洛阳城中金兵，总共只有三峰山溃卒三千多人以及一百多昔日完颜陈和尚手下的忠孝军。留守官撒合辇因病重不能带兵，绝望之余自投护城河而死。金将强伸领军，率领士卒拼死力战，他派壮士数百在城墙上往来奔呼，张大声势，并创制发石的"遏炮"，杀掉蒙古军数千。

蒙古军队增兵力攻，强攻三月依旧不能克城，无奈撤退，可见金国其实仍然有能将，只是忠义之士太少而已。

蒙古大汗窝阔台见天气渐热，将要北归，就派使臣从郑州到汴京，要金哀宗投降，并列了一份几十人的金国大臣及其家属名单，要金哀宗把这些人及绣女、海东青等一起送到蒙古军营中当作"贡物"。

金哀宗得到讲和的讯息，自然喜出望外，他封被软禁的二哥完颜守纯的儿子完颜讹可为曹王，准备把这个侄子当人质送与蒙古军讲和。但汴京城外指挥攻城的蒙古军大将速不台根本不理会金国讲和的"善意"，他说："我只受命攻城，未接大汗诏旨讲和。"

于是，速不台在汴京四周广立攻城器械，驱逼汉人俘虏及妇女老弱负薪背石填平护城河，不少行动不便者即刻被推入城壕当作填充物。

如此危急关头，金国的平章完颜白撒禁止守军与蒙古军交战，声称皇帝正与蒙古大汗讲和。为此，拼命死战的金国守军大呼喊杀。

金哀宗闻讯，连忙出端门至舟桥慰抚士众。由于当时刚刚下过雨，遍地泥泞，守城军民忽见皇帝出临，均仓皇跪于地上。

金哀宗询问情状，有人回答："北兵填濠过半，平章完颜白撒传令勿发一箭，恐坏和议，国家真与北军有和议吗？"

金哀宗沉痛回答："朕以生灵之故，称臣进奉，无不顺从。我只有一子（其实是侄子），还未成年，现已准备送出做人质。希望你们稍作忍耐，待曹王出后，鞑靼如果再不退兵，你们死

第三章 金

战未晚!"

当日，金哀宗送出少年曹王做人质，蒙古军仍旧并力进攻。于是，双方恶战。金军做石弹，大小如灯笼球一样，只有一两斤重，皆由兵士拿着往城下猛砸。蒙古军更厉害，他们从西域带回抛石机，军营中到处堆积四处搜罗来的石磨和碾麦用的石碌碡，一分为二三，借用抛石机巨大的抛力掷石上城。每个城门的一角之地，蒙古军置放一百多架抛石机，更相抛掷，昼夜不息。

这种抛石机威力巨大，金国汴京城墙上合抱粗的防城木应声而坏。

为了防御楼墙免遭巨石击坏，金人用马粪、麦秸裹住城楼护具，又以网索和牛皮悬空防护以降低巨石的冲击。不久，蒙古军再用抛石机扬抛点燃的巨大"木弹"，烧毁不少汴京城墙上高大坚实的木制防具。

幸亏汴京城墙紧密如铁，巨石击中后，唯凹陷而已，特别受力。

蒙古兵见强攻不成，又在汴京护城河边上筑城，"围百五十里，城有乳口楼橹，壕深丈许，阔亦如之，三四十步置一铺，铺置百许人守之"。(《续资治通鉴》卷一百六十六)

本来，死战之余，金军想夜间派人突出偷袭斫营，但都被城墙下的矮墙所阻，未及出就被蒙古军发现。这些短墙工事，是先前完颜白撒出馊主意修建，一无是处，起不到任何防守作用，反而成为金军自己之累。

除了守汴京的金军英勇外，蒙古军之所以一直攻不入城，全因金军有两种神秘武器，一是火炮"震天雷"，二是类似今天火焰喷射器的"飞火枪"。金军的"震天雷"威力不小，每次以大铁罐子装炸药，点燃引信后，用抛床掷出，其声如雷，闻于百里外，爆炸威力达半亩以上，能够炸透蒙古军的铁甲。

蒙古军有人想出以厚牛皮做成一个简易"隧道"，直通城根下，然后立刻在城角凿洞。结果，半天之内，汴城四周城根处密密麻麻皆是"耗子洞"。蒙古军三三两两入洞后，就在里面猛掘一气，这样下去，没几天就会在城下挖出千百余地道。

金军动脑筋，商量许久，有人出主意：用铁绳吊悬炸药，点燃后顺城墙到"耗子洞"口，砰然一爆，把不少蒙古军炸成肉沫。

蒙古军使尽各种方法，攻城整整十六昼夜，内外死者无数，仍然无法攻破汴京城。大怒之下，蒙古兵发掘汴京城外金哀宗生母的陵墓，派人辱尸毁尸以泄愤。

速不台知道汴京强攻不可下，就派人入城佯装与金国讲和。金哀宗君臣自然顺坡下驴，派人出城以酒肉犒劳凶残的蒙古军，并送给蒙古军将无数金银异宝。速不台答应退兵，蒙古军暂时退散于河、洛之间。

金国的参政赤盏合喜听闻蒙古军退兵，不以"城下之盟"为耻，反以守城为己功，率百官入贺。

第三章　金

金哀宗自知暂时逃过一劫，改元天兴，大赦天下，减御膳，罢冗员，放宫女，下令上书不得称圣，改圣旨为制旨。这位金国君王"大有为"之举，毕竟晚了一些。

23. 危急时刻内乱起

蒙古军退后不久，由于无大规模防疫经验，汴京地区瘟疫流行，两个月内死人无数。不久，主持守城的完颜白撒自知惹了众怒，蒙古军退后他申请致仕，想退休回家，在路上多次险些被愤怒的军士杀掉。

八月间，蒙古军派唐庆为使节入汴京，传谕说："欲使和好成，金主当自来相议。"

金哀宗当然不敢亲自去蒙古军营，他装作生了重病，躺在大殿的御榻上接见蒙使唐庆。唐庆也是死催，他掉臂上殿，大摇大摆，跟在自己家后园那样自在，围着金哀宗的御榻走了数圈，边问边看，强逼金哀宗亲自出城议和。金哀宗心中恼怒不敢发作，躺在御榻上哼哼唧唧装孙子。

金国殿下群臣和御林军看见蒙古使者如此无礼，皆大怒。消息传出，汴京城的军士闻者皆怒。当晚，唐庆回驿馆后，正饮酒吃饭，金国的飞虎军士兵申福等人突入，把唐庆一行三十多人杀得一个不留。

金哀宗深知军心难违，也不好追究士兵杀使者的责任，由此，金蒙和议等于就撕毁了。蒙古使节唐庆被杀后，金哀宗知道蒙古军肯定会再来。在四处签军增兵之余，他下令在全城范围内搜集粮食，严禁居民私藏粮食。其中，金国大臣完颜久住最酷暴，率人在全城内到处搜粮。一次，他们闯进一户人家，发现住有婆媳二人，家里有六斗豆子和三升蓬糠，立刻派兵士把两个人抓起来示众。这家媳妇哭诉："我丈夫死于守城，婆婆年老，只是想能吃蓬糠苟活，绝不敢杂入军粮豆中献为军储，我正要献出这六斗豆子。"完颜久住不听，当众杖死这个可怜的寡妇。城内百姓听说这个消息之后，战栗不已，纷纷把剩粮尽弃于粪厕之中。结果，金国军队在城内大搜数日，也只得三万斛粮。

由于缺粮，汴京城内外萧然，死者相枕。无论贫富，皆束手待毙。最后，发展到暗中人吃人的地步。金哀宗听说后，又下诏出太仓米煮粥。这时候，金国有大臣闻讯叹息说："与其现在开仓施舍，还不如当初不强抢百姓存粮呢。"

年底，眼看汴京城粮尽援绝，金哀宗召群臣议事，准备出逃。众人你一言我一语，有的建议去归德，有的建议去卫州（今河南卫辉），有的建议去汝州，吵了半天，金哀宗也拿不定主意，决定先出城再说，便命平章政事完颜白撒、右丞相完颜赛不等人与自己一道出城，让参政完颜奴申、完颜珠颗以及崔立等人留守汴京。

汴京居民闻讯，惊恐喧哗，金哀宗派人宣谕，声称自己率军往汝州与蒙古军决战。行前,金哀宗与太后、皇后、妃子、公主辞诀,抚胸大哭不已。他之所以不携这些女人,一是表示自己有回驾汴京的决心,二是视这些女眷为累赘,带着她们行军不便。一行人出了开阳门,金哀宗回首望汴京,泪下如雨。这一别,正是永别。

金天兴二年(公元1233年)正月,金哀宗率数万兵往河朔方向撤退,行至蒲城(今陕西蒲城),等待归德方面金将送军粮。发放完粮食后,金哀宗自己与前军渡黄河。忽然之间,大风刮起,金军后军一时间不能过河。正等待间,杀出一股蒙古骑兵,尽杀南岸的金军后军,残余金军跳入河中想游过岸,冬天水冷衣厚,又淹死一千余人。

金哀宗正好骑马立在北岸,眼睁睁看着蒙古军人四处杀人,心内震惧。无奈,金哀宗派完颜白撒率兵攻卫州。其实卫州当时正处于金国军民守卫之下,正是先前金国大将完颜白撒四处派兵劫掠杀人,才造成卫州当地人心思叛的后果,他们闭城不让金哀宗等人入城。

蒙古军马上派兵驰击,完颜白撒撒丫子就跑。紧接着,金军在白公庙(今河南卫辉东)一役中,基本把老本赔光。完颜白撒本人弃军先遁,众多金国大将都被蒙古军杀死。

当时,金哀宗还在魏楼村(今河南长垣西)干等,准备诸军齐集后与蒙古军决战。不料,等了半天只等到仓皇逃至的完颜白撒一人。他报告说:"军已溃,北兵近在咫尺,请幸归德。"

至此，金哀宗一行君臣六七个人连夜登船，逃往归德。其实，当时附近还有不少金军在夜间与蒙古军死拼。如果金哀宗不忙着逃跑，很快就会集齐残兵。转天一大早，金兵听说金哀宗弃师先奔，一时大溃。

到了归德之后，军士皆怨愤完颜白撒。金哀宗不得已，命人把完颜白撒推出去斩首，以安军心。

汴京方面，速不台得知金哀宗本人逃跑后，马上指挥大军，把金国都城又围成铁桶一般。本来，汴京军民认为金哀宗御驾亲征肯定能打几个胜仗，天天仰着脖子等待捷报，听闻军败，心中大惧。由于蒙古军把汴京围得水泄不通，城内粮尽，居民饿死无数。当时情景，与一百多年前北宋都城被金国攻陷前一模一样，汴京成了一个人间地狱。

不久，金国的京城西面元帅崔立杀掉完颜奴申和完颜习揑阿不，勒兵入见太后，以太后名义传召梁王完颜从恪为监国，他自称左丞相、尚书令、郑王，亲自到蒙古兵营议降。

崔立本性淫狡，很想趁乱以快其欲。他约降蒙古后，马上派人烧掉京城城墙上的楼橹防具，并假称蒙古军旨命，亲自鞫审随金哀宗出逃的官员妻女，对这些人随意奸污，一逞淫欲。

崔立还以蒙古军队代表自居，把金国的梁王和宗室近亲家属囚禁于宫中，自入皇宫私取珍宝无数，都运至他自己在京城的大宅子里。之后，他还指使手下军士在城中帮助蒙古兵搜掠金银，拷打折磨官员百姓，近乎百毒备至，使城中百姓生不如死。

五月间，崔立催逼金国两宫皇太后、梁王、荆王以及诸宗室五百多人北行，送俘于蒙古。当时，崔立派出三十七辆大车装载金国的皇族俘囚，等于把金国皇族端个底掉。然后，他派兵劫持僧道、医流、工匠、绣女，全部押送蒙古。凡此种种，同北宋靖康二年（公元1127年）北宋皇族的悲惨情状如出一辙，唯一的分别是，先前宋朝徽钦二帝也在汴京，如今的金国皇帝却奔逃在外。

金国覆亡在即，北方一片喧沸骚动。金国大诗词家元好问对金国"国难"有过深刻的描述：

道旁僵卧满累囚，过去肺车似水流。红粉哭随回鹘马，为谁一步一回头？

随营木佛贱于柴，大乐编钟满市排。掳掠几何君莫问，大船浑载汴京来。

百骨纵横似乱麻，几年桑梓变龙沙。只知河朔生灵尽，破屋疏烟却数家。（《癸巳五月三日北渡三首》）

太平婚嫁不离乡，楚楚儿郎小小娘。三百年来涵养出，却将沙漠换牛羊。（《续小娘歌十首》其八）

这些诗歌，即使千年之后读之，也令人顿有鼻酸之感。可见，金军大败之后，蒙古兵到处烧杀掠夺，满载子女玉帛。金国各族百姓颠沛流离，文物流失，田园荒废。而金国的官军只知龟缩城内，任百姓受苦，美丽姑娘也成为蒙古用来换取牛羊的商品，终老沙漠。

蒙古军队入城后，恰值崔立在城外为蒙古人催迫金室皇族上路。不料想，蒙古军人冲入崔立家中，尽夺其妻妾宝玉。崔立闻讯大哭，无可奈何，真正的立时报应！到了后来，金国灭亡之后，南宋端平年间宋军攻入中原地区，崔立这个贼人也被属下斩杀。当时汴京军民愤愤上前，争剖其心，生吃解恨。

金国亡国"三部曲"之三则是蔡州之战。

金天兴二年（公元1233年）四月，金哀宗逃到归德后，随驾亲军及河北溃军渐集。一直驻守归德的金国主将石盏女鲁欢怕兵士太多而粮不够，建议把这些聚集的金军遣出城去，分别往徐州、陈州（今河南周口市淮阳区）、宿州等地就食。

金哀宗不情愿，身边好不容易有了这么多兵士，如果遣散他们，以后再聚也难。但他此时又不敢得罪石盏女鲁欢，只得留下元帅蒲察官奴的忠孝军四百五十人和都尉马用的部下七百人在城中，其余诸军皆遣出城去。趁旁边无人，金哀宗悄声对蒲察官奴说："石盏女鲁欢把朕的卫兵尽数遣散，爱卿你要小心。"

蒲察官奴一直看不起石盏女鲁欢和马用，认为这两个人不过是归德地方军将，没资格和自己平起平坐。现在听金哀宗这样讲，顿起相图之心。

当时，蒙古将领忒木䚟围攻亳州，天天派出部队向归德进攻。蒲察官奴劝金哀宗北向渡河，招结周围残余金军以图恢复。石盏女鲁欢自然不同意，如今皇帝在自己地盘，可以"奉天子以令诸侯"。

蒲察官奴不高兴，私下劝金哀宗出城到海州（今江苏连云港），金哀宗不知就里，没有答应。蒲察官奴很恼怒，顿升杀心。

大臣李蹊知道蒲察官奴心怀鬼胎，连忙报知金哀宗。金哀宗非常忧虑，派马军总领纥石烈阿里合等人暗中监视蒲察官奴，岂料，阿里合转头就告诉蒲察官奴皇帝对他起了疑心。

金哀宗非常害怕蒲察官奴和马用两个人在城中兵戎相见，就命大臣以皇帝的名义置酒为两人说和。马用欣然前往，不料蒲察官奴在酒席上忽然拔刀，将马用砍死，然后，他派五十名士兵严守金哀宗所居屋舍，接着把随行大臣尽行拘捕。随后，蒲察官奴派人把石盏女鲁欢捆上，亲自押回石盏女鲁欢家，逼他交出所有金银财宝后，将其一刀砍死，屠灭其家。

接着，蒲察官奴遣军士杀掉金哀宗随行的大臣李蹊等三百人，混乱中还杀掉马用和石盏女鲁欢手下军士三千多人。如此自相残杀，金国最后一丝元气皆丧。金哀宗无奈，下诏任蒲察官奴为权参知政事，也就是代理宰相。

蒲察官奴在归德窝里反的时候，金国大将武仙与唐州、邓州的守将一起，商议想把金哀宗迎入蜀地，于是集兵猛攻南宋的光化。结果，偷鸡不成蚀把米，他们被南宋守将孟珙打得狼狈而逃，死伤惨重。后来，孟珙又在马蹬山（今河南淅川南）

大败武仙,破其九寨重兵,招降七万金军,武仙本人仅率六七人逃走。由此,金哀宗入蜀的希望也成泡影。

24. 城破之际让帝位

穷守归德的金哀宗、蒲察官奴等人,大忧中有小喜,竟能在六月间以少胜多,打赢一仗。

原来,卫州大溃时,蒲察官奴的母亲被蒙古军捉住,金哀宗便指示蒲察官奴"因其母以计请和"。于是,蒲察官奴就写信给蒙古将领忒木䚟,表示自己要劫金哀宗投降。蒙将信以为真,认定此非苦肉计,派人送还蒲察官奴的母亲,暗中往来相约。于是,蒲察官奴就与蒙将往来讲议,有时候双方的使者还乘舟中流,欢谈会饮。

眼看蒙古军十分麻痹大意,金哀宗与蒲察官奴定下斫营之计。端午节那天,蒲察官奴率忠孝军四百五十人登船,自东而北,直奔蒙古将领忒木䚟设在王家寺(今河南商丘南)的大营。当时,金哀宗在归德北门系舟待发,假如金军失败,他就逃往徐州。

结果,蒲察官奴和他手下忠孝军勇战,持火枪于半夜突入蒙古军营中,放枪烧营,冲荡斩杀,忒木䚟慌忙逃跑,蒙古军大溃,掉入河里淹死的就有三千五百人,被杀的又有两三千人。蒲察官奴得胜之后,焚烧蒙古军军栅而还。

立下如此大功，金哀宗立拜蒲察官奴为参知政事、左副元帅，权兼将相。由此可见，蒲察官奴虽跋扈，心中还没有背金降蒙之意。

得胜之后，蒲察官奴更加暴横，派人把金哀宗软禁一样"守卫"于照碧堂，未经允许，大臣不得前往奏事。至此，金哀宗天天以泪洗面，对近侍说："自古无不亡之国、不死之君，但恨我不知人，为此奴所困耳！"

几个禁卫军士见皇帝如此，就暗地商议杀掉蒲察官奴。听说蔡州城坚池深，兵众粮广，没死的金国官员不少人都劝说金哀宗弃归德奔蔡州。

待蒲察官奴入宫，金哀宗告知自己有幸蔡州之意，蒲察官奴扼腕顿足，力陈不可，并趋出大喊："如有敢言南迁者，定斩不饶！"

蒲察官奴私心很重，当然不肯让皇帝离开归德和亳州这一带自己的势力范围，因为蔡州兵将皆不是他的人，金哀宗到那里，肯定再不会听自己摆布。

此时，众侍卫忙力劝金哀宗动手。于是，趁蒲察官奴入见之机，金哀宗自拔佩剑，当头就劈。侍卫兵士也不敢怠慢，左劈右砍，终于把蒲察官奴解决掉。

杀了蒲察官奴，又怕他手下的忠孝军造反，金哀宗亲自出面慰谕，讲明蒲察官奴是谋反被杀，余皆不问。就在金哀宗设计在归德杀蒲察官奴时，金国的洛阳已经失守。

本来，洛阳的金国守将强伸数战有功，曾以数百人抵御蒙古军的第一次围城进攻。蒙古军二次攻洛阳时，强伸率军士死战，但身为总帅的金国大将乌林答胡土却招呼不打一声，自率一群金兵携妻子出奔蔡州。洛阳金军见总帅逃跑，惶惧之下献西门投降蒙古军。强伸本人力战，突围而出，转战到了偃师（今河南洛阳偃师区），最终力竭被俘。蒙古军说降，强伸不屈被杀。

金哀宗这边，等杀掉跋扈的蒲察官奴后，就经亳州往蔡州。当时，金哀宗的随行人员只有二三百人，五十匹马而已。堂堂大金国天子，竟落魄到如此可怜的地步。在双沟寺避雨时，见满目蒿艾，人迹罕见，金哀宗悲从中来，大恸道："生灵尽矣！"

进入蔡州，当地父老罗拜于道。看见大金皇帝身边稀稀拉拉的人马，仪卫萧条，父老皆大为感泣，金哀宗本人也唏嘘不自胜。

其实，蔡州相比归德，地理位置非常不利。迁蔡之前，金国大臣王用安就遣人送密信劝谏，其中主要内容如下：

第一，归德环城皆水，很难攻击，而蔡州没有此险。第二，归德虽缺乏粮储，而周围鱼芡可以取为军用；而蔡州一旦受围，人粮和马草都有限。第三，蔡州距离宋境不过百里，万一宋国人替蒙古军接济兵力和军粮，祸不可解。第四，归德如果守不住，可以借水道东行，还可以逃往蔡州。但假如蔡州

第三章 金

被攻破，陛下还能逃到哪里呢？

最终，金哀宗在蔡州的结局，皆为王用安一一言中。

进入蔡州城内，安排停当，金哀宗以完颜忽斜虎为尚书右丞，总领省院事；以张天纲为权参知政事（代理副相）；以完颜中娄室（当时有兄弟三人皆叫完颜娄室，与金国开国那位名将姓名相同，时人以"大中小"区分三人）负责枢密院事。

其实，当时的金哀宗应该把蔡州当跳板，西进秦、巩之地，但金哀宗随从侍卫皆在当地有家有业，不愿迁徙，都表示说皇帝逃亡西边不会有好结果。由于当时蒙古大军距蔡州很远，蔡州城内日渐晏安，金哀宗本人也松懈下来，竟还有心思修建宫舍，派人四处简选美女。对此，完颜忽斜虎切谏，金哀宗才明悟过来，停止了这些荒唐的行为。

幸亏完颜忽斜虎夙兴夜寐，遣使往诸道，终于又在蔡州聚集万余精兵，金军兵威稍振。

蔡州城内忙乎，蒙古军也没闲着。金天兴二年（公元1233年）九月，蒙古都元帅塔察儿派使节至襄阳，约南宋军队一起合攻蔡州。

襄阳知府史嵩之（史弥远之侄）马上提兵配合蒙古军攻打唐州，金国守将战死，城降。宋军进逼息州（今河南息县），当地的金将忙派人向蔡州求援。金哀宗无奈，只得又分出五百名兵士前往息州。士兵临行，金哀宗对将士说："北兵之所以常取胜者，恃北方之马力，就中国（中原）之技巧耳。至于宋人,何足道哉!朕得甲士三千,纵横江淮间,有余力矣。"

这一番话,前半截讲得不错,后半截完全是自欺欺人的大话。金宣宗二十多万人南下也没占得什么便宜,金哀宗三千人就想纵横江淮,简直就是痴人说梦。

穷愁之余,金哀宗对南宋仍抱有最后一丝幻想,便以乞粮为名,派出宗室为使者,到南宋求和。临行,他对金国使者说:

> 宋人负朕深矣。朕自即位以来,戒饬边将无犯南界。边臣有请征讨者,未尝不切责之。向得宋一州,随即付与。近淮阴来归,彼多以金币为赎,朕若受财,是货之也,付之全城,秋毫无犯。清口临阵,生获数千人,悉资遣之。今乘我疲敝,据我寿州,诱我邓州,又攻我唐州,彼为谋亦浅矣。蒙古灭国四十,以及西夏;夏亡,及于我;我亡,必及于宋。唇亡齿寒,自然之理。若与我连和,所以为我者,亦为彼也。卿其以此意晓之。(《续资治通鉴》卷一百六十七)

金国使者到了南宋,千求万乞,仍未完成使命。宋廷如今是铁了心,一心想和蒙古军联合灭亡金国,根本不听金哀宗那一番说辞。

求人不成,金哀宗只得求天。他率群臣行拜天礼,乞求上苍保佑金国。礼成，金哀宗正赐将士酒，忽然哨探报称，蒙古军有数百精兵开始攻城。

感奋之下，金兵出城接战，竟然大败来犯的蒙古军。蒙古军大帅塔察儿派数百精兵进攻东门，也被金军打败。自此，蒙古军不再攻城，就在城外分筑长垒，紧紧包围起蔡州来。到了十一月，史嵩之又派南宋大将孟珙和江海率领精兵两万、军粮三十万石前来，就是要与蒙古军一起夹攻金哀宗所在的蔡州。

看到南宋派人带粮来助攻，蒙古军统帅塔察儿大喜，与宋军积极配合，双方在城外大修攻具。至此，蔡州城中益恐，士兵往往窃议投降。危急时刻，多亏完颜忽斜虎四处游说，激以忠义，蔡州军民感奋，才重新开始有固守之志。

蒙宋联军修治好攻具后，开始轮番攻城。金军守城壮丁不够用，便在城中搜抓体格壮健的女子，给她们穿上男子服装，到城墙下运送木石。金哀宗本人不敢怠慢，亲自临城抚谕守城士兵和百姓。

忽然有一日，金军开东门出战，目的就是想杀出重围，但被孟珙所率宋军击败。审问俘虏后，孟珙得知蔡州城内已经断粮，认定金军要拼命，嘱诫宋军："当尽死力守住阵地，严防金军突围。"

蒙古军统帅塔察儿遣蒙古军中的汉将张柔率五千精卒奋力攻城，被蔡州守城的金军抵挡住。当时，蔡州城内万矢齐发，张柔本人身中数箭，从高处摔落于地。危急之下，多亏孟珙率领宋朝前锋军冲出，努力拼杀，终于救得张柔一命。

假使张柔当时死掉，日后也生不出最终灭亡南宋的"杀才"张弘范（张弘范乃张柔第九子）。后来，正是张弘范率领蒙古军屡屡进攻南宋，擒文天祥，败张世杰，最终在厓山逼得陆秀夫背负宋末帝跳海，灭掉了南宋。

转天一大早，宋将孟珙率宋军忘死冲杀，夺取战略要地柴潭楼，并派人挖掘柴潭入汝水。柴潭水干涸，蔡州已失天然屏障。在宋蒙联军的合攻下，蔡州外城很快被攻陷。

这时候，守城金军也急红眼，驱迫城中老弱孩童进入大锅，熬成热油，以此为防御武器，往下浇烫宋蒙联军。夜间，金将又率五百名死士出西门想偷袭蒙宋营寨，被蒙古军发觉，以强弩射死大半。接着，蒙宋联军合力攻西门，苦战多时，攻陷西门城楼。由于金国大臣完颜忽斜虎事先已经命人在内城墙内又挖深壕，故而蒙宋联军一时间未能乘胜深入。但是，他们凭高据险，朝内城不停发射箭弩。

鉴于当时的情势，金哀宗深知大势已去，对侍臣叹息道："我为金紫光禄大夫十年，当太子十年，当皇帝十年，自知没有什么大的过恶，死无恨矣。所恨祖宗传祚百余年，至我而绝，与自古荒淫暴君同为亡国之主，只是这一点让我耿耿于怀……自古以来，没有不亡的国家，亡国之君往往为人辱囚，或被绑缚献俘，或跪于殿庭受辱，或关闭于空房。朕绝对不会到这个地步！众爱卿你们看着，朕志决矣！"

25. 蔡州城破金帝亡

被围蔡州之后，金哀宗本来还想率领一部卫队突围出城。但是，他们刚一出城，就被蒙宋联军所设的鹿角战栅所阻挡，金国残余士兵护卫着金哀宗，杀斗一阵之后，只得原路退回。

这时候，南宋军将孟珙与蒙古军在城外搞心理战。深知蔡州城内乏食缺水，蒙宋联军在城外大开盛宴，歌舞鼓吹。城中金军兵士饥窘，腹内如同百爪挠心。而且，守城的金军闻见飘来的肉香和酒香，几乎要发神经病。

蔡州金军偶尔还有出降者。几个人缒城而下，告知宋军说，城内绝粮已三个月，能吃的都已经吃尽，鞍靴甲革，包括军鼓鼓皮，都煮熟吃掉。先前守城的军人们每天还能吃城内的老弱，后来人肉也不够吃，只能把人畜骨头和芹泥（燕子筑巢所用的草泥）混着一起吃。为了补充"军粮"，金军将领常常下令斩杀败军全队，然后割其肉以食。可见，当时的蔡州城内，简直是人间地狱。

见时机已到，宋将孟珙下令对蔡州城发起总攻。蒙古军也凿西城为第五道城门，整军而入，准备与宋军同时杀入城去。

金天兴三年正月戊申（公元1234年2月8日）夜，金哀宗召集百官，传位给东面元帅完颜承麟（这个人是先前被杀的完颜白撒之弟）。

完颜承麟固辞，金哀宗说："朕体素肥，不便于鞍马驰突。

爱卿平日敏捷有将略，万一得免，能保我大金国祚不绝，就了却朕的临终心愿了。"

完颜承麟不得已，只得继皇帝位。禅位大礼刚毕，蔡州南城已树敌军旗帜。顷刻之间，蔡州外城四面杀声震天，蒙宋联军很快就攻入蔡州内城。眼见已经绝望，金哀宗自缢于幽兰轩。

金国末帝完颜承麟闻金哀宗死讯，竟还能有时间和心情率群臣入哭，上谥曰哀宗。所以，金哀宗这个谥号，还是亡国灭身之后他的金国臣子所上。众人哭奠未毕，蔡州内城也被宋蒙联军攻克。诸大臣军将忙投火烧焚金哀帝尸首。金末帝完颜承麟泪眼未干，也被攻入的蒙宋乱兵杀死。由此，完颜承麟成为中国历史上在位时间最短的皇帝，总计只有一个多小时的时间。

"区区生聚，图存于亡，力尽乃毙，可哀也矣。虽然，在《礼》，'国君死社稷'，哀宗无愧焉。"元朝脱脱后来写《金史》的时候也不得不钦叹金哀宗的为人。思其亡国之惨，方比于北宋；而国君之烈，当胜出徽钦二帝几倍！

宋蒙联军破城后，金国将领完颜忽斜虎率最后的一千多金兵巷战，终于不支，边杀边退。得知金哀宗自缢的消息，完颜忽斜虎仰天叹息："吾君已崩，吾何以战为！吾不能死于乱军之手，将投汝水自溺以从吾君！诸君可善自为计。"话一说完，完颜忽斜虎奋身一跃跳入水中自杀。余下金军将士血满身，泪满脸,相顾言道:"完颜相公能死国,难道我辈不能吗?"于是上至参政、总帅、元帅,下至兵丁,五百多人皆一时跳入汝水自杀,大有秦汉之际田横五百将士殉主之风。

其实,从金哀宗方面,他是一直想和南宋和好的。金哀宗的父亲金宣宗在金国被蒙古军队猛揍的当口还想攻打南宋找点便宜,结果不仅连吃败仗,还消耗了国力,同时逼使南宋成为不可解的仇人。金哀宗继位之后,着力与南宋讲和,还几次遣使向南宋释放善意,甚至公开宣称绝不南伐。宋金关系此后也有所缓和。蒙古军队方面,却抓紧招诱南宋叛亡力量,打击南宋控制下的中原忠义武装。就在宋蒙之间使聘往来频繁的嘉定十四、十五年(公元1221年、1222年)间,蒙古军队就招纳了南宋涟水忠义军统辖石珪和京东安抚使张林,木华黎还派遣蒙古不花越过牛头关,擒斩了彭义斌,迫降了红袄军头领李全。由于宋蒙关系的恶化,南宋最终中断了与蒙古之间的使聘交往,也想到了金国作为自己屏藩的重要性。

南宋宝庆三年(公元1227年)二月,成吉思汗在攻打西夏过程中,派人送两块金牌到南宋四川制置司,胁迫南宋地方政府降附蒙古。为了炫耀武力,他还派一支骑兵进入宋境,攻下阶州,随即进围西和州(今属甘肃)。当时南宋的四川制置使郑损不思抵抗,撒腿就跑,竟然将四川外围的要塞轻易放弃,使得武休(今陕西凤县东南)、七方(今甘肃徽县与陕西略阳之间)和仙人(今陕西略阳北)三关几乎兵不血刃就落入蒙古之手。幸好，当时蒙古军队对南宋地界只是试探性进攻，目的在于大肆掠夺财物，没有趁机攻城略地，加上不久成吉思汗病故，这支蒙古军队才撤出宋国境土。这一事件，就是所谓的丁亥之变。

丁亥之变后，南宋对蒙古就越发提防。因此，当窝阔台攻陷凤翔后，拖雷提出借道汉中攻金，就遭到南宋严词拒绝。当时南宋甚至杀掉了蒙古来使，以这种激烈的方式拒绝借道入境。拖雷听说消息后大怒，骂道："你们以前两次派人来和我们通好，这么快就食言背盟了！"于是拖雷攻入大散关（今陕西宝鸡南），沿故道进入宋境，破凤州，屠洋州（今陕西洋县），在强行借道的同时实施军事恫吓。为此，南宋烧绝栈道，意图阻止蒙古军至兴元（今陕西汉中），但蒙古军绕道至兴元，再次向兴元的南宋守将桂如渊提出借道要求。面对气势汹汹的蒙古军队，桂如渊无奈，只好让出城池，让蒙古军借道而过。其间，宋军还派出向导，一路引导蒙古军沿汉水出武关（今陕西丹凤县境内），东抵邓州。由此可见，南宋并不是非常希望金国灭亡，只是南宋在蜀地的军事力量实在过于弱小，阻挡不了蒙古人的所谓借道。而后，拖雷进入金国腹地，在三峰山之战中全歼金国十五万主力军，金国关河防线也被窝阔台突破，随后金国都城汴梁也丢失，金国亡国基本已经成为必然。

金国方面，除了金哀宗之外，金国河北九公之一的大将武仙也属于典型的鹰派，他认为当时金国要生存下去，就要全力向西攻入汉中，甚至夺取南宋管辖的整个蜀地，才能以此存身。后来孟珙攻打金国，正是因为在没有得到金哀宗批准的情况下，武仙仍然擅自实施这一战略。当然，蒙古统帅拖雷借道汉中攻打金国之后，南宋的川蜀地区越发虚弱，如果当时的金哀宗能够与武仙合兵，用金国最后的战力全力一搏，还有成功的可能性。但金哀宗并没有支援武仙，武仙冒冒失失地自己去打，结果被南宋大将孟珙打得大败。

当然，这时候金哀宗如果率领残余人马东进海州，当时占据周围地区的金国属将国用安（又名安用）肯定会提供支持，南宋也应当欢迎金哀宗在海州附近，可能还会对这一部金国残余力量提供必要的支援。虽然宋金世仇，但南宋在外交方面相对比较务实，估计如果金哀宗能继续装可怜割让几座金国自己守不住的城池（比如信阳）给南宋，再上表乞求变成南宋的附庸，金国再苟延残喘一段时间还是有可能的。由此，宋金联合抗蒙本来还是有可能达成的。但是，最后金哀宗没有选对路，竟然选择了死守蔡州的下策。南宋方面知道蔡州方向完全无险可守，金国被蒙古收拾掉肯定是迟早的事情。在这样的局势下，即使南宋派兵北上支援金国，南宋军队也不可能在平原地区打赢蒙古的主力大军，所以，不如联蒙灭金，在吃一点蒙古军队留下的残羹剩饭之余，再对金哀宗补上一刀。